南懷瑾文化

孟子與離婁

南懷瑾／講述

出版說明

離婁這個人，並非孟子的學生，他是早於孟子時代的人，是一個特別聰明的人。

從〈離婁〉這章開始，屬於《孟子》的下半部，由文章的性質看來，這下半部發揮孔子思想的精神，具體而微，並且深入又廣闊的闡釋了中華悠久的文化傳統。

孟子從離婁的聰明說起，再講到作人做事的規範，君臣之道，父子家人相處之道，以及禮的問題等……最重要的，是有關個人的修養，以及如何成為一個有品有格的人。

古人所謂：「得民心者得天下」這句話，就是脫胎於《孟子》這篇中的「得其民，斯得天下矣」，這也算是孟子的民主思想吧。

最妙的是，孟子在篇尾說了一個笑話；孟老夫子說笑話，雖非幽默大師，卻也呈現出他為人師表的輕鬆人情味的面貌，可敬又可愛。

本書在印行前，已經南師懷瑾先生審定了。

劉雨虹 記

二〇二二年五月廟港

目錄

離婁章句下

離婁章句上

我們今天的課是《孟子》的〈離婁篇〉，《孟子》一共有七篇文章，以前我們講了一半，第一篇是〈梁惠王〉，第二篇是〈公孫丑〉，第三篇是〈滕文公〉，這三篇文章都分上下兩章。如果我們把它做一個研究，前面這三篇，是孟子周遊諸侯國，與帝王之間談話的記述。孟子之周遊各國，是想推廣他的思想，宣揚中國傳統文化，維持中國文化的王道精神，所以說《孟子》這本書，是相當於孟子的傳記。

從〈離婁〉這一篇開始，是他上半部思想的延續發揮，等於《孟子》的下半部。可是，想要真正瞭解《孟子》，瞭解他繼承孔子的思想，延續中國傳統的文化、政治哲學，其精神就在下半部的幾篇裡。

《孟子》這本書，我想在座的諸位，小時候都唸過，文字上大家都看得懂；我們現在講這個課，是從他的哲學精神，以及維持傳統文化的精神方面下手。我們特別要注意的是，因為文字太容易懂，反而會被文字所騙，看不出其真正的含義和精神，所以現在特別把它指出來，幫忙諸位同學。

《孟子》的文章，我們過去已經講過，它在中國文學史上是很有名的，一般過去的舊文學著作，所謂學術、文學思想的文章，都以孔孟的文章為正統。孔子的文章長篇大論的不多，而《孟子》的文章卻都是長篇大論的。但是有一點可以看出來，《孟子》的文章代表了戰國時候的文學風氣；另如《莊子》啊，都屬於同類性質，都是文字優美而且篇章較長。以後就演變成為南方的文學，像《離騷》等就出來了。

孔孟的文章，在我的觀念，它代表了周魯文化的系統，也代表了當時的北方文化，以及中原文化的正統寫法。由《莊子》下來到《離騷》等等，都是南方文學的系統，仔細研究文章的精神和寫作方法，《孟子》與《莊子》是兩個關鍵，值得我們注意。至於中國文化的傳統，《周易》的思想是周朝的文化，代表了黃河上游的文化系統。《書經》的思想代表黃河中下游的文化系統，因為當時中國沒有完全統一，不過文化是統一的。

現在我們看〈離婁〉這一篇的本文，然後再研究，就可以發現一些道理。〈離婁〉這一篇的文字，也應該像讀佛學著作中的《宗鏡錄》一樣，要朗誦的，這些文章不朗誦的話，不容易看出它的精神來。不過我們現在不主張朗誦，只介紹文字的意思。這些文章也許不是孟子本人寫的，可能是他的門人學生所寫，文字非常明白。

孟子曰：「離婁之明，公輸子之巧，不以規矩，不能成方圓；師曠之聰，不以六律，不能正五音；堯舜之道，不以仁政，不能平治天下。今有仁心仁聞而民不被其澤，不可法於後世者，不行先王之道也。故曰：徒善不足以為政，徒法不能以自行。《詩》云：『不愆不忘，率由舊章。』遵先王之法而過者，未之有也。」

我們年輕的時候念這些文章，很不在乎，尤其當時碰到西方文化進來，也碰到五四這個階段，老實講，對這些文章太反感了，覺得沒有什麼意思，不過唸唸好玩而已。經過幾十年再加反省，才發現他的深意。當時讀這些書，老師也只有解釋文字，其中真正的含意，問他也不講，也許他也講不出來。

這一段提出了五個人，包括兩個皇帝。離婁是孟子以前的人，不過比孟子早幾十年，或者早一百年，沒有辦法確定。雖有許多的考據出來，到現在也沒有辦法完全斷定，只曉得是前一輩的人。

聰明技巧之外

「**離婁之明**」，此人非常聰明，聰明絕頂。古代相傳，有人是眼睛厲害的聰明，有人是頭腦特別聰明，離婁是怎麼聰明，這裡沒有詳細的講。歷史上有好多聰明的人，不過聰明的結果騙了自己一生，也騙了人家一生。他說離婁，這是一個聰明的人。

第二個人是中國古代的工程師，可以說是一個科學家，名叫公輸班，魯國人，也比孟子的年代早，比孔子晚。我們中國的泥水匠、木匠，所拜的祖師爺就是公輸班。大家都曉得墨子跟公輸班鬥過法，兩人在戰術工程上比過本事。「**公輸子之巧**」，這個巧就是現在講第一流的科技人士，什麼機械都能夠做，什麼戰鬥的工具都能夠發明，這是第二個人。

第三個人是音樂家師曠，孔子佩服他，孟子也同孔子一樣佩服他。在上古相傳這個音樂家是非常了不起的，為了學音樂自己把眼睛刺瞎了。為什麼刺瞎呢？《陰符經》上所講的道理是，「絕利一源，用師十倍」，這一句話包括很廣泛。譬如一個人假使眼睛瞎了，耳朵的聽覺會比平常人增加到十倍。而有些書上講「絕利一源，用師百倍」，這兩句話後來用於兵法、軍事思想，也是很重要的。當然這個原則可以舉很多的例子來發揮，我們現在不是講《陰符經》，只是說明師曠這個人，他為了音樂成就自己把眼睛刺瞎，所以耳朵的聽覺特別靈敏。這是第三個人了，另兩個是皇帝唐堯和虞舜。

現在看書上的文字，「離婁之明，公輸子之巧」，假使一個人有離婁那樣聰明，公輸班一樣的靈巧，如果「不以規矩」，就不成方圓。規矩是兩個東西，規是畫圓的，矩是畫方的。中國古式的規矩，在《天工開物》這本書上有樣子留下來，《古今圖書集成》也有。現在所用的，都是新的科學儀器，舊的規矩是什麼樣子，就要自己去找了。

他說以這兩個人的聰明智慧，「不以規矩，不能成方圓」，如果不使用規矩想要造一個東西，他畫的方不一定是正方，圓也不一定是正圓，不標準；要絕對標準的話，必須依靠儀器，就是規矩這兩個東西。換句話說，一個人特別聰明，只靠聰明而沒有學問，沒有瞭解傳統的東西，沒有瞭解世界上已經成就的知識，而想求新的發明，幾乎是不可能的。雖不是絕對，但是非常非常冒險的。

「師曠之聰，不以六律，不能正五音」，這個音樂家師曠，雖然有這樣的聰明，但音樂也是有它的法則，這個法則是六律。如果不根據六律，就不能辨正五音。所以音樂還是有音樂的道理，必須要照六律五音的道理來，才能夠做出好的音樂。

上面這兩句話都是陪襯的話，下面另外有一句話，才是重點。「**堯舜之道，不以仁政，不能平治天下**」，他說像古代所標榜的唐堯、虞舜兩位聖人，如果他們的修養、作為不能達到仁政的標準，也是不能夠平治天下的。這是講些什麼啊？我們看到這些文字都懂，似乎孟子說也好，不說也好。

孟子回家講課

實際上我們研究《孟子》，透澈把它想一想，就發現他了不起了。他了不起在什麼地方？從〈離婁〉這一篇開始，孟子已經回家教學生，不想動了。他同孔子一樣，對時代覺得沒有希望，為了挽救戰國末期那個時代，所以到處遊說教導諸侯，卻發覺救不了，他只好把自己的理想，轉向去培養下一代的學生，希望後輩挽救這個社會、國家、天下。所以他回去講學了，同孔子的精神是一樣的。〈離婁〉這一篇開始，就是在講學階段，由學生記錄下來。

我們看前面三篇，孟子到處跟這些諸侯們談話，勸告他們，乃至給他們寫計劃，隨時引導，但是很少引用到堯舜，而是拿文王來做標準。譬如對齊宣王講話，對梁惠王講話，對小國的領袖滕文公講話，都是告訴他們只要效法文王就可以起來，就可以平定天下，很少拿堯舜來做標榜的。從這一點去研究《孟子》，就很有意思了，意思在哪裡？為什麼他對齊宣王，用那麼大的氣力，說平定天下很容易，卻只拿周文王給他做榜樣？他為什麼不標榜堯舜？直到這裡回家了，坐在家裡對著學生才講真話，拿堯舜來標榜，這是第一個話頭。而且他講，即使你同堯舜一樣，你的行為，政治上的作為是救人之心，可是你實際的行為，做不到仁政最高的標準，也不能平治天下，孟子說得很乾脆。

其次，他為什麼提到聰明呢？這篇一開始就說「**離婁之明，公輸子之**

巧」，說這些人頭腦好，這是一個話題哦！我們小的時候讀這些書絕對不懂，人老了，成精了，慢慢懂了。由於春秋戰國的諸侯，個個都很聰明，不聰明怎麼能領導那麼多人，成那麼大的事業？但是歷史上擾亂世界，擾亂人類，也都是第一流聰明的頭腦。不過，聰明沒有道德的培養，那個聰明就成為危害人們的技巧了。所以當時孟子直接指出這個重點，對春秋戰國這些諸侯，他一概否定了，抹殺了。因為他所見的很多諸侯，如齊宣王、梁惠王，乃至那兩個小國的諸侯，滕文公、鄒穆公，都很聰明，幾乎沒有一個笨人，所以這一篇特別提出聰明的道理。

歷史上有一個大原則，我們再查《二十五史》，由秦、漢、唐、宋、元、明、清一路下來，亂世的每一個帝王，都是絕頂聰明。譬如李後主，大家都很喜歡他的詞，如「無言獨上西樓，月如鈎」，你說這個人好不好？絕頂聰明。跟李後主一樣聰明的多得很，宋徽宗也是一個，又是大文學家，又是大畫家，歷史上許多奸臣，也都是絕頂聰明的。但聰明沒有經過道德的薰陶、學問的培養，沒有用，這是重點所在。現在我把這個話頭參通了告訴諸位，然後你一路讀下去，其中的道理和味道就出來了，才曉得孟子這個話了不起，可見孟子會講話，會說辭。

當然也看到他的弟子們會寫文章，在文章開始，許多內容都是陪襯，後面就講出一個道理來，如同宗教家善用比喻，釋迦牟尼佛說法，或者基督教的《聖經》等，都善用比喻，講出來易於明瞭，聽的人就懂了。孟子這句話也是比喻性的，所以「**離婁之明，公輸子之巧，不以規矩，不能成方圓。師曠之聰，不以六律，不能正五音**」，就是說明不照規矩做的話，雖聰明也沒有用。

我們修道也一樣，大家學佛修道打坐，都在用聰明，絕對不肯守規矩，都拿自己的意思來註解。譬如問打坐的人，什麼叫定？好像沒有思想就是定，每個人自己都這樣註解，從來沒有查過佛學有沒有這樣的話。佛經上講一句空啊，就亂下註解，都是聰明，所以學理都沒有搞通，沒有用。

回過來講，我們年輕同學們注意，《孟子》這個話不但講大的方面，也講小的方面，每個人都要注意，對於聰明要小心。我們在座的青年同學們，大家個個都自認聰明，誰肯承認自己是笨蛋啊？但是這個聰明就是大問題。我們常常提到，蘇東坡一生受的打擊很大，所以他有一首詩：「人皆養子望聰明，我被聰明誤一生」，他後悔自己聰明；下面兩句更妙了，「但願生兒愚且魯，無災無難到公卿」，希望笨兒子，一輩子平平安安有福氣，功名富貴都有。蘇東坡上面兩句蠻好的，下面兩句話他又用聰明了，希望自己的兒子又笨又有福氣，不必辛苦就作到大官，一輩子又有錢，又有富貴。天下有那麼便宜的事嗎？他不是又用聰明了嗎？這個聰明就不對了。

實際上蘇東坡這個思想啊，就是他的人生哲學。再仔細一想，蘇東坡這個願望，也都是我們自己的希望，我們個個都想這樣，最好鈔票源源滾進來，車子送來給我坐，你們蓋高樓，分幾層給我就好了。每個人都要這樣，都誤於聰明，所以孟老夫子的話，就有道理了。

慈悲而無方法的人

「今有仁心仁聞，而民不被其澤」，上面這幾句，先把它參破點出來，這個道理懂了，再看《孟子》就很親切了。這幾句話，他是指著戰國時的那些君王們講的。他說現在有些人，不是沒有一點仁愛之心，他也有愛人之心。愛人之心就是慈悲之心，大家要搞清楚啊，愛是西方文化翻譯過來的，這個愛也等於中國所講的仁。為什麼要提這個話呢？因為常常有些學佛的朋友，一聽到愛字就嚇死了，因為佛經上有反對愛的說法。但是，佛經反對的是愛欲之愛，那個愛欲之愛是指男女兩性的愛欲，是講性的問題。其實西方文化講「神愛世人」那個愛，並不是愛欲那個愛哦，是等於我們所講的慈悲，仁慈。結果這兩個名辭混淆起來了，一提到愛就把人家廣義的愛用到狹義方面去了，這是很大的錯誤。

現在轉回到本文，孟子說現在有許多人，就是指當時在政治舞臺上的各國諸侯們，也有仁心，不但有仁心還有仁聞。什麼叫仁聞？《孟子》前面都說過的，齊宣王看到廚房殺一頭牛都不忍心，問殺這個牛幹什麼？古代的典禮，拿牛血來釁鐘。他說那個牛抖得那麼可憐，算了，不要了。那怎麼行呢？他說弄一頭羊去好了。你說他仁慈不仁慈？因為他是當太子出身的，看到殺牛不忍心，殺羊沒有看到，所以沒關係，這個是很明顯「**仁心仁聞**」的例子。

當然孟子沒有講齊宣王，我是根據孟子這一句話，舉出這個例子加以說明。又譬如美國有個總統卡特，一上來就提倡人道，這也是有仁聞啊，全世界都曉得他提倡人道，結果做出來不是那麼一回事，仁心跟仁聞就是這樣一個比喻。孟子說，現在有人有仁心有仁聞，結果老百姓沒有沾到他的光，一點也沒有得好處。如果沒有人得到好處，他說這個仁心有什麼用呢？這個仁聞又有什麼用呢？

下面一句話，「**不可法於後世者，不行先王之道也**」，在政治上領導了那麼久的人，因為沒有好的成績，致使後世認為，他的作為不值得效法，因為他沒有效法先王之道。這個先王是儒家最大一個問題，孔子孟子經常提到先王，究竟是哪一王呢？在孔孟思想及中國傳統文化裡，先王是代表中華民族老祖宗的傳統文化，所有的聖君賢相都包括在內。他說這些諸侯們雖有仁心仁聞，因為不懂上古的先王之道，所以他們的施政對人民無益。這個道並不是打坐修道哦，這個道就是先王的一個治世大原則，一個法則。

因此孟子自己做一個小結論：「**故曰：徒善不足以為政，徒法不能以自行**」，這是一個大原則；孟子在這裡點題，這是中國政治哲學最重要的中心。一個人，一件事，尤其是政治，光有善心沒有辦法從事政治；光是仁慈，沒有辦法管理人，沒有辦法替眾人服務。就等於佛家的一句話，「慈悲為本，方便為門」。但是還有兩句相反的話，所謂「慈悲生禍害，方便出下流」，慈悲有時生出禍害來了；有時候將就一下，給他一個方便，結果就出下流。所以專門一味只講仁慈，沒有方法，這個仁慈是沒有用的，「**徒善不足以為政**」，這是不行的，尤其是從事政治。

我們這裡同學好人特別多，善人特別多，學佛唸《金剛經》，都學成善男子、善女人了。不過，善歸善，不能做事，要做事的時候，是非善惡不能混淆，不能馬虎，徒善就不足以為政，所以要有規矩，要有方法。

下面「**徒法不能以自行**」，你光講規矩，光講方法，也不行啊。像我們有些同學辦事，「老師叫我這麼辦」，回來我就罵他，你不曉得變通嗎？做事情那麼呆板。所以「**徒善不足以為政，徒法不能以自行**」，這是中國歷史上一大原則。

好了，這裡我們看出一個東西，什麼東西呢？從戰國以後中國幾千年的帝王政治，都是根據這兩句話的原則。現在的年輕人喜歡跟在人家的屁股後面亂跑，自由啊，民主啊，什麼叫自由？什麼叫民主？都沒有弄清楚。尤其美國式的自由怎麼來的？要注意哦，先要研究一下美國的文化怎麼來的。美國有個人自由主義的思想，有資本主義的自由思想，民主也分好幾個型態，這是美國式的民主自由。民主自由的基本是建立在法治上，所以不要跟在人家屁股後面亂跑，自己應該仔細研究，然後回來再看自己歷史上的政治哲學，才能瞭解我們幾千年來的政治體制。儘管是帝王政治制度，內容卻是真民主，當然要找出許多證據來。西方的民主到現在，看起來是民主的體制，但它的內容是真獨裁，乃至集體的獨裁更厲害，更難辨。

中國過去歷史上，當然例子非常非常多。歷史上有名的漢唐政治，真正的內容並不是儒家的路線，尤其是漢朝的政治，是走道家的路線，「內用黃老，外示儒術」，表面上是儒家的路線，實際上這兩句話還是欺人之談；真正漢唐的政治啊，用的是雜家霸術，外表參合了儒家的仁義，道家的道德，是個綜合性的。所以假使我們研究自己的歷史，不懂這個關鍵，不懂這個竅門，那就被歷史騙住了，是書沒有讀通。

帝王和臣子的著作

我們再舉一個例子，《孟子》這兩句話，後來被中國帝王用政治手段把它歪曲了。從《孟子》這些話以後，第一個寫一部帝王學的就是唐太宗，他自己寫的這本書叫作《帝範》，作皇帝的典範，他想留給兒子，留給後代的子孫。這本書中，何嘗不談到仁義，也談到孔孟這些仁義。但是你把《帝範》拿來仔細一讀啊，這個仁義問題就很大了，絕不是孔孟所講的仁義，已經變質了。唐太宗的手段被一位女士看出來了，什麼人啊？武則天。太宗寫個《帝範》，她武則天就寫一本書拍一下馬屁，書名叫《臣軌》，所以後來唐朝就被她拿走了。你作《帝範》，當皇帝要怎麼怎麼當；我寫《臣軌》，是要怎麼服侍這個好皇帝。這兩部書妙得很，對稱的，中間談的也都是孔孟之道，仁義道德。

接下來，唐代一個臣子寫了《貞觀政要》，是唐太宗死後，把唐太宗的《帝範》，和武則天的《臣軌》，兩個精神合起來的一部書，就是《貞觀政要》。這本書出來以後，無形中好像給後來的帝王們一個典範，應該如何作一個領導人。最近幾年很多人都喜歡讀《貞觀政要》，乃至出家人都在讀，這很奇怪了。我說你想當朱元璋嗎？這些書是想當領袖的人讀的，我們讀了沒有多大用處，看看好玩而已。這兩個合攏起來的內容，是真正中國文化精神的仁義之道嗎？不是的，你把它一分析，一整理啊，統統是雜家、霸術、權術。

我們再看歷史上相關主題就很多了，《千秋金鑑》，張九齡作，也是作給皇帝看的。後來宋朝的司馬光作一部《資治通鑑》，是教皇帝從歷史上學習怎麼樣處理政治，所以是資治，是教育皇帝的書。我們讀《資治通鑑》，可以當歷史資料讀，《資治通鑑》的精神，在司馬光的論述裡，都離不開《孟子》的「**徒善不足以為政，徒法不能以自行**」這兩句話的原則。

那麼最高明的是什麼人呢？到了清朝，康熙、雍正、乾隆，這幾個皇帝，都有著作。老實講他們那些著作，比漢、唐、宋代的著作還要好，對於雜家、霸術、權術等等，他們全套都懂。

凡事皆有原則

剛才講到「**徒善不足以為政，徒法不能以自行**」，就使我們聯想到帝王政治的原則。不但過去帝王政治，都是以這兩句話為中心，今後社會的民主政治也是一樣，實際上對於個人也是一樣，所以我們要特別注意。

譬如說，我們在座許多學佛修道的人，我經常說笑話，看到年輕人學佛修道我就害怕，一個一個修得都是善男子善女人，善的都過了分。但是，徒善不足以修道，徒善也不能以成佛，因為學佛是要講行履的，也要講方法的；唸咒子啊，打坐啊。但是徒法也不能以自行。所以《孟子》這兩句照樣可以套用，一點都不錯，講個人修養也是一樣。換句話說，我們看了《孟子》這兩句話，談到個人作人，甚至於國家天下為政，就是要靈活的運用。

所以前面就告訴你「**堯舜之道，不以仁政，不能平治天下**」，這是很明顯的，你呆板的學堯舜，那是走不通的，更不能利用自己的聰明，那樣就更不成了。

《孟子》文章看起來那麼美，那麼平實，好像話都告訴你了，可是，他有很多東西都在文字的後面。譬如他說：「**離婁之明，公輸子之巧，不以規矩，不能成方圓**」，這就是告訴我們，聰明沒有用。這句話讓我們想到老子說的，「大智若愚」，這個大家都知道，真有大智慧的人，不會暴露自己的聰明；不是故意不暴露，而是最誠懇，最誠實，才是最有大智慧的人。「大智若愚」這個觀念，不是同《孟子》這一段的觀念一樣嗎？但是《孟子》同《老子》也有他們反面的意義，讀《老子》這本書要注意哦，大智若愚反過來，就是大愚若智哦。大笨蛋有時候看起來很聰明，他還處處表示自己聰明；越表現自己聰明的人，一定是笨蛋，暴露了自己。所以大智若愚，老子只說了正面，反面那是老子的密宗，不傳之祕，你要磕了頭，拿了供養，他才傳給你。《孟子》的道理也是一樣，所以為政也好，自己修養也好，都是這個原則。

那麼剛才我們討論的「**徒善不足以為政，徒法不能以自行**」，這兩句話青年同學們特別注意，這是為人處世的準則，推而廣之，對於一個工商界的領袖，一個團體領導人，乃至政治上的領導人，這兩句話是天經地義的原則，不能違反，也不可以違反。甚至我們在座的大和尚們，將來領眾也是這個道理。你看〈百丈清規〉的內容，再把釋迦牟尼佛的戒律翻開來看一看，都不出《孟子》這個原則，「**徒善不足以為政，徒法不能以自行**」。所以古今中外的聖人，他的智慧，他的原則都是相同的，不會有差別的。什麼叫做世間法？哪個是出世法？大智慧的人，世間出世間一定是合一的，是一樣的。有關這方面的資料歷史上很多很多。

《孟子》講到這裡，引用《詩經》的話，「**《詩》云：『不愆不忘，率由舊章。』遵先王之法而過者，未之有也**」。孔孟講話，為什麼常常都引用《詩經》呢？等於我們現在寫論文，引用蘇格拉底說的，柏拉圖說的，下面就來個註解，說這是某一本書上第幾頁。這是千古文章的悲哀，好像不拿人家的話來湊一湊，不足以表示有學問。孟子當時也有這個習慣，意思是你不相信嗎？是古人這麼說的。雖然你是有道之士，不過，你所說的法，誰都不相信，如果你說是佛說的，孔子說的，他就不會懷疑，不會還價錢了。所以聖人之後的人，沒有辦法，只好拿出聖人的招牌來，連孔子孟子也逃不出這個天地自然的法則。如同我們小的時候，有什麼事情都是爸爸說的，爸爸說的不會有錯，那就擋開了。

所以孟子引用《詩經》的話「**不愆不忘**」，不要超過這個原則；換句話說，這四個字要很靈活的運用，不要笨得過度了，好人作得太過分了，就不是好人，那就是個笨人。好人跟笨人兩個是隔壁，聰明跟壞蛋兩個也是隔壁，這個中間恰到好處是最難的，所以說大智若愚，大愚就若智。「**不愆不忘**」這一句話，既不要超過，也不要失去原則，然後取其中庸而行之。一個人不管做什麼事，無論如何要有一個原則，原則不能違反；「**遵先王之法而過者，未之有也**」，違反了這個原則什麼都搞不成。因此他提出來告訴學生們，在歷史人生經驗上看到，嚴守法則絕不會出毛病；不過嚴守法則有一個條件，不能過分，過分就不對了。

在這裡我只好拿學佛的人做比喻，像這裡年輕同學學佛的，學得個個面有菜色，臉無笑容，令人看到就難受。看你們這些人的面孔啊，就知道那個細胞一點都不活潑，天機本是活潑潑的，結果你們修得呆板了，活潑潑跟呆板差得很遠啊，這個就是太過了，太過了就是毛病，學問修養也是這個道理。所以他下面引申理由：

不忍人之政是什麼

「聖人既竭目力焉，繼之以規矩準繩，以為方圓平直，不可勝用也；既竭耳力焉，繼之以六律，正五音，不可勝用也；既竭心思焉，繼之以不忍人之政，而仁覆天下矣。」

這就是《孟子》的文章，很合邏輯的，古文最講邏輯了，第一是頭尾要關照好，他說「**聖人既竭目力焉**」，上古的聖人雖然用眼睛看準確了，像離婁有絕頂聰明的眼光，看對了；然後要做東西還要有公輸班的技術，用規矩去量，不能馬虎，這就是規矩。他說你以為有把握，絕頂聰明，不要狂妄啦！還是要規矩準繩來量過，才能構成方圓平直。譬如我們這裡大書法家王老師，書法比我高明太多了，但是你看他規規矩矩，每一點都守規矩，就是這個道理，肯守規矩則不可勝用也。

接下來，「**既竭目力焉**」，必須要以六律正五音，也是不可勝用也。這兩句都過去了，重點是在下面。

「**既竭心思焉，繼之以不忍人之政，而仁覆天下矣**」，大聖人用盡心思、智慧去研究，研究好了還要請教別人，一點不能馬虎，然後配合一個最重要的中心，「**不忍人之政**」，就是不忍心害人，不忍心害社會，那樣你才真正做到了仁政。這個文字容易懂，但是內義很深，內義深在哪裡啊？我們都曉得《孟子》〈公孫丑上〉講過，「惻隱之心，仁之端也」，惻隱之心，就是不忍人之心的開端。仁慈的心理從哪裡開始？就是這個不忍心開始。什麼叫不忍心呢？我們舉一個例子，走路踩死一隻螞蟻，有時候我們會偶然發起大慈悲心來，螞蟻也是個生命，不小心踩死了，這就是不忍心。可是，有時候我們也會做害人的事情啊，很忍心就做了，這個道理就是說，我們自己對不忍人之心沒有認識清楚。

所以我常常跟年輕同學討論，有時候叫他幫助一下別人，教一些東西啊，做一些事情啊，他就馬馬虎虎，這個就是害人嘛。我們只要馬虎一點，就像醫生看病一樣，你雖然沒有害了他，卻已經耽誤了他，也是害了他，這就是你太忍心了，所以不忍人之心是非常難的。

尤其是為政，《孟子》在這裡重點還是講為政，政治上的措施，我們有時候想盡辦法，這個辦法拿出來絕對好，但是沒有考慮到下面實行時，這個辦法會變成大害處。過去在大陸或現在台灣也都碰到過，到鄉下跟區公所的朋友談話，他痛苦萬分，上面有的政策下來，一樣都辦不了；你到鄉下找一個派出所的警員來談看看，很多法令，與現實矛盾，不曉得怎麼辦好。上面的人坐在辦公室構想，然後開會，決定這麼辦；但各地方不同，一到下面問題就來了。所以這個地方就要「竭心思焉」，然後繼之以不忍人之心為政，才能「仁覆天下」。

譬如當老師的人，我們在座當小學中學老師的很多，老師講了一句，孩子回家就跟家裡爭吵。像我的孩子讀小學的時候，回來吵得要命，為什麼呢？因為老師那麼講的。好，好，好，你老師行，我碰到這個就趕快投降，照你的辦。老師在臺上講的時候一點都沒有錯，但他沒有多方面去想，所以「竭心思」有這樣的重要。要盡你的心智你的智慧，盡到底了，確定這個政策絕不害人，才可以去實行。因為你的思想、智力都用完了，再出了毛病，非我之罪也，只能恨自己的腦袋沒有那麼高明，不是我有心害人。所以盡你心智以後，「繼之以不忍人之政」，那麼才可以「仁覆天下」。

這幾句當中，下面「既竭心思」是重點，你的腦子都用乾了，再也想不出好辦法了，只有這樣最好了，你才算沒有罪過。接下來還要配合一個不忍人的方法作為，這兩樣要配合起來，才能說你的仁政可以普遍蓋覆天下。不是現在吹牛的蓋哦，不是黑雲來了的蓋哦，而是清涼的。現在我們吹牛的蓋是熱天的熱蓋，夏天開熱氣的那個蓋哦，那個蓋是不行的，所以這個覆字是指那個清涼的蓋。

孟子接著又說出一個道理。

「**故曰：為高必因丘陵，為下必因川澤，為政不因先王之道，可謂智乎？是以惟仁者宜在高位。不仁而在高位，是播其惡於眾也。**」

他說要想蓋一個高樓必須從平地起，孔孟都是山東人，泰山再高，也都是小丘陵慢慢堆積起來才成其高。「**為下必因川澤**」，大海之所以大，因河川江湖的水，匯集流下才構成了大海。當年我們寫古文都學他這個，當然不套用他的成語，那不算高，而是動腦筋偷。千古文章一大偷，把《孟子》這一句的意義偷來另外造兩句，老師看到打雙紅圈，然後在卷子上面批，叫媽媽煎蛋給你吃。

我們看後世的文學有兩句話偷得好，「水唯能下方成海」，世間的水都是往低處流，所以人要學水，人要變成大海一樣，就要謙下。「山不矜高自及天」，最高的山它也不覺得自己高，因此它就可以頂到天。換句話說，人生的修養、學問、地位到了最高處，自己也不要認為高。所以山不認為自己高，因此成其為高。水向下流，謙虛，謙虛到極點就成其為大海，大海就能夠包容一切。《孟子》這兩句話「**為高必因丘陵，為下必因川澤**」，就是「水唯能下方成海，山不矜高自及天」的道理。你說完全一樣嗎？不一樣，這個是講文字邏輯，《孟子》這兩句話有兩三層轉折，所以並不完全相同。

他最後的結論說，「**為政不因先王之道，可謂智乎**」，這都是批評當時那些諸侯，他說為政不根據先王之道，不根據傳統文化的法則，不根據傳統的政治原則，「**可謂智乎**」？他告訴學生們，你說齊宣王他們聰明嗎？換句話說，他們是笨蛋，「**可謂智乎**」是問號，當著學生問，你說他們算是聰明嗎？

由這裡再回到前面，孟子為什麼說「**離婁之明，公輸子之巧**」？像那樣聰明的人，都需要透過技巧才成功一件事，何況齊宣王、梁惠王這一班笨人。所以孟子意思是說，我老頭子只好回家，就是這個意思。講了半天還是他孟子最聰明，對不對？

「是以唯仁者宜在高位，不仁而在高位，是播其惡於眾也」，所以他他說照中國上古的傳統文化原則，唯有真正仁慈的人，才能夠在最高領導的高位上。他說過去傳統文化的原則，不仁者在高位，那就很嚴重了，那是玩權力，不是行仁政，是在種惡因，所得的惡果就大了。他這個話是因為，看到春秋戰國這些諸侯君主們，個個如此，所以他認為無足道也，沒有一個人可以跟他談論的，沒有一個人可以懂的，只好回家了。

因此他接著說到，當時社會的一個現象：

時代的怪現象

「上無道揆也，下無法守也，朝不信道，工不信度，君子犯義，小人犯刑，國之所存者，幸也，故曰：城郭不完，兵甲不多，非國之災也。田野不辟，貨財不聚，非國之害也。上無禮，下無學，賊民興，喪無日矣。」

這是戰國時候的現象，不但政治如此，整個的社會也如此。譬如梁惠王、齊宣王等這一班人，孟子說「**上無道揆也**」，不講法治，憑他們的聰明在亂玩，有聰明，有權力，他們愛怎麼幹就怎麼幹。我們今天的國際上也是如此啊，前幾天跟年輕的同學談到賣花生的卡特當選美國總統，他是美國南方人，我說由南到北就不行了，美國也一樣。上面不照法度來，下面一般的幹部就亂來，不守法搞特權。「**朝不信道**」，他說那些諸侯，那些大臣，不相信文化政治的大原則，什麼道德的政治，在他們都變成了口號。「**工不信**

度」，工商界也在亂幹，只要有錢賺什麼都幹，做的東西不合標準，只要鈔票一拿到手，退貨都不管，沒有商業道德。

那麼知識分子呢？「**君子犯義**」，知識分子書讀得好，道理講得非常通，但頭腦裡亂七八糟，這是犯義，違反自己的道德，背過來隨便幹。換句話說，拿自己的學問知識來做壞事，叫做學足以濟其奸，學問越好壞事做得越大；法律越學得好，犯法的本事越多，這就是「**君子犯義**」。小人呢？「**小人犯刑**」，那些老百姓們亂幹，殺了人反正坐牢就是了，沒有關係，法律都不怕了。孟子講，你看在這樣的時代國家，他們到現在還能夠存在，那是命好啊，幸運啊，那是不合理的。所以孟老夫子鬍子一翹，氣得只好回家去，在這裡幹什麼呢？沒有辦法啊。

「**故曰：城郭不完，兵甲不多，非國之災也**」，這就是中國文化的精神了，所以我常說，一個國家亡了不怕，是可以復國的；最怕自己國家民族的文化整個亡掉，那就翻不了身了。諸位青年同學們千萬要注意，將來的時代，我們的文化要你們年輕一輩的挑啊，不能使自己國家民族的文化種子斷絕。所以《孟子》在這裡就說，「**城郭不完，兵甲不多**」，這個不是國家的災難，這個沒有關係。「**田野不辟，貨財不聚，非國之害也**」，甚至於農業荒廢了，乃至於國家的財經出問題，孟子說這也不嚴重。最嚴重的是文化精神沒有了，一個國家民族文化的根一旦喪失，那就真完了。

所以他說「**上無禮，下無學，賊民興，喪無日矣**」，前三句話包括意義很大，每一句話只有三個字。「**上無禮**」，我經常說這八十年來文化教育出了大問題，教育出問題就變成「**上無禮**」；這個上你不要看成爸爸或長官，那太狹義了，這個上包括時間空間。「**下無學**」，這個學不是指知識，而是指真正的學問，也就是作人做事真正的道德，那才是學問，不是呆板的道德。古人解釋這個學字是「學者效也」，有效驗的，實際的人生經驗，這個是學，一方面也包括道德的經驗。

他說的每三個字都是大問題，我只提原則，最要緊的是「**賊民興**」。幾十年前，當然你們在座的青年不知道，革命份子是怎麼起來的？就是「**賊民興**」，當年的知識分子都喜歡走這個路，今天世界上也是這樣。

有些人自己認為聰明智慧，專門玩這個搗亂的事，這些是賊民，這個賊民的意義包括了很多。換句話說，社會上正人君子越來越少，走正路的越來越少；走偷巧的路，走作奸犯科的路，越來越多。這個是教育的失敗，文化精神的喪失，任何一個社會，任何一個國家，到了這個情形，違反了原則，「**喪無日矣**」，他說馬上要完了。「**無日**」，無法說時間，很快就要完了。

「**《詩》曰：『天之方蹶，無然泄泄。』泄泄猶沓沓也。事君無義，進退無禮，言則非先王之道者，猶沓沓也。故曰：責難於君謂之恭，陳善閉邪謂之敬，吾君不能謂之賊。**」

因此孟子再引用《詩經》〈大雅〉篇的話，「**天之方蹶，無然泄泄**」，這兩句詩的意思就是，上天要毀滅一個人，蹶就是跌倒，就是說天命要變更的時候，這代表了時代要變化，變亂的時代要來了。一個時代的命運到了關鍵時刻，我們人要怎麼樣做？「**無然泄泄**」，不可以馬馬虎虎，不可以跟著時代隨便走。我們也經常聽到有人說「你這樣做不合時代」；我說老兄啊，我已經不合時代幾十年了，我還經常叫時代合我呢，現在頭髮都白了，不合時代就算了。我說你不要問我問題，也不要跟我學，因為我不合時代，怕傳染到你。如果你要跟我學，對不起，你要時代跟我走，「**無然泄泄**」，我不將就你。此所謂獨立而不移，要有這個精神。

所以孟子解釋，他說古書上講「**泄泄猶沓沓也**」，泄泄就是沓沓，也就是馬馬虎虎，也就是孔子所講的「鄉愿德之賊也」。看起來作人很好，處處和藹，很有道德，挑毛病挑不出來；但是也找不到好處，這叫德之賊也，將就、馬虎，不可以這樣。這就是孟子所說戰國時代的糟糕現象。下面是鼓勵學生，吩咐他的弟子們：我們曉得時代有這樣的毛病，為了自己國家民族的文化，要站起來，要留下種子，不能將就時代。

因此他又說「**事君無義，進退無禮，言則非先王之道者，猶沓沓也**」，我發現，年輕同學們在一個公司做事，學個三個月半年，回來自己也開個公司。我說那些老闆們真倒楣，讓你在那裡偷學東西，又給你薪水，這個是

「**事君無義**」，這個要不得。中國文化不是那樣的，你說整個的社會都是這樣，我不這麼做怎麼辦呢？那有的是辦法，只是這個辦法我不講而已，是有這個辦法，就是自己站起來。當然現在上下都搞成這個現象了，不合理的地方很多。「**進退無禮**」，不擇手段的進去這個公司，要走的時候，不管了，就跑掉了，作人的標準都沒有。整個社會變成這樣一個沒有人格，沒有標準的社會，當然個人更不要談了。既然作人的標準沒有，文化的法則也亡掉了，「**言則非先王之道者**」，所以言語思想都不同，只是跟著時代浮沉，自己沒有獨立的中心。

什麼是恭　什麼是敬

好了，中間經過了許多的轉折，現在這一段的結論來了，就是由「**離婁**

之明，公輸子之巧」起，到這裡，「**故曰：責難於君謂之恭，陳善閉邪謂之敬，吾君不能謂之賊**」，嚴重的結論來了。所以《孟子》全篇，整本書連起來就可以看出來了，如果只在中間抓到幾句，往往把《孟子》瞭解錯了。剛才已經先給大家點出題目來，他開始就指出，戰國時候所有這些領導人，都是玩弄小聰明，不是真正的大智慧，更沒有人品。這一段是講戰國當時領導人的罪過，因為君道錯誤，孟子提出來中國文化君道的精神，以堯舜為標榜。

其次，他指出一般臣道的錯誤，換句話說，整個教育文化失敗了，沒有把人教育好，君道的人格沒有教育好，臣道的根本也沒有教育好，然後師道也不對，他痛恨這三個方面，重點在這裡。所以他說領導人固然錯了，可是那些為臣的錯誤更甚，這都是師道的問題。

我們舉最有名的孟嘗君來說，當時孟嘗君可以左右齊國的國君，如果他走上正路，齊國國君乃至社會，都會跟著他走的。但他不走正路，孟嘗君的做法等於是幫會，就是流氓，他反而向壞的路上去帶領大家。戰國四大公子這個階段，跟孟子差不多是同時的，還有很多名人，都是壞的臣道。他痛恨臣道的錯誤。他說這些人啊，不盡心力，沒有仁慈之心，對社會國家人民不仁愛、不負責，只玩弄自己的聰明，玩弄自己的權力。

因此他提這三個原則，所謂「**責難於君謂之恭**」，就是剛才我說，中國文化幾千年，講起來是帝王政治，但是常常碰到臣道的宰相，或高級幹部，當面批評皇帝。那些人的精神就是「**責難於君**」，對於皇帝責難，你不對就是不對，充其量是死，但我不能對歷史沒有交代，不能對不起國家和老百姓。這是中國讀書人的精神，所以大臣名臣立朝非常正直，皇帝不對的就是不對，就要批評，也就是責難於君，這樣才是恭。

「**陳善閉邪謂之敬**」，古代的大臣對皇帝，是盡忠服從，但文化的精神是要暗中對皇帝教化。「**陳善**」，是把好的報告上去；「**閉邪**」，是使上面不走上錯路。譬如當年范仲淹當了宰相，那時皇帝年紀比較輕，有一個人犯罪，皇帝批示要殺掉；范仲淹就把公文退回去，說，這個事情還不至於殺頭。有人就問，這個皇帝的決定也沒有錯啊，他說年輕當皇帝，不要給他殺成習慣，殺順手了，天下人就遭殃了。這就是對皇帝「**閉邪**」，先防止他，如果他那個權力使用慣了，後來可能把殺人當切蘿蔔一樣，那就不好了。所以「**陳善閉邪謂之敬**」，這個叫做敬。「**吾君不能謂之賊**」，他說一個臣道的人，對於時代的責任，政治的責任，都要做到，如果君王不聽你的建言，那是他有問題，那就沒得辦法，所以吾君不能就謂之賊了。這是孟子對於君道、臣道、師道的一個原則的結論。

孟子說的君道、臣道、師道的要點，也就是延續孔子著《春秋》的精神，這在孔孟思想裡，可以說是一個奧祕。

至於說一個人臣怎麼樣做到「**責難於君**」，怎麼做到真正的恭敬？待我們把這一段的精神講完再加討論。這個所謂恭敬，並不只是聽命，像唱京戲裡的「末將聽令」那一套，那不是真恭敬；真的恭敬是「**責難於君，陳善閉邪**」。在歷史上有許多事實都說明這個道理，但是有一點首先要與諸位同學研究的，是古代的教育精神與現代的不同之處，究竟哪一個對，我不下結論，只是做一個比較。

前兩天跟同學們討論時，想到一個問題，我責怪青年同學們有許多地方搞不清楚，譬如寫一個條子啊，寫一封信啊，作人處世啊，都有問題。我說也難怪，這五六十年的教育害了你們，不是你們的錯誤，我們上一代本身就受錯誤教育之害。記得小的時候十一二歲，像我們家庭的教育，把〈朱子治家格言〉擺在桌上，而且要會背。早晚要向父親背，背完了照著做，「黎明即起，灑掃庭除，要內外整潔。既昏便息，關鎖門戶，必親自檢點」。

我在家裡是獨子，沒有兄弟姊妹，雖不算大富大貴人家，也是很不錯的家庭，家裡很多傭人，可是大雪天，一大早父親把我叫起來掃院子。我母親當然心痛，何必呢？家裡有傭人啊！不行，非要他自己出來掃不可，不然長大了沒得出息，不知道人事的艱苦；傭人固然有，為什麼他該享受啊。我那個手凍得啊都腫起來，像螃蟹一樣，還不准我帶手套，拿個掃把在掃雪。夜裡關了門以後，點個燈到處看看門閂好沒有。我說我們當年是受的這種教育。所以我經常訓這裡年輕辦事的同學，電啊，水啊，門啊，都不知道檢查，每一次都要我老頭子叫，我不叫你們就不去看，生活沒有養成習慣，都是教育的問題。

像〈朱子治家格言〉，是我們當年必讀之書，到現在幾十年以後，想起來最後兩句話，雖然是很落伍，但很有道理：「讀書志在聖賢」。換句話說，讀書求學問的目的是什麼？志在為聖賢，並不是只為了學技術，找待遇好的工作。「為官心存君國」，這是〈朱子治家格言〉的最後一段，這個朱子是明末一位朱柏廬先生。「讀書志在聖賢」，中國文化教育的目的，主要是先完成一個人的人格，技能是附帶的。這個話也可以說明，中國的知識分子「讀書志在聖賢」。我們現在是讀書志在聯考，為官志在金錢吧！是不是這樣我不知道。這個〈朱子治家格言〉在我們腦子裡印象非常深，現在幾十年回想起來，仍記憶猶新。所以我們這個文化教育的目的太偉大了，求知識讀書是志在聖賢，立志作聖賢，作超人。為官呢？為官心存國家天下，現在來講為官是為人民謀福利。

領導人的三大毛病

關於「責難於君」，我們再舉一個例子，清代康雍乾三朝的時候，有一位大臣叫做孫嘉淦，字錫公，他有一篇有名的奏摺，曾在講孟子見梁惠王時詳細介紹過，可能大家不清楚，現在這一篇印給大家的講義是把它集攏來的，不完全，這一篇東西很長很有名，叫〈三習一弊疏〉。這個孫先生告訴乾隆，作皇帝有三個大毛病很容易養成，這三個毛病一旦養成，如果出一個大紕漏，就不可救藥。諸位青年同學，難得上這個課，外面恐怕也少看到，好好注意，將來你們諸位出去，作了公司的老闆，工商界的領袖，或作一個校長，甚至作一個家長，都容易犯這三個毛病，不可不慎戒也。

第一個毛病是什麼呢？「主德清則臣心服而頌，仁政多則民身受而感」，他說作一個好皇帝，當一個好領袖，一個公司的好董事長，或總經理，因為你好，部下心裡服你，到處講你好。如果當皇帝的行仁政，老百姓受了你的好處，「出一言而盈廷稱聖，發一令而四海謳歌」，你上面隨便講一句，或下一個命令，下面都叫好，真誠的叫好。「在臣民原非獻諛」，老百姓部下的恭維，不是拍馬屁，是真誠的。「然而人君之耳，則熟於此矣」，上面的人聽恭維話聽久了，耳朵聽慣了，有一天如果來一句不是恭維的話，就會受不了了，因為這個習氣已經養成了。當校長啊，當法師啊，都會有這個毛病；出家人當法師，這個一句了不起，那個一句了不起，法師慢慢就起不了了。每個人都是如此，皇帝也是如此。

「耳與譽化，匪譽則逆，故始而匡拂者拒，繼而木訥者厭，久而頌揚之不工者亦絀矣，是謂耳習於所聞，則喜諛而惡直」。這一段就是說，上面的是第一流的好人，下面多恭維。譬如大家見到我，老師啊你講得好啊，那恭維話多得很，聽久了以後，真覺得每一個毛孔都鑽出一個悚然來；久而久之，會覺得自己偉大得很。千萬不能受騙！將來你們做事業，當了領導的人，這樣一受騙，你就完了。

「上愈智則下愈愚」，注意哦，當領袖的人，不要太聰明，上面越聽明，下面的笨蛋越多。那是真的，這叫做「良冶之門多鈍鐵」，好的鐵工廠裡頭廢鐵特別多，「良醫之門多病人」，好的醫生那裡病人特別多，那是沒有辦法的。所以上面越智，下面笨的越多，因為本來不笨，上面的人太能幹，下面的人就抱一個觀念，多做多錯，不做不錯，乾脆不做最好，因為他太能幹了嘛，什麼都會。

「趨蹌諂脅，顧盼而皆然」，他說因為上面是能幹聰明的領袖，下面跟著的，「顧盼而皆然」，上面皇帝走在前面，頭一回過來，就看到敬禮，到處都在拍馬屁。「免冠叩首」，滿清時候都是這樣，喳，帽子脫了跪在那裡。「應聲而即是」，到處聽到都是好的，都是應聲蟲。「在臣工以為盡禮」，作幹部的人這也沒有錯啊，這是對長上敬禮嘛。「然而人君之目，則熟於此矣」，當皇帝看久了之後，看慣了，有一個腰彎得不夠彎，就討厭這個傢伙了，所以這個毛病不能養成習慣。「目與媚化，匪媚則觸」，眼睛看到的都是拍馬屁的人，如果看到有一個面孔翹頭翹腦，不大拍馬屁，就刺到你了。

「故始而倨野者斥，繼而嚴憚者疏」，想作聖人的皇帝，看到傲慢一點的，開始是訓他幾句。有些人不是傲慢哦，他作官讀書志在聖賢，很恭敬的，但該說就說，他是好心，可是你就覺得討厭，曉得他講得對，就是不過癮嘛，慢慢好人也離開了。「久而便辟之，不巧者亦忤矣」，久而久之馬屁不到家的忠臣，也離開了。「是謂目習於所見，則喜柔而惡剛」，注意哦，當爸爸媽媽的也一樣。我也作過爸爸，我也作過人家的兒子，這些經驗都同諸位一樣，都經驗過的，我才發現，作爸爸有時候對兒女也拍馬屁的，回頭一想，都是一樣，所以齊家就可以治國。

你說父母對兒女絕對平等，大家當過父母的仔細想想看，有沒有平等？沒有的，有偏心，對兒女都有偏心。你想帶領部下會沒有偏心嗎？所以孟子說作皇帝之難啊，學問就在這裡開始了。你們當法師的將來收徒弟，說一律平等沒有偏心，那是聖人。不過我們不是聖人哦，是聖人同音剩下來的剩，我們是剩人。所以人聽馬屁話久了，你就喜歡柔和的人，很乖、態度很好的人。開始覺得是要作聖人，對不好的態度還能夠忍受，慢慢的不能忍受了，這是第二個毛病。

「敬求天下之士，見之多而以為無奇也，則高己而卑人。慎辨天下之務，閱之久而以為無難也，則雄才而易事」，當領袖的人要特別注意，因為社會上很多一流的人到他面前來，他看多了一流的人才，認為沒有什麼了不起，就把人才當狗屎了。再看到科學家都是怪里怪氣的，沒有什麼意思，然後看看都不如自己，搞久了覺得天下自己第一聰明，沒有人超過自己。

領袖要辦的事，是天下的事，都是大事情，處理慣了，久而久之認為天下沒有困難的事，到我手裡就解決了。他不曉得能夠解決並不是他比一般人能幹，而是因為他有一個無形的權力，是這個權力使他把事情解決的；如果他失了權力也就解決不了困難了。因為他不懂這個理，在上面當久了，「則雄才而易事」，自己認為是天下第一英雄，把天下的事情看簡單了。

「質之人而不聞其所短，返之己而不見其所過，於是乎意之所欲，信以為不踰，令之所發，概期於必行矣，是謂心習於所是，則喜從而惡違」。中間的文字都不解釋了，大概都看懂了，他說這樣搞久了以後啊，認為自己反正都是對的，慢慢認為天下聰明都不如自己，心裡越想自己越對，越想自己越偉大，慢慢養成一個毛病「喜從而惡違」，喜歡順從自己的話，討厭相反的意見。

「三習既成，乃生一弊」，眼睛、耳朵、心理，有這三種毛病，一個大漏洞就出來了。何謂一弊？「喜小人而厭君子是也」，自然喜歡拍馬屁的，千穿萬穿馬屁不穿，喜歡人家戴高帽，老師好，老師早，老師是個寶。明知道是給你戴高帽，也是挺舒服的，戴久了就習慣了。

這是孫錫公對皇帝的教訓，是教訓乾隆哦！下面還長得很，一樣一樣說，所以這一篇東西，清朝後來的皇帝都要讀。這一篇疏文集中了孔孟思想，就是剛才說的「**責難於君謂之恭**」，讀書志在聖賢的一個榜樣。曾國藩曾說，他年輕時常聽到老輩子講，孫錫公這篇〈三習一弊疏〉，是一個讀書人不能不讀的，曾國藩年輕也很自負的，文章也很好。一般年輕人讀這一篇文章，看看沒有〈滕王閣序〉好嘛，更沒有《西廂記》那個「花落水流紅，閒愁萬種，無語怨東風」好嘛，所以認為沒有意思。曾國藩說，到了自己做事的時候一看，我啊，服服貼貼的，甚至把它印出來，給幾個兄弟和一般弟子、高級幹部們看，不但作皇帝的要讀，任何一個領導人都要讀。

全篇的奏議很長，這個叫做「**責難於君謂之恭**」，也是「**陳善閉邪**」，這才是真正的恭敬，但是你把全篇奏議看完了，孫錫公沒有一點火氣，他是平平實實，老老實實，所以皇帝看了非接受不可。當然碰到乾隆是個好皇帝，有這樣的雅量，很了不起，他就接受了，並且吩咐子孫都要讀。現在是為了說明「**責難於君謂之恭，陳善閉邪謂之敬**」這兩個問題，我們提出來這個資料。

效法堯舜　懷疑堯舜

孟子曰：「規矩，方圓之至也。聖人，人倫之至也。欲為君，盡君道；

欲為臣，盡臣道，二者皆法堯舜而已矣。不以舜之所以事堯事君，不敬其君者也；不以堯之所以治民治民，賊其民者也。孔子曰：『道二，仁與不仁而已矣。』暴其民甚，則身弒國亡，不甚，則身危國削，名之曰『幽』、『厲』，雖孝子慈孫，百世不能改也。《詩》云：『殷鑒不遠，在夏后之世。』此之謂也。」

「**孟子曰：規矩，方圓之至也**」，這個話我們不需要解釋了，規跟矩是兩個儀器，可以畫方畫圓。「**聖人，人倫之至也**」，什麼叫作聖人？當然值得討論，儒家的道理，作人的目標是成聖人，等於我們學佛的人目標是成佛。至於有人說，學佛的目標是往生西方極樂世界，那並不是學佛的真正目標，那是沒有辦法了，因為曉得自己成不了佛，只好到極樂世界去留學，學好了再成佛，那個是留學的地方。所以學佛的人志在成佛，學道的人志在成仙，學儒家的人志在成聖人。拿中國文化來講，佛也好，仙也好，儒也好，統稱叫做聖人。他說「**聖人，人倫之至也**」，人倫是人的人格，人的標準，人的規範，人的規範做到了極點就謂之聖人。怎麼樣叫極點呢？很難講，下面接下去討論，聖人的標準是什麼？

「**欲為君，盡君道；欲為臣，盡臣道**」，這個君字，現在名辭就是領袖，家長，領導人，所以我們不要看到君字就想到皇帝。在上古的文化裡，這個君字是個代號，像長者，長輩，領導的人；小學裡的班長，在這一班裡他就是君，領頭的。他說一個作領導的人，與他屬下的人，就是君道與臣道。這兩個以什麼為標準呢？「**二者皆法堯舜而已矣**」，都該效法堯舜。我們上次提到要注意的，在《孟子》的前面很多篇，〈梁惠王〉啊，〈公孫丑〉啊，孟子給皇帝們講話，要他們效法文王的地方多，很少提堯舜。到這裡提出堯舜來，說只要效法堯舜而已。

下面他有個解釋，「**不以舜之所以事堯事君，不敬其君者也**」，作一個臣道的人，就是作人家幹部的人，必須要像舜當年跟唐堯做事一樣。事堯這個事是動辭，就是替他做事的時候，作他幹部的時候，要以這一精神來事君。也像跟自己的長輩或者是國家領袖做事一樣才對；假使不是這樣，這個人是不敬其君。換句話說，作領導的人，「**不以堯之所以治民治民，賊其民者也**」，如果不以唐堯治理天下國家百姓的那種精神來治理一般人，那等於「**賊其民**」，害天下的人。這個賊字用得很重，等於謀殺天下人，各種壞的名辭都可以加在這個賊字上面。

好，這裡有一個問題出現了，他說以君道來講，作領導的人第一個效法的人是堯；以臣道來講，第一個效法的是舜。像我們老一輩子讀書，堯舜這一些故事都很熟，現在年輕人就要回轉來去研究《尚書》了，就是《書經》。其中第一篇是〈堯典〉，這個古文研究起來就很麻煩，孔子也經常提堯舜，孟子在這裡也提出來。孔子的孫子子思著《中庸》時，講他的祖父孔子，「祖述堯舜，憲章文武」。換句話說，孔子的教育精神，教人效法人格養成的最高的標準，是堯舜這個精神；而文化的、政治的、社會的、經濟的等等，則「憲章文武」，偏重在周朝文化的文王和武王。

關於堯舜的研究，當然古代素來都講好的方面。到宋朝以後，人類的知識文化到底不同了，對堯舜的懷疑慢慢開始，到明朝更多。到了民國時期，那個厚黑教主李宗吾，寫了一篇〈我對於聖人的懷疑〉，當年也很轟動。他提倡的厚黑，是故意罵人的，罵人面厚心黑，他說成功的人都要如此，文中列舉了歷史對堯舜的懷疑。

當時大家讀到李宗吾的文章，認為他是一個怪物。我跟他年齡差一大截，不過是好朋友，我說你又何必這樣搞呢？他說你不知道，我跟愛因斯坦是同年的，他已經是世界上第一流的科學家，成名了，我現在沒有成名啊，所以我只好走歪路，亂罵人。我說你這樣罵不對的，要被抓去關起來；他說我就是希望人家把我抓去關起來，一關起來名氣就大了，到現在也不關我，所以我這個教主還沒有當成。你看這個人怪不怪！但是他本人非常好，道德也很好，他當時寫堯舜只是懷疑。

我說我這個人腦子是很死的，你寫的有很多問題，你這個思想哪裡鑽出來的？他說我叫李宗吾嘛，明朝有個學者叫李卓吾，做了很多怪事，又是學佛，又是學儒，也是大宗師。晚明的時候出了幾個怪人，對於學問的研究和懷疑，非常尖刻嚴厲，李卓吾是對歷史文化的問題挑剔得很厲害的一個人，他姓李，我也姓李……所以李宗吾寫堯舜寫了一大堆。

其實古人講過，堯為什麼把兩個女兒嫁給舜啊？因為他的兒子不成器，將來堯老了，這個不成器的兒子一接手，把國家搞亡了，那怎麼得了呢？乾脆不傳給兒子。幸好還有兩個女兒，以兩個女兒做本錢吧，一起嫁給舜。舜當了皇帝，雖然不是我的兒子，卻是我的女婿，半子嘛，天下始終還是自己的。李宗吾說，這是堯的手段啊。我說你們講起來都是歪理，所以這種煽動性的文章，都是五四運動前後的作風，你說不成理由嗎？很成其理由；真成理由嗎？金聖嘆批小說一樣，當笑話看看可以，當真話看全搞錯了。其實宋朝、明朝我也可以列舉很多的資料，都是對於堯舜的懷疑。

反過來正面如何去瞭解堯舜呢？這個問題太難了。我們都曉得除了《書經》上這一篇堯典外，《孟子》提到的也不少，大家注意《史記》上的〈伯夷列傳〉，司馬遷提到一句話，「傳天下若斯之難也」，這是點題，給我們畫龍點睛。大家都曉得堯舜是公天下，禮讓天下不是那麼容易啊，不是說我老了，你來吧，拖上來就是。不是這樣，要曉得堯選定舜，是由四方的諸侯推薦的，以後「典職數十年」，堯叫舜跟著自己做行政的工作幾十年，每一個部門都給他去磨練過了，成績都不錯。這時堯已經八九十歲了，然後才說，你來接手吧。這就是司馬遷所說：「傳天下若斯之難也」，他說公天下那個讓，那個選賢與能是這樣的難。不是像現在的人說，拜託！投我一票！他當選就算是能了。如果他沒有行政經驗，也沒有人品的證明，能與不能，有誰知道啊。

書經記載的堯

《書經》描寫的堯是：「允恭克讓，光被四表，格於上下，克明俊德，以親九族，九族既睦，平章百姓，百姓昭明，協和萬邦，黎民於變時雍」。我們再回過來，看《書經》上對堯這一段的記載，這是提起你們諸位同學注意，研究中國文化應該注意的地方。我們看《書經》第一篇，「曰：若稽古」，這一篇文章開始就這樣。

我先告訴你們一個笑話，我小的時候讀《書經》，大概十三歲，就唸：「曰：若稽古帝堯……」，那麼亂叫一頓，心裡很討厭，因為父親逼我讀，老師圈了點了，叫我那樣背，我怎麼樣都開不了竅，問老師這是什麼意思啊？我那個老師也是前清的秀才，有時候他替人家作文也是「曰若…」，我說這是《書經》的體裁，老師說是啊，這是很深的，你將來會懂，不過後來我也沒有問他，我早懂了。

你們看這一篇文章，上古的歷史很難考證，中國寫史不是亂寫的，「曰」，只能夠說是據說，或聽人家說。「若」，這個若是不定之辭，實在不敢肯定，只好用這個若。至於這個「稽」，是考證它。「稽古」就是考據了古代「帝堯」那個皇帝，我們的老祖宗，他的資料，就是這樣說的。「曰放勳」，帝堯的名字叫放勳。他的人呢？「欽，明，文，思，安安」，讀古書真難，這講些什麼東西啊？這就是《書經》第一段，是我們當年的歷史，叫做帝堯的研究。這個問題就大了。

所以讀古書必須先從學問來，我們簡單的講，每一個字研究起來問題很多，古代是在竹片上刻字，很辛苦啊，一個字包括很多意義，越簡單越好。我們現在為了賺稿費，多一個字多一毛錢，那跟古代不同。

他說這個人「欽，明」，什麼叫欽？代表了慎重，非常謹慎，非常小心，非常規矩，好的意義很多。所以後來皇帝下命令，最後一句「欽此」，就是慎重，小心，謹慎，規規矩矩去做。於是這個欽此就變成公文老套了。「明」，絕頂的聰明，智慧第一，不但文化哲學，連思想都是透頂的。思想透頂聰明的人多得很啊，但聰明人不老實，不安分，越聰明越不安分，對不對？我看在座的年輕人很多是聰明人，你們諸位每人相貌堂堂，都聰明絕頂，千萬注意，聰明要安分啊。這個安字就要研究《大學》了，「知止而后有定，定而后能靜，靜而后能安」，都是從這個地方來的哦；非常安祥，也等於我們看電視上演戲，「皇上吉祥」，大吉大利的那個安。這就是講他的人品，我們由這幾個字瞭解他的人品，不然讀起來，「曰若稽古，帝堯，放勳，欽，明，文，思，安安……」不曉得講些什麼，讀起來是很討厭的。

總而言之，每一個字幾乎都是相對的，「欽，明」，謹慎小心，這樣的人，對人往往很老實，老實有時候不太聰明，很聰明的人不一定小心謹慎，堯是兩樣綜合兼備。「文，思」，也是相對的，這個「文」不是說會寫文章，會作詩；古代這個文代表一切的知識具備，所以天地都是大文章。「思」是真正的正思想，在古代解釋這個思，包括的意義很大，等於現在後世講高度的智慧，上古的時候只用一個思字代表。「安安」，剛才已經說過了。

「允恭克讓」，這個允字在這裡只能大概做解釋，我們若要真實研究國文，研究自己文化，允的本字解釋起來很複雜的。這裡我們大概的說，「允恭」是絕對的恭敬，這個人的態度絕對的恭敬；「克讓」，絕對的謙虛，真謙虛，一個高明的人，對任何事情，對任何人，都是絕對的恭敬，絕對的謙虛。這幾句話塑造出來那麼完整的一個人格，作領導的人，乃至當父母的，當家長的，有這樣的人品，才夠得上作一個大家長。

順治與洪承疇的問答

至於他這個人的表現，「光被四表，格於上下」。關於這兩句話有人說，滿清入關以後，順治皇帝十二三歲時，他讀《書經》；當皇帝的不能不讀《書經》，因為要學堯舜啊。這八個字順治問一個人，他說《書經》這八個字用得很怪，為什麼不寫「光被四海，格於天下」，多好呢？這也講得對，說他的聲光照耀四海，很偉大；照我們現在講，他的偉大像太陽一樣照遍了整個地球，多好啊。這位大臣答覆他說，不好，堯之德是他的道德偉大，「光被四表」，這個表是無邊際的；「格於上下」，上下是無窮盡的。現在拿佛學來講，「光被四海」就是太著相了。

這個的確答覆得好，我還是最近才看到這一本書，誰答覆的呢？就是洪承疇答覆的，那個投降的貳臣。洪承疇的學問很好哦，在這一本書上又看到一個祕密，就是滿清入關之後，洪承疇給滿清定的國策：「南不封王，北不斷姻」。北方對蒙古永遠要和親，南邊不要封王，不然你的政權靠不住。這八個字我認為就是套《三國演義》諸葛亮告訴關公的策略：「東和孫權，北拒曹操」，都是同樣的一個國策，大的國策。老實講洪承疇回答順治這兩句話，答得真好，看了以後拍案叫絕，真是聰明。從中國傳統的歷史觀念來講，洪承疇是不忠之人，但是他的頭腦絕不是我們一般豆腐渣子的頭腦，太聰明了。

「克明俊德」，這四個字可以分開來講，「克明」，人高明到極點，聰明到極點，回復到平實，他能夠把自己的高明，拉到像平常一樣。「俊德」，他的厚德，厚道，作人沒有哪一點不對，處處對人好，非常偉大，非常崇高，這些就是「克明俊德」。

然後下面，「以親九族，九族既睦」，在上古宗法世族的社會，他與各族和平相處，九族都和睦了。「平章百姓」，就是我們中國人說的老百姓，百姓代表很多宗族，宗法社會都被他統一起來了，不是統治，是道德的感化。也就是平等的都把百姓安下來了；「章」就是文化社會都進步了，大家都很平安，得到了福利。「百姓昭明，協和萬邦」，天下平了。下面一句，「黎民於變時雍」，因此全世界，全國的人民「於變」，於是個虛字，都跟著變了，變好了，風氣被他轉變了。「時雍」，整個的時代太平了。這是講堯，《書經》中這一段，就是描寫他的德性。

堯如何磨練舜

再看〈堯典〉下面這一篇文章，如果把它演成話劇啊，堯這個老兄大概每天只是在那裡打打坐，弄個香板坐在那裡。下面辦事誰辦呢？統統是舜去辦，當然堯懂得下命令。但是你要知道，在堯的時候，天下洪水為災，所以古人那些懷疑堯舜的說：既然聖人那麼好，中國怎麼都是大水啊？那麼大的災難，全國都是大水，長江黃河都沒有開出河道來。這是一個天災，雖是聖人也沒辦法了；同時還有人禍，有四凶，四大凶族，堯也解決不了；雖然平章百姓，協和萬邦，也沒有辦法。結果下手整治的是誰啊？是舜，把四凶抓起來放逐到邊疆去了。如果把堯舜兩個研究起來，那是很有味道的。

所以大家看《孟子》這一段，真要做研究，必須把〈堯典〉〈舜典〉研究清楚。堯舜下來就是夏商周三代，堯舜這兩代奠定了中國文化的基礎，中國社會經過這兩代變好了；當然最後一個最大的功臣是大禹。大禹治水以後，這個民族正式建立以農業立國，到現在已三千多年，他們功勞太大了。

究竟好到什麼程度呢？問題很多，不過《孟子》指出來，要想當領袖的人，必須要效法堯，要以愛護部下，愛護老百姓那個精神來做。換句話說，我們當一個家長，當任何一個小團體的領袖，也應該是這個精神。

至於臣道，作人家的部下，要效法舜的精神。舜當年跟著堯做事的時候，如果拿現代人尖刻的眼光來看，堯對舜是十分嚴厲的，那是教育的嚴厲。堯一下把舜從很高的位子降到低位，一下又把最艱難的任務交給他，一下又把他提升到最高的職位，最後提拔他當了宰相，還把兩個女兒嫁給他。

然後自己年紀大了，考察他可以接任，你來吧，我要退了，這樣才交給舜的。所以中國文化君道是有一個標準的，臣道也有標準，所以必須要讀，並且研究《書經》中的〈堯典〉和〈舜典〉這兩篇。

對人民社會不好的果報

這個提出來以後，孟子引用孔子的話，「道二，仁與不仁而已矣」，他說，人世間的道路、法則只有兩個。換句話說，世界上的事情都是相對的，或者仁，或者不仁，不可能站在中間，既仁又不仁。等於左右、前後，清清楚楚，不要含糊，含糊是不對的。所以是就是是，非就是非，善就是善，惡就是惡，你說我不善又不惡對不對呢？那只是一個理念，理論上有，事實上沒有，不可能。

所以他說「**暴其民甚，則身弒國亡；不甚，則身危國削**」，什麼叫暴呢？意思就是把老百姓整得活不下去，在歷史的法則上，最後必然到達「**身弒國亡**」。「**不甚**」，假使沒有那麼過分，稍稍好一點呢？也會「**身危國削**」。他說在歷史上的榜樣，是周朝兩個壞皇帝，周幽王、周厲王，「**名之曰幽厲**」。他說當一個領袖帝王，做不好的話，「**雖孝子慈孫，百世不能改也**」，在歷史上永遠留下來惡名，後世的子孫想幫他洗刷都沒有辦法，因為歷史的是非是無法改變的。譬如說秦始皇也有好的一面，但他怎麼改都改不了，沒有辦法，錯誤就是錯誤，所以孟子引用《詩經》的話，「**殷鑒不遠，在夏后之世，此之謂也**」，《詩經》上說，殷商那個紂王亡國了，為什麼會亡國呢？是他胡做非為的原故，歷史的事並不太遠，就擺在這裡。

研究《孟子》這一段話，究竟是何時何地所講？應該說，可能是在魏國講的，也可能是在齊宣王那邊講的，很難確定。但是，與〈梁惠王〉及〈公孫丑〉裡所講的，在他與齊宣王相處時的經過，非常相近。梁惠王跟齊宣王在戰國時，都是第一流聰明的帝王；但只有聰明沒有道德，尤其缺乏政治的道德。由於他們也不重視政治的哲學，當然不會行仁政，所以孟子為他們感嘆而講。

說到聰明的帝王，譬如隋煬帝，歷史上說他四個字，「敏捷善悟」。大家注意哦，看歷史不能只看他壞的一面，他本人非常可愛啊；如果拿學禪宗來講，他會大澈大悟，因為他善悟嘛，說了馬上懂。他文學又好，但是妒嫉心非常重，有人作了一首好詩，「空梁落燕泥」，他當然作不出來，就吃醋了，你比我作得好，殺掉你。因為太聰明了，所以後來運河修成功，到南方玩的時候，自己看看鏡子，說：「好頭顱，誰當砍之」，這麼好的頭腦，不曉得會被誰砍掉。知道自己沒有好結果，他是一個絕頂聰明的人。

富貴出身的天才

我們讀歷史，看到晉朝的晉惠帝，當時天下饑荒，老百姓沒有飯吃，他說為什麼不吃肉稀飯，大家都笑他笨。不是笨啊！他講的是絕頂聰明的話。為什麼是絕頂聰明的話？由於他在宮廷裡長大，看到宮女們吃稀飯，就問是什麼稀飯啊，回答說肉末稀飯。在宮廷裡，肉末稀飯是很差的，他從小長大，也沒有看過外面，人家報告老百姓沒有飯吃，他認為怎麼不吃那種差勁的稀飯呢，這是他的智識範圍。所以他在華林園聽到青蛙叫，就問：青蛙是為公家叫還是為私人叫？旁邊大臣就講，皇帝啊，在官家叫就為公，在私家叫就為私。

這個馬屁拍得恰到好處，拍馬屁的人是真壞蛋，但是你說聰明不聰明？那我們學過邏輯的，學過禪宗的，你研究研究，青蛙叫是為公的還是為私的？參參看，是空還是有？這不是一樣道理嗎？你再仔細一想，他的確是絕頂聰明，可憐的是他作了太子，出生在宮廷裡頭，不知民間疾苦。所以富貴人家出生的子弟，許多是天才，但被富貴環境所誤，誤了一個天才。人從艱苦中出來，是苦難環境，才造就他成為一個人才。你再看古今中外歷史，聖人也好，英雄也好，每從艱苦中站起來，他才能夠瞭解一切。再看晉惠帝，歷史上都笑他笨，錯了，我們才笨呢，因為沒有過過富貴生活，所以不懂。

他問青蛙叫為公為私，絕不是笨，他的腦子非常邏輯。我的學生之中，有許多學科學的，那個腦子就是這個樣子。譬如我說你把蒼蠅給我趕出去，他說蒼蠅為什麼在這裡飛啊？他一邊趕一邊還在看，研究了半天。我說你趕快把牠趕出去，這個時候不是研究蒼蠅的問題。是，是，是。他那個腦子就是這樣，你說他不聰明嗎？絕頂聰明。這都是我們要留意的地方。

所以《孟子》這一篇開始就說，「**離婁之明，公輸子之巧**」，聰明伶巧不足以作為領導的修養，高明必須要中庸，道德要渾厚。至於政治的權術，《孟子》點了題，他說「**徒善不足以為政，徒法不能以自行**」。一般人都認為孔孟之道是呆板的，只講仁；其實有個祕密，現在把它揭穿。至少在我讀書的經驗，雖然讀書不多，還沒有看到過有人具體把它揭穿的。孔子同孟子有個密宗，孔子寫了一部《春秋》，他自己感嘆，「知我者其惟《春秋》乎，罪我者其惟《春秋》乎」，這兩句話有什麼祕密呢？

先說為什麼知我者《春秋》，《春秋》記錄了亂臣賊子，帝王一切的錯誤不良行為，一切的怪事，造成了社會亂象歷史演變。對此應該負責的是政治領導人、知識分子讀書人，以及擔負教育責任的人。是這些人的罪過，所以他們要負歷史的責任，這是《春秋》的目的。所以說，對於《春秋》，亂臣賊子懼，這是正面的瞭解，知我者《春秋》，懂得它的精神所在。

什麼是罪我者《春秋》呢？有些人懂了《春秋》，才會用權謀，才會用手段，所以《春秋》也是一本謀略之書，也是一本兵書。懂了《春秋》相反的一面，謀略就很厲害了，所以天下事有正面一定有反面。有人讀了歷史而學好的，變成好人；讀了歷史學不好的，所有的壞本事都學會了。一個壞人學問越好，做壞事的本事越大，所以學足以濟其奸。

同樣的道理，孟子繼承孔子的思想，提倡仁道。仁道的密宗在什麼地方呢？那些專門愛人、仁慈，連螞蟻都不敢打的，不叫仁，因為「**徒善不足以為政**」，這是孟子所反對的。「**徒法不能以自行**」，誰懂啊？其實後世由漢、唐、宋、元、明、清，每一個開創的帝王，都懂孔孟的仁政，都瞭解仁政並不是呆板的仁義思想。上次提到過，我們歷史上最光彩的一段，在漢代是文景之治。漢文帝是「內用黃老」，裡面真正用的是道家黃老的方法；「外示儒術」，外面表示是儒家，這是漢文帝政治的原則。

其實中國歷史上的帝王，走的都是這個路子。前面也曾講到過，漢高祖死後，呂后專權，劉邦的兒子們差不多被呂后這一幫人殺光了，只有一個小兒子在北方苦寒的邊地。突然中央決定請他來當皇帝，就是後來的漢文帝。那個時候內政也亂，外面南方那個南越王趙佗，已經準備要造反了。漢文帝上臺只寫了兩封信，就把整個的天下安定了下來。一次是寫信給趙佗，一次是給北方的匈奴。

他寫給南越王趙佗的信，「朕高皇帝側室之子……」這一句話就把趙佗打垮了。他的意思是說，我不過是爸爸小老婆生的小兒子，你老人家是跟我爸爸一起打天下的，你要多照應照應我啊，我是後輩嘛。然後講現在自己的政策，軍事的佈署，都告訴你了；講完了以後又說，你山西家裡祖宗的墳墓我都給你修好了，而且派兵保護起來。在古代，如果有叛亂，只要你一動，先把你的祖墳挖掉，但是他沒有這樣說，這叫做瞎子吃湯圓，肚裡有數。漢文帝又派了一個老外交家，很厲害的陸賈前去，一下就成功了。

趙佗這個老頭子看到這一封信，哎呀！漢高祖這個兒子一定成功，趕快收兵，不打了。於是南越王回了一封信，也很妙，說自己是南方蠻子的頭子，向你報告，一切都聽你的。一封信就解決了南方的叛亂問題，還有北方匈奴，也是一封信解決，天下就太平了，這個就是漢文帝。

漢文帝的道德效法堯舜，幾十年穿一件袍子還是補過的，樸素節省，並且儘量的減刑罰，保養百姓。因為春秋戰國幾百年的戰亂下來，又經過他父親劉邦跟項羽多年打仗，那真是民窮財盡，完全是靠他長養生息，這就是《書經》形容堯的話，「文，思，安安」，安的基礎打穩了，社會也得到了休養。

這時出了一個很有名的晁錯，前面也說過，晁錯這個人當然是謀臣之流，就是孔子所講的，罪我者《春秋》也。他寫了一篇奏議給漢文帝，說教育太子除了道德以外，要他懂術數。古代這個術數是手段，術就是方法，數就是精於計算。術數也代表中國文化的天文地理，陰陽八卦，風水等的一門學問，專門名辭就是術數。在政治思想上，術數就是表示要懂得方法，要懂得政治的手段。

漢文帝一看這篇報告，有道理，立刻發表他為太子府裡的祕書長，輔助太子。所以後來景帝上臺，才引起了七國之亂等等。到了景帝曾孫漢宣帝更妙了，出生在監獄裡，是丙吉保住他的。所以漢宣帝是在艱苦中出來，老百姓的艱苦，社會的艱難，人心的好壞，他都清楚得很。他英明，有道德，因為他是艱苦中起來的。所以歷史上皇帝死後得了一個「宣」字謚號的，都是好的。

他的兒子漢元帝太子出身，宮廷中長大，那就比較仁慈了，他向漢宣帝建議，應該完全用儒家的思想，講仁義道德，其他的都廢掉。漢宣帝就大發脾氣罵他兒子，說漢家自有章法，雜家霸術都用的，你光曉得講仁義，仁義能夠治天下嗎？劉家的天下到你手裡恐怕就完了。實際上漢宣帝這一句話，說明了千古以來中國帝王君道的道理，這才真懂了《孟子》所說的，「**徒善不足以為政，徒法不能以自行**」。這兩句話就是孟子的密宗。

所以認為孔孟是呆板的仁義思想，那是絕對的錯誤，用起來非失敗不可。孔子的密宗是在「知我者其惟《春秋》乎，罪我者其惟《春秋》乎」，你把這四句學會以後，中國政治哲學的應用就懂了；再加上一個最重要的道德修養，孟子的這個密宗都傳了，告訴我們後一代的子孫，這個民族自然會有人才出來的。

孟子曰：「三代之得天下也，以仁；其失天下也，以不仁。國之所以廢興存亡者亦然。天子不仁，不保四海；諸侯不仁，不保社稷；卿大夫不仁，不保宗廟；士庶人不仁，不保四體。今惡死亡而樂不仁，是猶惡醉而強

酒。」

這個原文的重點我們先加以說明。我們曉得，先總統蔣公的文告裡經常引用這一段，尤其是「**國之所以廢興存亡者**」這一句話。因為他喜歡讀《孟子》，而且對《孟子》很下工夫的，這是現代史上我們記錄的一個重點。

因仁而得　不仁而失

在中國政治思想史、哲學思想史方面，這裡有三個要點，第一，「**國之所以廢興存亡者亦然**」，在春秋戰國的時候，所謂的國就是地區。譬如姜太公分封在齊國，就是齊那個地區，周公分封在魯國，就是魯那個地區。譬如《老子》裡提到「治大國如烹小鮮」，我們往往把老子所講這個國字，解釋成現代國家的觀念，這是有問題的。其實就是《孟子》這裡所講的國，代表了諸侯的分封區域，這個觀念要搞清楚。

第二，「**天子不仁，不保四海**」，所謂四海，是中國古代的觀念，指廣大的地區。《說文解字》：「凡地大物博者皆得謂之海」。《爾雅》：「九夷，八狄，七戎，六蠻謂之四海」。《禮記》：「東夷，西戎，南蠻，北狄謂之四海」。所以這個四海，並不是指海洋的海。又像《左傳》中〈齊桓公伐楚盟屈完〉上講：「楚子使與師言曰：君處北海，寡人處南海，唯是風馬牛不相及也」，所以這個海不作海洋解釋，而是地區的意思。

做這個研究也是很有意思的一件事，在戰國的時候，拿現代人來吹的話，科學早就發達了。譬如那時的鄒衍，歷史上稱為辯士，非常會講話，思想很奇怪，那當然比孟子高明多了。我開始講《孟子》的時候已經介紹過他。孟子同孔子一樣，到別的國家去，很受冷落；鄒衍就不同了，諸侯都親自出來迎接，那個威風很大，因為鄒衍是陰陽學家。像現在的陰陽學家，大概只能掛牌看相算命罷了。鄒衍曾說天下有九大州，有四海，所以四海就是現在所講國家的觀念。

第三，諸侯保社稷，這個社稷是宗廟。到了秦漢以後，歷史演變，政治的體制也變了，全國統一之後，宗廟也稱為社稷。譬如在北平有社稷壇，有天壇，社稷壇就代表一個國家的精神。像日本有神社，也是社稷的精神。中國上古文化所謂的社稷，實際上是農耕社會集體生活為基礎的一個統稱。這是本文裡的三個觀念，大家先要清楚。

現在我們回過來分段討論它的內容。他說夏商周三代之所以得天下，因為創業的帝王是行仁道；三代在末代之所以失天下，因為不仁而亡。什麼叫做仁？到今天沒有下過定論，這個是我們要注意的，只曉得一個原則，以仁得天下，以不仁而亡。什麼叫做仁政？這是最後我們要討論的。

我們看《孟子》這一段，再以這個原則看自己幾千年的歷史，幾乎每一代都是如此；不是幾乎如此，是絕對如此。豈止是一個國家，任何一個家庭，乃至個人的成功都是如此，離不開這個原則。

幾十年前曾經有些同學問，用什麼方法、什麼手段，畢業後可以在社會上站住？我說只有一個方法，笨。也就是作人誠懇、老實，除了這個以外沒有其他方法。你聽起來很古老，但我告訴你一個道理。人類歷史到了現在，今天的青年，每一個都是聰明絕頂，不但知識方面高明，玩手段，用辦法，那個刁鑽古怪的主意，比我們當年高明得太多了。但是，玩聰明玩手段，沒有一個不失敗的，最後都是失敗。真正唯一的手段只有老實、規矩、誠懇；假使你把這個當做手段，那最後成功是歸於你這個老實的人了。這是我們幾十年人生的經歷，所得到的結論。歷史上看到玩聰明的人，像花開一樣，一時非常的榮耀，光明燦爛，很快的那個花凋萎了，變成灰塵。

所以我們曉得孟子這個話，不但是國家天下整個政治的原則，家庭以及作人，原則也是這樣，都是成功者以仁，失敗者以不仁。至於仁怎麼樣下註解，我們再三交待過，這一篇還沒有做結論。下面是重複的話，這是他的文章。會寫文章的人小題可以大作，拿到一點東西可以寫一大篇。

曾有一個外國學生來，說研究我們《明史》末年。問他哪一段？他說研究張獻忠的少年時代。那很簡單了，我說，告訴你，我少年的時候，有一首詩，都說是張獻忠作的，結果幾十年後讀書我才發現是唐朝人作的。唐朝有一個愛作打油詩的叫張打油，下雪天作詩，他說「江山一籠統」，下雪嘛，江山全是一樣。「井上黑窟窿」，水井上都是雪，井口像個黑洞，「黃狗身上白，白狗身上腫」，這是下雪的情形。我對那個外國同學說，你研究張獻忠少年時代，誰看到過啊？歷史上隨便找個證據來，你把這一首詩也插進去，你們美國那些教授一定查不到。這個是說笑話。

廢興存亡四現象

現在回過來看，孟子講仁與不仁，這些都是文章，下面都是加上去的，當然不是亂加，而是一層一層的來，由大到小。他說所以一個國家，是指戰國時期那些諸侯的國家，開創的人能夠行仁道、仁政，就興旺了；最後亡掉的都是因為不仁。這個裡頭有四個字要特別注意，「**廢興存亡**」，我們研究歷史哲學，要特別注意這四個字，中國文化經常用四個字連貫，譬如「循環往復」，譬如佛家的「生老病死」，都是四個字。這些觀念，都是從《易經》陰陽生四象的觀念來的，是四個現象。宇宙間本有兩個現象，動靜、是非、善惡、好壞、明暗都是相對的。這是形而下的宇宙一切相對的動態；再分化就有四個現象，所以叫四象。它的代號叫做陰陽，就是太陰、太陽、少陰、少陽這四個現象，所以先講這四個字的來源。

歷史有「**廢興存亡**」，但是超過了這四個字呢？那就是文化的力量了。整個的宇宙，歷史的生命是永恆的存在，「**廢興存亡**」只是四個現象而已。譬如現代大家非常擔心中國文化的問題，你放心，文化目前不是「**存亡**」的問題，到現在還只不過是「**廢興**」的問題，是一半倒楣的時候，不是斷絕的時候。所以「**廢興存亡**」四個現象，仔細研究起來，意義絕對不同。

當一個歷史的時代，或者是一個國家政權倒楣的時候，衰敗一點是「**廢**」；但是它會復「**興**」，歷史的記載也是這樣。至於談到「**存亡**」就非常嚴重了，我們舉例來說，《論語》中孔子提到過，他說一般落後地區，沒有文化的，但是也有文明，文明跟文化這兩個觀念不同。孔子說文化落後地區的文明，還不如亡了之後的夏朝；夏朝雖然亡了，它的文化永遠千秋存在。像我們中國人，到現在沿用的，很多都是夏朝的文化，譬如過陰曆年，這是夏朝的文化；過清明等等，是夏朝跟周朝聯合起來的文化。因為夏朝以陰曆的正月為正月，周朝是以我們陰曆的十一月當正月，商朝是以我們陰曆的十二月當正月。我們現在仍然喜歡過陰曆年，這是幾千年文化的根，變不了的。

所以我經常說，看文化的「廢興存亡」，就可以看到文化的力量，研究起來，科學哲學的問題很大了。譬如我講到《易經》的文化，中國人過年門口貼一個「三陽開泰」，很多年前在台灣，《易經》沒有太提倡的時候，有人寫成「三羊開太」，好像吃火鍋，要太太來開似的。

「三陽開泰」怎麼來的呢？那是八卦，是一畫一畫來做代表的，也與二十四節氣有關。陰曆的十一月就是子月，子月有一個節氣叫做「冬至」，冬至一陽生，畫卦是一個陽爻，就是地球吸收了太陽的熱能，到了地心，地面上很冷，地心裡開始有一個熱的陽了，所以冬至後井水是溫熱的。到了十二月是二陽生，到了正月就三陽生，所以叫做三陽開泰。為什麼叫泰卦呢？上面是三個陰爻☷，代表是坤卦，坤是地；下面這三筆陽爻☰，代表天，是地天卦，這個卦名叫〈地天泰〉，所以正月是三陽開泰。到了二月陽能從地氣又上升，這個卦又變了，叫做〈雷天大壯〉。我們介紹這個是說明夏朝文化的存在，所以說，文化是超越了「**廢興存亡**」的範圍。

講到「**廢興存亡**」四個字，我們看中華民族幾千年的歷史，它所有的階段，拿佛學的名辭來講，只不過是分段生死，也就是「**廢興存亡**」而已；而這個民族的文化是永恆不斷，綿綿不絕的。所以我們要由這個精神去瞭解自己的文化，自己的歷史。尤其是青年同學們注意，這個時代正是「**廢興存亡**」的關鍵，只是年輕人挑不起這個「**廢興存亡**」的擔子，但是也不可被歷史的演變壓倒，而失去信心。

剛才我來上課前，正好看到菲律賓的僑領在電視台講，過去華僑在外面以中文為主，現在因為英文流行了，年輕的學生對中文都不重視了。這是個大問題，當時我就有一個感想，重視不重視是看我們自己民族站不站得起來，中華民族真站得起來，照樣會受重視。這也是「**廢興存亡**」的問題，不要因偶然一段的悲哀，自己就垮下去了，這不是我們的精神。所以關於「**廢興存亡**」的問題，一定要認識清楚。

什麼是仁

下面是《孟子》分段的講，由小講到大，講到整個國家，「**天子不仁，不保四海；諸侯不仁，不保社稷**」，因為中國過去是宗法社會，所以任何一個政權，都有他的宗廟，我們老百姓的家廟叫祠堂。有了政權的君主的宗廟叫社稷。「**卿大夫不仁，不保宗廟**」，卿大夫是古代作官的，卿的地位比較高，大夫是一般官名的稱呼，不是現在的醫生。「**士庶人不仁，不保四體**」，中國的古禮，士是知識分子，庶人是一般老百姓，庶人兩個字是古代的稱呼，現代是平民。一般人不仁，他就不能保四體。四體就是四肢，兩手兩腳啦，就是說這一條命都不能保。這是孟子的申論，由上到下，一個人必須要做到宗旨裡的仁，不是西方人所講的那個人道。

實際上這個仁從哪裡來？大家解釋的很多，我們的文化幾千年來解釋這個仁字，起碼有幾百萬字，但也講不清楚究竟什麼叫仁。唐朝的韓愈寫一篇〈原道〉，他下的定義是「博愛之謂仁」，所以後世儒家的讀書人，都用韓愈這個話來解釋仁。實際上韓愈的觀念是不是孔子孟子的觀念呢？不是，韓愈這個觀念在中國文化裡，是墨子的觀念。墨子講兼愛，兼愛就是博愛，我愛我的兄弟，我也愛天下人的兄弟；我愛我的父母，我也必須要愛天下人的父母；我愛我的子女，我也要愛天下人的子女，這就是墨子的思想。

韓愈是研究墨子的專家，韓愈的學問最深刻的是在墨子，他悄悄的把墨子的觀念套在儒家的思想中；後世儒家不懂，也許是懂，故意那麼做，偷用了墨家的觀念來解釋儒家的觀念。當然這不是說兩個觀念不能溝通，不是這個意思。嚴格來講，全部是中國文化思想的根，這個道理我們要把它分清楚。所以仁道這個仁字，從唐朝以後，都拿博愛這個觀念來註解，也就是用韓愈的觀念。這個要給青年同學們講清楚，現在說出來很簡單，一分鐘就告訴你了，可是我能知道的經過，那是很痛苦的。幾十年摸了多少書，東一兜西一看，原來如此，才把它找出來，所以對於博愛這個觀念，大家需要有個瞭解。

這個原始的仁的解釋，我認為還是要從文字觀念本身來看，當然我這樣認為也不一定對，所以要先聲明。這個仁字從人，從二，換句話說就是人與人之間如何相處就叫做仁，這個觀念至少比一般的觀念好多了。人與人之間有生理的作用，有心理的作用，有禮的作用，有社會的作用，有政治的作用，所有的作用，在人類的社會，都是人與人之間相處的關係。

宋朝的理學家們解釋這個仁，「仁者仁也」，你們年輕讀國學一定說狗屁，「仁者仁也」還要你來註解！大家都曉得。這是古文的寫法，這是什麼道理呢？因為中國的醫書，桃子的核叫桃仁，杏子的核叫杏仁，所以他說仁者仁也，這個仁是講果實中這個仁。你們諸位年輕人搞不通，因為不通古文，實際上理學家很通。宋儒這個解釋啊，參合了佛學禪宗的精神，因為萬物中心就有仁，像植物的果子，中心都有仁，所以仁是一切的中心。

再進一步說，你們把果子裡面的仁敲開來看看，兩半，陰陽，中間空心的。心者空也，理學家不敢講，一講空，那不得了，走入佛學去了，他偷了佛學的東西不敢講。明朝的考試，有一個時期政府下命令，文章裡不准出來空、定、慧這三個字，不准寫出來；如果寫了這三個字，文章再好也考不取。有一個青年不考功名了，做一篇文章批評，他說連孔子都考不取，因為《論語》裡頭說「空空如也」；曾子的《大學》就應該廢，「知止而后有定，定而后能靜……」很多啊，都講過的啊。他說為什麼孔孟的書上可以有，我們的文章就不該寫？寫了就說我們跑到佛學禪宗裡了，我不要這個功名，我不考了。這些都是宋儒理學家的毛病，也是他們可憐的地方，更是他們對於仁解釋的問題，所以這個仁變得這麼複雜。這個問題在這一篇最後，還要再討論的。

《孟子》由大而講到小，仁道是有這樣的重要，我們講了半天，講良心話，什麼叫仁？下不了一個定義吧？博愛之謂仁，這是韓愈的答案，我如果做考試官，一定把韓愈的卷子批掉，因為你偷墨子的思想，又不講老實話，罪加一等，本來八十分，扣掉剩下五十七分，不及格。韓愈的文章不一定好呀，杜甫的詩也不一定好呀，李白的詩也不一定好，沒有一個人的文章是絕對好的，都可以改，都可以醫得好的。

再給你們講一個笑話，從前有一個人掛一個招牌「詩醫」，他說古人的詩很多都有毛病，都要醫的，譬如有名的「清明時節雨紛紛」，這一首詩太肥了，要減肥，改成「清明雨紛紛」。「路上行人欲斷魂」，行人當然在路上嘛，把路上二字取消。「借問酒家何處有」，又太胖了，借問二字不要，「牧童遙指杏花村」，何必一定要問牧童啊，問司機也可以啊，取消牧童二字。他說這是減肥，有些太瘦的詩就要加肥，所以韓愈的文章不一定就是權威，有問題的就是有問題。

又怕醉　又要喝

下面的結論特別重要，諸位年輕同學要時時記得，一輩子作人做事有用處。「今惡死亡而樂不仁，是猶惡醉而強酒」，現在一般人，當然是指當時政治舞臺上各國的諸侯，「惡死亡而樂不仁」，大家都怕死，怕失敗，但是行為上亂七八糟，不仁不義的亂做，又怕死，又亂做。他說這就等於怕醉酒，而卻拚命喝酒，這就沒有辦法救了。這兩句話要注意，孟子大概會喝酒，孔子會不會喝是個疑案；孟子說「惡醉而強酒」，根據這句話可見他會喝酒。我們看到喝酒的人，醉了還要喝，這句話是形容社會上的人，都曉得做好事是對的，等於曉得不喝酒比較健康，喝醉了並不好，可是到時候忍不住，非喝酒不可。甚至喝醉了更要喝，雖然不想喝醉，但還是喝醉了。這兩句話意義深長，而且多方面的應用，對自己修養、事業、作人都有用處的，千萬要記得。

我們再仔細研究這兩句話，「今惡死亡而樂不仁，是猶惡醉而強酒」，照普通一般唸經書的辦法，唸起來是枯燥無味的，如果大家配合經史來唸，就是把孟子時代的《戰國策》拿出來看，那味道就好得很，那就鬧熱了，才曉得孟子這個話，在當時那個分量，真有雷霆萬鈞之勢。因為當時的資料都保留在《戰國策》裡，那個時代很亂很亂，好玩的事太多了，莫名其妙的事也太多了。

我們再看下一段，然後再來討論歷史上戰國時候的情況。但是這裡有一個很重要的問題，我希望青年同學們將來有能力研究，就是這裡包括了一個人性問題。人性之壞啊，無法形容，幾百年的戰爭變亂下來，到孟子這個時候，那樣大聲疾呼，也挽救不了那個時代。誰也沒有能力挽救那個時代，到最後又出了一個秦始皇，再經過很長一段時間，漢高祖才統一天下。

為什麼歷史的演變會這樣？由於人性太壞，個個都太壞了，又都想變好；為什麼五六百年當中變不了？是什麼力量？什麼原因？這是一個大問題。所以我希望大家讀經書要配合歷史看，讀歷史要配合經書看，不然找不出原因。我們中國文化的許多著作，不論是哲學史啦，文化史啦，對這個關鍵都沒有發覺，而且根本不知道有這個關鍵，也不把問題注意在這個點上，所以沒有鑰匙打開。我希望你們這些青年，要把握這個關鍵所在，不曉得諸位瞭解了沒有？我要跟青年同學們嚴正的講，這裡頭有個大學問值得研究，對於人類社會國家民族極關重要。

好心沒好報

孟子曰：「愛人不親，反其仁；治人不治，反其智；禮人不答，反其敬。行有不得者，皆反求諸己；其身正，而天下歸之。《詩》云：『永言配命，自求多福。』」

這一段也是他的小結論，他對於政治的哲學理論，做了指導性的講話。孟子提到仁的重要，他說一般人心中想作好人做好事，但是行為上都非常不仁不義；等於怕喝醉而戒不了酒一樣。他接著說，「**愛人不親**」，我們愛人家，結果人家反而罵你怨你。這並不是講戀愛，我寫信追她，她不愛我，就是「**愛人不親**」。所謂愛人就是愛護人家，對人家好，「**反其仁**」，如果人家反感，你就要反省自己，可能是仁的行為你沒有做對，總有一個原因。這是講普通作人，長官帶部下，領袖帶下屬，父母對兒女，結果有不好的反應時，仔細研究下來，可能是自己出了問題，也許是愛的方法不對。

這個仁啊，並不是一個呆板的事，所以仁是要有方法。我們看到醫生的招牌「仁心仁術」，術就是方法。佛家講慈悲，慈悲要配合方便，我們經常聽到佛家兩句話，「慈悲為本，方便為門」，慈悲要有方法，你不懂得方法，那個仁是沒有用的。換句話說，這個是好人，好人下面有一個註解，不可以用；壞人下面一個註解，也許還有用。這是一個哲學的問題，不是一個事實。道理在哪裡？你看用鈔票就知道了，街面上都是髒的爛的在流通，好鈔票，新鈔票看不見，對不對？這是一個哲學問題啊，這個社會上流通的都是壞的；好的都很珍重，把它包起來，所以好的都出不來。這個道理很深刻，我自己越想越糊塗，歷史，人生都是如此。所以仁要有方法，他說「**愛人不親，反其仁**」，效果不好，自己先要反省。

「**治人不治，反其智**」，政治上你有很好的政策，結果執行起來達不到好的效果，毛病出在哪裡？回去問問你自己的頭腦吧，自己關鍵沒有弄清楚。所以我常對許多年輕的同學說你的計劃很好；年輕人不懂我的話，還說：老師，真的嗎？其實我這個話是鞭子啊，你是紙上談兵，計劃好有什麼用呢？做起來不一定好；如果計劃和理想都好，做起來成果也好，那是要智慧的運用才行，不簡單的。所以「**治人不治，反其智**」，不要再怪人家，問問自己吧。

我們講現成的例子，昨天我們法師回來，帶一塊很長的布，要收起來，他們幾個同學整理了半天，越弄越亂。我說我來，我開過布店的，指頭東一轉西一轉就疊好了。因此可以說，辦事、政治，都是這個道理。法師就恭維我說：老師樣樣都會。我說那也不一定，這個高帽戴不得的。我說以前有一個當師長的朋友，他看到一個馬伕，拚命拉那個馬，一身都是汗，就是拉不動。他就過去甩馬伕兩個耳光，你走開！他自己把馬繩拿到手裡一轉，轉到馬鼻子旁邊，兩個指頭帶著就走了。所以孟子講的仁道值得研究了，譬如我這個朋友，樣樣都能幹，連馬伕的工作，他做得都比馬伕高明，就是孟子說的，雖然有智慧要善於運用。這個要特別注意啊，不要聽到智慧，以為就是聰明，那就沒有真智慧，所以不要把聰明當智慧用。

「**禮人不答，反其敬**」，我們對待人家很有禮貌，結果他不理你。不理你，當然要反其敬，你要反過來問自己，是你對他不夠恭敬嗎？是其他的原因嗎？有時候我們覺得對人家很有禮貌，那個禮貌有時候真要命啊，我也經常冷眼旁觀你們同學之間相處，一個同學很愛護另一個，拿茶給他也不喝，不受你可憐，為什麼這個態度啊？其實有可能是不曉得自己臉上那個表情，太難看了，還怪人家反應不好，所以要注意。

孟子為什麼提這三樣事呢？注意哦，一個是愛人，一個是治人，一個是禮。上面本來討論的是政治大原則，現在怎麼提這三樣事呢？這就是關鍵，為政之道這三個是重點。尤其是當領導的人，第一是愛人，第二是治人，就是管理人的方法。第三呢？愛人需要禮，管理人的方法也需要禮，禮是中心，非常簡單，這是領導人的一個大原則。孟子沒有給你點出題目來，這個穴道在哪裡，沒有告訴你。現在我告訴你，這個穴道在這三點，這是重點。所以他在這裡吩咐這三樣，為政之道，乃至當父母也是一樣，「愛、治、禮」，這三樣最重要；他的方法呢？「仁、智、敬」，這是三個結論的方法。這六個字合起來又是一篇大文章，要寫論文的話，找資料就很多了。

所以孟子的結論說，「**行有不得者，皆反求諸己**」，他說你要曉得一個人的行為，雖然做了很多的好事，結果不得好報，什麼理由呢？你不要責怪人家，只問自己。當然最難的是自己的面孔，雖然做了好事，可是那個臉色，那個態度，太難看，令人受不了，這個地方要反求諸貌，所以外貌也很重要。

古語說自求多福

結論是，「**其身正，而天下歸之**」，要自己本身正派，不是講這個身體，是說本身要站得正，天下當然就歸之。

他引用《詩經》的一句話，「**永言配命，自求多福**」，這八個字特別注意，這是《詩經》描述周朝文王武王之所以成功的重點。這八個字，也是我們中國文化道德修養的中心思想。什麼叫「**永言**」？古詩很難讀懂，詩歌有一個重點，「詩言志，歌永言」，詩是自己思想情感的表達；歌的句子不像詩，可長可短，永言就是永遠講，永遠的唱。歌是代表人性，人的情緒，人受了委屈自然就唱歌。所謂「**永言**」，就是歌中有很好的話，可以流傳，我們現在叫格言，一句可以做標準的話。

至於「**配命**」，就是說這一句話，帶有文化的精神生命，一句什麼話呢？「**自求多福**」，求人、拜佛、求上帝、求朋友都沒有用，人要自己站起來，福氣是自求的，以人為中心。你自己不自求，只想求菩薩保佑，菩薩太忙了，你到民權東路行天宮看看，一天到晚多少人；關公那裡都要用電腦登記了，那麼多人求他，他比我們還忙。所以我就發了一個大願，將來死後不成佛，也不成神；神佛太忙了，而且被人家燒的香都薰昏了。實際上求神拜佛，求的是哪一個呢？是你自己，要自求多福，一切在自己。

孟子在這裡講仁道，再三提到，這就是呼應上面的文章，也就是他講話的層次，先講到當時社會上的領導人，都希望自己了不起，但是又不肯行仁政，就像怕醉又不肯戒酒一樣。現在他正面的說什麼叫做福，只有「**自求多福**」，自己做，不要希望人家幫。這不但是當時領導人和社會的諸多現象，也是千古人情的現象。我們都曉得愛人，對人好，結果反過來人家對我們不好，關鍵在哪裡？問問自己。治人，結果得相反的效果，關鍵在哪裡？問問自己。對人家有禮，結果得到沒有禮貌的反應，關鍵在哪裡？當然問自己。

所以他說，周朝有一個永遠不變的格言，不分地區，不分時間，只有一個「**自求多福**」。而且正身為第一，自己站起來為第一。

孟子曰：「人有恆言，皆曰『天下國家』，天下之本在國，國之本在家，家之本在身。」

「人有恆言」就是說，我們中國老祖宗們，社會上一般人有一句老古話，怎麼說呢？「皆曰：天下國家」，我們中國人幾千年講話，天下國家連在一起。換句話國家就是天下，天下就是國家，他說「天下之本在國，國之本在家，家之本在身」，孟子這個道理，這個思想，是根據曾子著的《大學》而來的，就是「修身，齊家，治國，平天下」這個道理。

我們講到這裡本來應該把仁這個問題，做一個結論。實際上還不能做結論，它中間又波瀾起伏，這是《孟子》文章的章法。這個波瀾到這裡又重新起來，變了一個章法，插過來一個問題，研究起來很有趣了。

孟子曰：「為政不難，不得罪於巨室，巨室之所慕，一國慕之；一國之所慕，天下慕之。故沛然德教，溢乎四海。」

這是《孟子》重要的一篇，講到從政的要點，突然來一個高潮，波瀾起伏。這個高潮害死了後來幾千年的執法者，尤其出來做地方官的，認為是聖人教的，孟子說的嘛，搞政治不難，不要得罪地方有勢力的大家族，重點就在這裡「**不得罪於巨室**」。所以幾千年來作官的人，好像受到孟子傳的密法似的，到任何地方都不敢得罪當地的大家族。

有些人就不同，我們舉一個近代史的例子，大家都曉得滿清中興名臣彭玉麟，小說中有《施公案》《包公案》《彭公案》。這個《彭公案》就是寫彭玉麟當巡案御史時的事跡，他曾經做過長江的水師提督，相當於現在的海軍總司令。後來年老走不動了，辭掉官職，可是清廷還要他出來視察。他出來視察要兩個人扶著走，但是幸虧靠他出來，才解決了許多問題。

他有一次視察到安徽，穿著普通衣服，像一個鄉巴佬，坐在茶館裡，或飯店裡吃飯。那是李鴻章的家鄉，李鴻章有一個姪子橫行霸道，搶奪婦女啊，霸佔財產啊，誰都不敢惹，因為李鴻章是當朝一品宰相。於是就有人向他告狀，李鴻章姪子認不得彭公，彭公馬上把他抓來，一頓痛打就統統招認了。彭玉麟曉得他李家一定趕到京城向李鴻章報告；因為清廷有權給彭玉麟的，可以先斬後奏。於是先把李鴻章犯罪的姪子殺掉，然後寫一封信給李鴻章，把他姪子所有的案情資料送上，說，我跟你是老朋友，你的姪子就是我的姪子，我替你教訓，殺了他。李鴻章看了這封信，還要寫信向他道歉。你看他彭玉麟不就是得罪大家族了麼？歷史上像彭公這樣的大臣也不少。不過，把《孟子》這一句話搞錯的也多得很，像一般的讀書人，後來出來作官的，多數都把《孟子》這一句話弄錯了。

如果我要賣賣關子，考問你們青年同學，這個巨室到底應該怎麼解釋？我告訴你們吧，孟子說的這個巨室，就是一個社會，也就是現在所說一個大社團，乃至大政黨。古代是宗法社會，先要瞭解當時的社會制度，一個大家庭裡，家人之多，就是一個社團、巨室。尤其孟子時的四大公子，孟嘗君、平原君、信陵君、春申君，這幾大公子不得了，他們是大政治社團，也等於後世的幫派。下層社團是幫會，上層社團就是一個政黨。

孟子說為政並不難，就怕這一些社會上有組織的，像後世所講的黨派等。漢朝、宋朝、明朝，所謂黨禍就是黨派，就是巨室，在當時就是孟嘗君、平原君之流。你讀《戰國策》就知道了，有一篇文章講信陵君救趙的事，《史記》《古文觀止》裡都有，就是講巨室。信陵君把皇帝的兵符偷出來就發兵；救趙固然沒有錯，但是，卻不把國君放在眼裡。由信陵君救趙這件事情，你就看到那個巨室的力量和作風了。

又如孟子在提到楊朱之學時，也常提到墨子（墨翟）。墨子當時講學是有組織的，他在弟子中選出一個領袖，就叫做鉅子。孟子在這裡講的巨室，相當於墨家鉅子。因此，在政治上來說，對於像反對黨一樣的巨室，必須相互協調，不可以亂來的。

這是中國文化帝王政治幾千年來的一個現象，大家讀書都輕易放過去了。孔子那時被趕走，也就是因為得罪了巨室，得罪了季家三兄弟。所以後來有一首罵人的詩，「自從魯國潸然後，不是奸人即婦人」。這是唐代詩人羅隱所作，描述孔子自從流著眼淚離開自己的家國魯國以後，留下來的只有奸人和婦人了。歷史上許多衰亂的朝代，都是因為被壞蛋或後宮操縱之故。

很不好意思，在座的有女性，現在都是女性的天下了，當然以前是壞女性多，現在都是好女性（眾笑）。如果從這兩句詩的觀點來看我們幾千年的歷史，也的確是這個樣子，只是角度有所不同。

所以關於巨室的說法，先給大家點出來要點。但漢唐以後就演變成政黨意見之爭，非常嚴重，不但中國歷史如此，歐美也是一樣。美國的總統敢得罪一個有勢力的黨派嗎？如果意見不能溝通就辦不了事。

所以孟子當時的這一句話，是說明民主政治的運作，溝通意見是很重要的，並不是向土豪劣紳惡霸低頭，不是這個意思。但是後世許多讀書人，對《孟子》所說的巨室，都搞錯了重點，這些讀書人作官的成果不佳，也的確受到這一句話的遺害，嘴裡雖然不講出來，但事實上都受到這句話的影響。所以我們小時候聽到的，當縣知事回來，跟當過警察局所長回來，兩人碰面，自己幽默講：「知事不知事」，「所長無所長」，這倒是一個很好的對子。地方的當權者，都不敢得罪當地的大勢力，也是因為曲解了孟子「**不得罪於巨室**」這句話。

後來我們受現代的教育，尤其革命教育的洗禮，讀《孟子》都覺得討厭，似乎講仁政還要拍馬屁，拍地方惡勢力的馬屁。我們現在再仔細一讀啊，就發現孟子根本不是這個意思；拿現代話講，「**不得罪於巨室**」應該解釋為，不得罪政黨和大眾民意。沒想到孟子一句重要的文言，誤了幾千年當政者的思想，想來也是非常可嘆的！

這個高潮一起之後，他接著又講下去了。由於上面一路仁啊，仁啊下來，突然到了這裡，出來一個不得罪於巨室，這個跟仁政有什麼關係呢？宋儒以為沒關係，就把它圈掉、圈斷了。可是這絕對是有關係的，「**巨室之所慕，一國慕之；一國之所慕，天下慕之。故沛然德教，溢乎四海**」。孟子說這個仁政啊，是仁心即天心，用現在時髦的西方文化的話來講，民意就代表了上帝的意志。這就是點出仁政對於天下的重要，因此孟子插了這段「**不得罪於巨室**」的話，並不是文章從這裡切斷了。

孟子曰：「天下有道，小德役大德，小賢役大賢。天下無道，小役大，

弱役強，斯二者，天也。順天者存，逆天者亡。齊景公曰：『既不能令，又不受命，是絕物也。』涕出而女於吳。

今也，小國師大國，而恥受命焉，是猶弟子而恥受命於先師也。如恥之，莫若師文王。師文王，大國五年，小國七年，必為政於天下矣。《詩》云：『商之孫子，其麗不億。上帝既命，侯于周服。侯服於周，天命靡常，殷士膚敏，祼將于京。』

孔子曰：『仁不可為眾也夫！』國君好仁，天下無敵。今也欲無敵於天下，而不以仁，是猶執熱而不以濯也。《詩》云：『誰能執熱，逝不以濯？』」

賢者與能者　在位與在職

關於「小德役大德，小賢役大賢」的問題，我們現在先把「賢德」的這些觀念，提出來討論一下。

我們曉得孔孟思想所講的中國文化，在學術思想上，有個基本的觀念，就是〈公孫丑〉中說過，「賢者在位，能者在職」。過去我們大家讀書，很容易認為，所謂賢能的人，就可以擔當這個職位，這是一個籠統的看法。嚴格的講起來，應該是依照《禮記・禮運》的觀念。而且必須要把〈禮運篇〉全篇讀完，才會瞭解。因為孔子有一個整套的觀念，如果只抓住一段，事實上還是搞不清楚的。

這個觀念所謂「賢者在位，能者在職」，我們後世往往把職和位連起來，實際上是兩個觀念。

一個有道德，有節操，有學問的人，可以說把他定位在「賢者」。賢者不一定當政，不一定在職，而是在位。古代的「位」，等於說「三公坐而論道」，是講思想，或者是最高的決策，並不管執行。假設勉強拿現代的政治體制、社會制度來講，那些民意代表們，就是在位；但並不是執行法令的在職人員。

「能者」是有才能的人，就是在職執行決策的人。能者與賢者，這兩個觀念的內涵實際上是有差別的。在歷代的帝王政權，或者是政治經驗中，這個道理實際上的應用，集中在清朝的初期，尤其在康熙時代。康熙把作官的人才分成九類，地方官吏，或者巡撫之類，後世所謂省主席之流。他用的是「能」人，絕對用能人，不用賢者。賢者學問好道德高，把他送到翰林院去，寫書編書，坐在那裡吹吹牛啊，一輩子給他編幾部大書。就算是年輕一點四十多歲考到翰林的，二十年給他在那裡寫一部書，就把他「閒」起來了，賢者閒也，清閒起來。

做地方官吏的必須要用能員，能替國家社會、老百姓辦事的，並不一定要他學問好。甚至康熙還採用了法家的思想，貪汙一點點，品性差一點點，皇帝開隻眼閉隻眼。因為他賺一點點錢，跟他辦事的能力比起來，很值得，這一點錢就讓他貪去好了。他替社會國家做好了事，那個代價太大了。所以古代講皇上聖明啊，皇上心裡非常清楚；雖然清楚這個官員貪一點財，因為他是能員，非用不可。

由此我們瞭解，「賢能」的政治，賢與能兩者是不可混為一談的。當然，一個有道德的人，同時又是能人，在歷史上也有，譬如宋朝有名的范仲淹，不但學問道德好，而且出將入相；他不但是個「賢者」，而且是個「能者」，才能又高，道德又高。這一類的人才在歷史上，是極為難得的，足以為人榜樣的。

杜牧與賈誼

大家經常說，「文人無行」，文人多半無行，這是中國人的一個傳統觀念；同時文人千古相輕，這些都變成千古的名言。其實文人不一定無行，所謂文人無行是專有所指，像文學好的人呀，十之八九都風流，這一類的人，在一般生活的品德上多半是無行的。所以在中國的政治思想史上，大多的文人往往不得志，後人也常替他們抱不平。但是以政治的原則上講，不一定是不平，也可能很公平，因為這些文人不一定是能者，而且有時候，他們的風流習慣也不免太過份了。

譬如講唐代有名的詩人杜牧，叫做「小杜」的；「大杜」就是杜甫。杜牧的詩文樣樣好，也做過刺史。從前的刺史，等於一個地方省主席，也等於代表皇帝的，後世叫做欽差大臣，不過沒有現在省主席或欽差大臣的權威大，只有這麼個味道而已。杜牧的詩很好，「十年一覺揚州夢，贏得青樓薄倖名」。可是你看他的一生，如果是太平盛世，文人標榜風流可能無所謂，但是講到政治道德，那早應該開除他了。

而且他還不止如此，當他在揚州做御史的時候，當時有禁令，公務員家裡不許請客，結果一位很有名的退休大員，在家裡請客。當然唐代呀，漢代呀，家裡有些歌姬，也像家人一樣了，會唱歌跳舞。有一天這家晚上請客，杜牧他老兄也來了，不得了，監察御史來了，今天證據抓在御史手裡，沒有辦法，只得巴結他。結果問他要什麼，他就說你家歌舞團裡，有一個明星，很漂亮，就要你家裡那個歌姬。

像這一類歷史上的故事，我們在正史上看不到，在文學史上就看到，這就是證明文人無行。拿政治道德來講，學問好而無行的文人，並不一定能夠從政，如果我們多研究歷史，真正懂得社會道德、政治道德的話，就不會為他們輕易叫屈了。

譬如我們歷史上看到，漢朝有個賈誼，漢文帝是不用的，後來歷代一提到年輕學問好不得志，都是拿賈誼來做比方。尤其是唐人的詩中，對賈誼這位青年人，有學問，文章那麼好，結果不被漢文帝所重用，千古皆認為是憾事。因此唐人的詩說：「可憐夜半虛前席，不問蒼生問鬼神」，就是說漢文帝那麼一個賢明的帝王，召見賈誼那麼一個有學問的人，以為談話一定問國家大事，結果漢文帝找他來一起吃晚飯，飯後沒有談別的，只談哲學問題，究竟有沒有鬼神？討論的是這個問題。所以後世的文人歷史，非常為賈誼叫冤屈。所謂「虛前席」，就是皇帝對面那個座位，沒有人坐，空著等他來，請他坐，請他吃飯，而且不問天下大事，專門和他討論宗教問題，哲學問題，究竟人死了有沒有靈魂這些問題。

在我們自己研究看來，假定今天我們是漢文帝，請賈誼來一定也是談論這些不相干的問題。因為賈誼這個二十幾歲的少年，所上的那幾篇奏議，有關國家天下大事的問題，賈誼以為皇帝不知道，漢文帝肚子裡都知道，不但都知道，更知道在目前的環境之下，沒有辦法實行，而且不可以輕易觸碰這些問題。由於賈誼名氣很大，漢文帝也只好請他吃一餐飯，對他表示安慰。如果正式來談這些問題，皇帝只有罵他一頓，你太不懂事，太年輕；當然那樣做，那就不叫漢文帝了，也沒有意思了。漢文帝用的是老莊之道，找他來吃飯，安慰備至，然後談談鬼話，蠻好的，也算是讚譽有加，所以這個道理要搞清楚。

我們讀《孟子》這一節書，所謂孔孟學說的經典，如果與我們歷史的經驗配合起來，就能深入，並且容易瞭解，同時也懂得作人處世的道理了。

有道　無道

現在我們看這一段的原文，「**孟子曰：天下有道，小德役大德，小賢役大賢**」，這個「役」，是服務的意思，就是小德的人，替大德的人服務。我們講話隨便講小德的人，大德的人，孟子並沒有講是人，是國家，或者是社會，這只是一個觀念。

到了「**天下無道**」，時代衰落的後世，道的原則標準沒有了，「**小役大**」，只有小與大的問題了。只有強有力的，才是有道理的。

換句話說，天下太平，人類社會上了軌道的時候，才會以道德為標準，所以「**小德役大德，小賢役大賢**」。到一個紛亂的時代，道德不值錢了，小就役於大，誰強大誰就有公理，那個公理是基於強大而來，所以是「**弱役強**」。後世達爾文發現了一個社會發展的定律，就是弱肉強食。事實上這種公理，孟子早說過了，在紛亂的時代，一定是弱役強的，強權勝公理。他說這兩種情況是「**天也**」，這句話值得研究，因為照文字解釋，孟子很有問題了，好像是說亂世的時候，弱小的人應該被強大的吃掉似的。假使照文字一解釋「**天也**」，就會變成這樣。

所以由此可見，不管寫古文、白話文，下筆一定要特別小心。有時候文字裡頭多用了一個虛字，很討厭，因為不必要，所以討厭；但是有時候寧可多用一個字，才說得清楚。

像這個文字裡，如果我們觀念搞不清楚，很容易會認為「**斯二者，天**

也」，就是強大的應該吃了弱小的，那也是天意。你看社會上一般的現象，生物界本來是這樣，強大的吃弱小的，如果孟子真是這個意思，所謂道德觀念，人為根本就不能談了，孔孟思想也不必效法了。

所以這裡我們特別注意，我經常說，研究中國上古文化，有很多字特別要注意。寫中國思想史啊，政治思想史啊，中國歷史啊，有幾個字的觀念不注意的話，寫出來的毛病就大得很。

所以著書立說，那是很嚴重的事。我們在座很多人學佛，學佛的怕因果，我經常說一篇文章的因果比什麼都大。一句話講錯了沒有關係，只有一兩個人聽到，還只害一兩個人；一篇文章如果可以流傳的話，一旦有錯，受害的人不知道多少。等於下一點毒藥，害死千千萬萬人，那個因果實在太可怕了。

古人形容文人這支筆，就是刀，如果形容一個人用筆像刀，就叫他「刀筆之徒」。因此，在中國的政治思想上有一句話，「文人寫一寸，武人走百里」，辦公室的一個計劃下來，不過幾行字，但是這個部隊要東調西調走百里，如果目標弄錯了，受害的就不得了。所以文字，不論是辨公、寫文章，都要特別注意。這是由《孟子》的文字，所引出來的感想，提醒大家。

研究上古中國文化，「道」、「天」等等，特別要注意，前面也提到過。因為一個中國字，常常代表好幾個觀念。

譬如「天」字，代表天文天體這個天，有時候代表天理，天理良心，就是人的思想感情，公認是對的，或公認是不對的，那個就是天理。有時代表哲學上的本體，《中庸》說的：「天命之謂性，率性之謂道」，這個「天」代表了本體，也就是佛家講「如來」，天主教所謂「主」或「神」。有時候「天」又代表了一個法則，一個原則。所以「天」字有差不多五、六個觀念。

有時候在一本古書中，同樣用這個字，反覆用了幾次，所用的位置不同，觀念就兩樣。所以後世寫的哲學思想史，中國文化史之類的書籍，在這些地方發生錯誤的也不少。在我個人看來，錯誤是非常嚴重的。如果拿因果的道理說，他這支筆所寫的文章，等於用一根針刺瞎後世千千萬萬人的眼睛一樣，都跟著他的觀念搞錯了。所以文字有時候是非常可怕的，不要動輒隨便寫遊戲的文章。

順逆與存亡的關係

孟子說：「**斯二者，天也**」，這個天是指一個法則，一個呆板的原則，但是他沒有說是對或錯。換句話說，他的意思是說，太平盛世，社會國家天下安定的時候，自然尊重倫常倫理道德。這個時候，賢德的人，有才能的人，自然受人的尊重，這是當然的道理。而當末世、亂世的時候，道德與公理沒有了，只有強權。為什麼那樣演變呢？他說這個是自然的法則，這個自然法則就是天意。

下面他講：「**順天者存，逆天者亡**」，這裡有三個不同的天了，這個天可以講是天理的天。為什麼我們那麼講呢？好像給孟子特別抹上一層漂亮的粉一樣。同學們常常笑我說，老師經常替孔子、孟子作辯護；我說我並沒有替他們作辯解，至少我讀他的書，所瞭解的是這樣。孔孟兩個講天理，因為他們的思想，是根據傳統文化《易經》來的，《易經》裡順天理是至善，謂之順，所以坤者順也，坤卦謂之順。「**順天者存**」，是順其天理，天理是上天有好生之德，是至善，生生不已，這個是好的。相反的，「**逆天者亡**」，到了亂世的時候，強大欺凌弱小，力量大的欺負力量小的，這個是逆天的道理，凡是逆天而行的，沒有不失敗的。

所以這一節書講起來，好像是我們故意加上註解，把他特別說得好一點似的；事實上，是他寫文章的時候，文氣寫得非常順，但在道理、關鍵的地方，交待不太清楚，致使後世的人，在觀念上難以正確的瞭解。

為什麼這麼說呢？因為他在本文下面，引用了一則故事，也可以說明這個道理。

「**齊景公曰：『既不能令，又不受命，是絕物也。』涕出而女於吳**」，這一段是講孟子時代以前，齊國所發生的故事。從孟子說的這一段話，我們就可以明瞭一段歷史，雖然他書中沒有註明。《孟子》書中記載下來的這樁事，是孟子在齊國說的這一段話，那是齊宣王的時候，所以他引用齊國本國的歷史。

歷史上齊國有兩個名王，一個是齊桓公，一個是齊景公；也有兩個名宰相，齊桓公的名相是管仲，齊景公的名相是晏子（晏嬰）。一個名王必定要配上一個好的宰相。在這個時候，他們二王都可以稱為一代的霸主，一代的名王，而齊、魯兩國本來是世交。

這時南方的吳國，正值吳王夫差上一代的皇帝，就是吳王闔閭的時候。吳王要求齊國把一個公主，嫁到吳國來，當時吳國是個強國，所以敢於要求。說要求是很客氣的說法，實際上你愛送來也好，不送來也好，不送來就出兵打你，就是這麼一個態勢，擺了出來。

面對這個情況，齊景公就覺得，沒有必要引動這個戰爭；不過他看到吳國這個國家很糟糕，將來是沒有好結果的。所以他又感慨講了一句話：「**既不能令，又不受命**」，他說這個吳王雖然在國際的情勢上，因緣際會成了一個強國，一個霸主；但是這個國君既不會領導，也不能受人指揮，所以很糟糕。

我說這個人應該姓「無」，名叫無能才對。一個人既不受命受令，覺得不服氣，他又沒得辦法指揮人家，社會上這一類人也很多。換言之，在國際間這一類的領導人也不少。

所以當時吳國就變成這樣，「**既不能令，又不受命**」，實在難辦。講國際的地位，與齊國又差不多，一有衝突就打仗，所以齊景公也搞得沒辦法，好吧！你要我家裡這個宗族的女兒，就送一個過去吧。但不免流下眼淚，「**而女於吳**」，只好送這個女兒去吳國，給你當媳婦去吧，嫁得真冤枉，齊景公是這個意思。

「**順天者存，逆天者亡**」，剛才我們已經說明，上面這個解釋，觀念就在這個地方。由吳王要齊國公主為媳這件事，你就看出來，孟子並不贊成強大吃弱小，命令弱小，所以有這一段歷史的證明，我們才能讀懂《孟子》這一句話。

因此，告訴青年同學們，研究自己的文化，讀古書，特別留意，有時候是不必多費腦筋的；我常常發現年輕人讀書啊，「老師！這裡看不懂」，你看下去就會懂了。道理在哪裡？你往往讀到後面就把上面問題解決了，因為在後面有註解嘛。

還有時候啊，讀一本書有很多讀不懂的地方，就擺著，改看小說；看了半天小說，剛才那本書上不懂的，一下都懂了。其實小說同那本書不相干，可見腦子的智慧，本來都有的，你拿別的東西刺激他一下，他那一面就靈光起來了。所以讀書要活，不是硬記，記出來的不是學問，千萬注意。

我們繼續下面的文字，孟子當時在齊國的理論，還沒有說完。

努力振作　轉弱為強

「今也，小國師大國」，「**師**」就是效法，小國要想強，只有效法大國。這一段我們要特別注意，我們瞭解自己的歷史，是為了將來承先啟後，繼往開來，所以必須要熟讀《春秋》與《戰國策》；我們現在就是春秋與戰國的一個縮影，一個擴大。我們看過去人類的歷史，隔一條河或一座山，就是一個國家，外國史也一樣。所謂江東、江西、江左、江右，隔一條江就不得了了。《三國演義》時代，曹操要打南方，長江是天險。歷史再進一步，後來爭的是海洋。十九、二十世紀，像英國有強大的海軍，就有掌握海洋的權力，號稱日不落國，全世界都有他的殖民地。可是社會更進步了，海洋也隔不住了，現在爭的是太空。所以歷史根據這個發展，一步一步擴大，至於太空以後，反正我們看不見了，要看見只有投胎再來看了。是不是隔一個銀河系統啊？或者隔一個大千三千世界，那就不管了。

由過去歷史看來，環境在擴大，空間的面積在擴大，地球上都是人，不管白種人黃種人，人的心理、頭腦，古今中外一樣。歷史的紛爭，利害的衝突，也是一樣，人始終沒有進步過，還是那個樣子。所以我們要瞭解今後歷史的趨勢、世局，只有熟讀《春秋》《戰國策》。當然，思想不要停留在那個時候，如果動輒希望再出來一個孔子，再出來一個齊桓公，那一定要送你到精神病院去了。如果能把一切原則懂了，再看現在的世界，看未來的世界發展，大概可以說了然於胸，就很清楚了。

所以孟子在當時，批評國際的情勢，他說這些小國都很弱，雖然效法大國，「**而恥受命**」，並不一定肯聽話，「**是猶弟子而恥受命於先師也**」，他說就好像當了學生，卻不肯聽老師的話一樣。孟子講這個話，我覺得非常幽默，但他沒有半點幽默的字句，也沒有說這個態度是對或不對，至少說明當時國際間是這麼個情形。所以這句話講得啊，用之於國際間的評論，那是高度的幽默。

他下面又講了：「**如恥之，莫若師文王。師文王，大國五年，小國七年，必為政於天下矣**」。他說既然想強，自己又是夾在強國中間的小國，只有效法周文王。《孟子》本書前面提過的滕文公，也是小國的領導人，兩大之間難為小，怎麼辦？他幾次問孟子，孟子最後一次說，只有兩條路，一個是自強；一個就是另外創業。

看《孟子》這本書，會發現孟子這個人很有意思，可見聖人的面孔並不古板，反而是輕鬆幽默的。他講這個話，有些像禪宗的機鋒，聰明的人自然懂，不聰明的人聽了，也不落任何話柄，沒有一點尾巴讓你抓住的。

「如恥之」，如果被強國欺侮，認為是可恥的話，只有自強起來。要想自強，就是效法周文王的歷史精神，以百里而行惠取得天下。這是個自強的原則，運用之妙，存乎一心，這是孟子不傳之密啊，他不多傳了，只講到這裡為止。

不過呢，他透露了一個消息。他認為，當時國際間的大國，如果走文王的路線，內政修明，加重文化的建設，心理社會的建設，效法文王的精神，不過五年就可以自強了；換句話說，可以影響整個國際。如果是像滕文公這種小國啊，充其量再多兩年時間，加長時間為七年，也可以成功了，因為小國力量弱。

但是有一點特別要注意，天下有許多事情，雖然力量很弱，但是加上時間就會變強。前兩天一個同學來討論裝冷氣機的問題，我們那個辦公室，我說裝一台小小的冷氣機，夏天舒服一點。我說買一個三噸的；他們說：不夠不夠！要八噸！五噸！我被他們嚇得好幾年也不敢裝。結果我現在裝個兩噸的也夠用，什麼道理？冷氣是小啊，開一天，時間長一點就冷了。所以大家都沒有把時間加上，忘了。

所以說，小國需多加兩年的時間。現在我們把握一個原則，無論什麼事情，你加上時間就有辦法。所以你們年輕人不要著急，好像現在沒有辦法，只要加上時間，加個一二十年，你鬍子長出來的時候，就有辦法了。

誰能天下無敵

因此他引用《詩經》的話，說明一段史實，記載商紂王被周朝文武推翻的事實。「**《詩》云：商之孫子，其麗不億**」，商朝的子孫，「**其麗**」的意思是美麗，漂亮，子孫很多，後代很好。不過，當時推選出來的紂王當了家，不好了。其他好的後代很多，「不億」，很多很多。「上帝既命，侯于周服」，結果啊，商朝五六百年的政權完了，「侯于周服」，天命所歸，那個天命的輪子啊，把運氣轉到了周朝。

下面講兩句話注意，「天命靡常，殷士膚敏」，宇宙間有個自然的法則，就是因果報應的道理。因果報應並不是宗教觀念，而是一個自然的法則，種瓜一定生出來瓜，種豆一定生出來豆，這是自然的法則，這個就是「天命」。「靡常」就是無常，天命無常，沒有永恆，宇宙的萬事萬物沒有不變的東西，就是「天命靡常」，都會變去的。

所以一個家庭也一樣，我們經常說「好景不常」，好景當然不常，難道壞景就常了嗎？壞景也不常。不過一般人不滿足啊，想好景常；壞景最好不來，永遠沒有。要知道天命是無常的啊，有天亮一定有黑夜，有黑夜一定有天亮。再說人生總是過好景，一點味道也沒有了；有時候痛一下，然後不痛，才感到好舒服；這個舒服是因為痛過以後才來的，你沒有受過痛，哪裡曉得那個不痛的舒服呢。所以啊，有時候吃一點苦頭是好事情。

「**天命靡常，殷士膚敏**」，殷朝的子孫，到了商朝後代，「**膚敏**」，光了，光光了，都完蛋了。「**裸將于京**」，結果一個一個，赤裸裸被俘虜，都投降了周朝。他說以商朝六百年之盛，人民不是不多，人才不是沒有，結果周文王一來，一切轉移，變成周朝的天下了。

孟子這一段文章都是幽默、機鋒，看起來很平淡，但其中有好幾個波瀾轉折，道理在其中，要你智慧去讀，因為當時他不好都講出來。

他引用孔子的話，作最後的結論，「**孔子曰：『仁不可為眾也』**」，他說真正的行仁道，並不是比力量，比群眾，也不是比數目。我們常聽到有些學宗教的朋友說，吃了幾年素了，做了幾年好事了，為什麼現在還碰到這樣的壞事？這就是「以仁為眾」，做了好事拿數目來計算，學宗教的人經常犯這樣的錯誤。所以，仁道是不求回報的，應該做的善事，去做就是了，這就是孔子說的話。

又解釋說，「**國君好仁，天下無敵**」，《孟子》中提出來的重點，始終就是領導歷史，領導時代，領導國家。一個負有社會責任的領導人，他的任務是極為重大的。這裡講的還是領導哲學。所以說，一個領導人真正向仁道這條路上走，那絕對是「**天下無敵**」的。不過，怎麼樣才是仁道呢？他沒有下定義，這要我們自己去研究。

再說杜牧

前面提到杜牧的故事，有同學順便問到他那個詩的問題。詩當然是一個重要的問題，我經常說，研究中國思想史的，必須要懂詩詞。我們中國文化同外國不同，我們是文哲不分，也就是詩詞文章同哲學思想幾乎分不開；文史不分，文學同史學也幾乎分不開；再加一個觀念就是文政不分，所以文學、哲學、歷史、政治，都有關連，渾然一體，分不開的。

我們研究中國哲學思想史，如果不懂詩詞的話，簡直沒有辦法深入。一般那些讀了諸子百家，來寫中國哲學思想史的，可以說只知道中國哲學思想三分之一的史的部分，而三分之二都還在詩詞史學裡頭。因為中國讀書人，作詩不像外國人；外國人一個哲學家，一個詩人，都是專門的，是專業化。中國過去讀書，第一次考的是童子試，就是考功名第一步，先作對聯和詩，如果作不來的話，第一考已經考不取了，所以作詩是一個普通的事。當中國人說到某人是詩人時，詩人就代表那個傢伙很窮，窮而後工，人窮才有好詩作出來。外國的詩人可不一樣了，觀念是不同的。

所以講到詩，我平常不大肯講，因為講到文學方面，有時候一般同學聽得眉飛色舞的，我就發現這個東西不能講。詩詞風流蘊藉，道德基礎不夠就麻煩了。孔子孟子詩都很好，他們講話經常引用詩，但是文學修養如果沒有道德的內涵是不行的。

可是既然講到這裡，又有人問，說到這首詩，只好告訴同學們注意，這就要看《唐詩紀事》了，就是唐詩的本末。《唐詩紀事》還是比較小的，其他要看唐代名人的筆記，這些等於歷史的另一面，政治也好，哲學也好，很多資料，每一代歷史都是這樣。光讀正史就認為懂了歷史，那也是個笑話，那也是只懂三分之一，所以詩這一方面也要懂。

像剛才提到的杜牧，他當御史的時候，到那個退位的官員家中赴筵，喝了幾大杯酒之後，杜牧突然問某個歌姬是哪位？所有人都大吃一驚。在文學上看來很有趣味，但在政治道德上，應該把杜牧抓起來才對，所以他比那個主人家更壞。可是他當時權力很大，官高權重，大家都不敢得罪他。他也有文才，當場就作了一首詩：

華堂今日綺筵開　誰喚分司御史來
忽發狂言驚滿座　兩行紅粉一時回

這首詩，成為唐代的名詩。「華堂今日綺筵開」，家裡擺很多桌酒席，「誰喚分司御史來」，誰把管風化紀律的首長請來的，還是不請自來的？

這可不得了，結果啊，竟然輕鬆了事。「忽發狂言驚滿座，兩行紅粉一時回」，就是這兩句，最後是在詩詞上出了名。酒筵上的歌姬很多啊，兩排，雖然不是國際上選美出來的佳麗，至少是那一代的佳麗。一聽到他專門來找某個歌姬，這些女的都詫異了，有這種事？都回頭來看他。所以他當時描寫這個情景啊，「兩行紅粉一時回」，兩行就是兩排，兩隊漂亮的歌姬一起回頭看他，表示又奇怪，又羨慕，講不出來的一種情緒，就是這麼一首詩。

你們有些同學蠻喜歡文學的，文學這個東西，如果玩不好是很糟糕的，要把經學搞好才可以玩文學；經學搞不好不能玩文學。所以剛才講到這裡，我本來想嚇下去不講了，偏偏有人還要問，現在告訴你們，就是這樣一個情形，這樣一個故事。

我們現在回到《孟子》，繼續講我們的經學，不講文學了。《孟子》也是經書，所謂四書五經都是經典。孟子對這段話的結論說，「**今也欲無敵於天下，而不以仁，是猶執熱而不以濯也。《詩》云：『誰能執熱，逝不以濯？』**」，他說現在的人，不管大國小國，都想「**無敵於天下**」，但是都沒有行仁政。

社會福利要方法

當然，究竟什麼叫仁政？仁政只是講個原則，有一句話要特別注意的，並不是說光慈悲就叫做仁，也不是說光愛就叫做仁，所以仁政的真正定義非常難下。如果用現在的觀念來說，應該就是為全國人民謀福利。

其實，我們現在提到社會福利，那是廿世紀初期，西方文化所產生的。記得小的時候，我在唸書，人家問：你想學什麼？我說想學社會福利。在幾十年前，這是最新的一門學問。現在書讀多了，再回轉來看，我們中國人早就有了。滿清初年有一部書，是地方官必須要讀的，叫《福惠全書》就是社會福利方面的。

嚴格的講起來，西方的福利觀念，仍然是工商業時代的思想；而中國的福惠觀念，比福利就好多了。先拿觀念來講，福惠當然也包括了福利，但是其中有一種愛，像佛家的布施，儘量施出去的味道。這個問題討論起來又很多了，西方的社會福利觀念，跟我們中國這個福惠觀念來比較，相差兩千年之久，具體的名辭提出來，中國至少比西方還早一百多年。所以文化的比較，必須要多讀書，才能夠瞭解。

現在回轉來講到仁的方法，就是用之於行政作人做事的方法，原則上要把握住福惠才行。至於具體的方法，就要靈活運用了，因為方法是因時間、空間而變動，不是呆板的，不是規定條文就能概括全部的。所以如果把孔孟思想的仁啊、義啊，看成呆板的，忘記了時空、人事隨時在變化這個原則，那根本就是書呆子，沒有把書讀通。所以要有學問，必須多讀書更要思考。

《漢書》的霍光傳中，有一句評語說，雖然霍光「功高蓋世」，但是「不學無術」。怎麼叫不學無術？學問不夠，所以應付變局的自處處事的方法，就不夠高明了。學問好，方法就有，智慧靈光，能夠應變；換句話說，有了學問，就有方法。學問就是使你的思想增加，辦法自然也就多了。

所以想「**無敵於天下**」，光坐在那裡唸慈悲博愛，然後打坐，就想成功，那是不可能的。所以這個「**仁**」，是方法的應用，使能達到福惠的目的，利己利人，利天下利國家利人類，這樣就是「**仁**」的方法。

他說現在的一般人，既想「**無敵於天下**」，但又不走仁道的路線，這是對戰國時候的情況而講。每一個國家都要富國、強兵，在富國強兵之下，人民的生活必然困難。至於二者如何得兼呢？不是不可能，必須要有方法。他只是針對當時的現狀而言，每一段歷史，每一個時代，都有不同的變亂。

所以孟子說，這樣的思想，「**是猶執熱而不以濯也**」，等於手拿一個又熱、又燙的山芋，不曉得趕快想辦法，老是抓住不放。也就是說，不肯改變方法，實在太笨了，所以他引用《詩經．大雅》中的一個觀念，來說明這個現象，也就是這兩句詩的意思。

老實講我們過去讀《孟子》，覺得很沒有味道，這些話好像都沒有道理；尤其說到這裡攔腰一刀，就砍斷了，下文怎麼樣呢？下一句沒有了，究竟說些什麼啊？不知道。如果我們懂了戰國時候的歷史，再讀他的文章，就非常有味道了。他下面正像佛說的，不可說不可說，只有當場聽到的人會懂。因為孟子的學生們當時的記載，沒有把當時的社會背景配合進去，使得我們讀經書讀得很痛苦。如果這個經書配合歷史一讀，才曉得孟子的見解非常偉大，也告訴我們後人仁政道德的原則。所以經和史千萬要配起來讀，就是這個道理。

孟子的這一段話，我們斷定他是在齊國的時候講的，不過是在齊宣王時代，還是在他兒子齊湣王的時候講的，就不知道了。因為齊國在齊湣王時，孟子也是見過他的，齊湣王後來侵略燕國，燕國後來又反攻，幾乎把齊國滅亡。所謂田單反攻復國這一段故事，是在孟子以後幾十年的事情。

那個時候齊國表面上很強，內部並不行仁政，是很有問題的。你懂了這一段的歷史，然後看《孟子》這本書，才曉得他講的話，真是一字千金，非常有分量。

孟子曰：「不仁者，可與言哉？安其危而利其菑，樂其所以亡者。不仁而可與言，則何亡國敗家之有？有孺子歌曰：『滄浪之水清兮，可以濯我纓；滄浪之水濁兮，可以濯我足。』孔子曰：『小子聽之！清斯濯纓，濁斯濯足矣，自取之也。』夫人必自侮，然後人侮之；家必自毀，而後人毀之；國必自伐，而後人伐之。〈太甲〉曰：『天作孽，猶可違；自作孽，不可活』，此之謂也。」

這個就是孟子的文章。孟子的文章，同莊子的文章一樣，都蠻難讀的，蠻奇特的，因為文字看上去古里古怪。但是為什麼寫古文都要學他呢？他的餘韻好，平仄非常好，一個字一個字朗誦起來，意思有轉折。本來一句話，「你吃飽了沒有？」很簡單，但他不是那麼說，他會說「如果你肚子餓了，也可以吃飯，也可以吃麵」，就是那麼一個味道。同樣一句話，他們的文章就是這樣。

他說「不仁者，可與言哉」，這個時代，很多人的思想裡，已經沒有仁義了，沒有辦法跟他對話，他不會接受的。我們現在講就是說不會接受，他不是說不會接受，他說「**可與言哉**」，哪裡可以跟他對話呢？就是那麼一個意思。

平亂或利用亂

下面他申述理由，「**安其危而利其菑**」，這些人唯恐天下不亂。這個很重要，這就是謀略。亂世中的一般人，所謂政客，不是政治家，都是走這個路線。我們看到當年美國的季辛吉，乃至今天白宮總統以下的幕僚、智囊團，對世界的作法，都是以這句話為原則。當然他們沒有讀過《孟子》，但是亂世的人，對付天下之亂，製造天下之亂的，走的都是這條路線。蘇秦、張儀，都是唯恐天下不亂，天下一亂，他們才有辦法。至於天下亂了，人們痛苦，那是你們的事，同他沒有關係；把你們搞亂了，他才好表現自己的才能，就是「**安其危**」，在最危難的時候，他自己非常平安。當然也可以講，他不懂事，在這樣危難的局面下，他自己還認為平安得很。「**安其危而利其菑**」，唯恐天下不亂；別的地方發生災難，正是他的好運，正可以利用這個災難，施展他的所長。這種思想這種作法，「**樂其所以亡者**」，看到別人危亡時，很高興，因為可以有機會自我表現。

「**不仁而可與言，則何亡國敗家之有**」。孟子說這些沒有仁義思想的人，沒有遠大的胸襟，沒有愛天下人的觀念，如果可以跟他們談國家天下的大事，那世界上、歷史上就找不出亡國的事情了，也沒有敗家的事情了。

這本來是很直接的話，被他文學化的文章，表現得非常美，可是越說越不懂了。其實他的意思是講，要想國家不亡，家庭不衰敗，只有行仁義之道，才能救亡圖存，這樣說就很明白了。可是中國古代的古文，同現在所有文學家一樣，都是要寫得文學化，一篇文章如果像講話那麼寫下來，就不叫文章了，不好看。文章一定是七拐八翹，歪歪曲曲的，柳暗花明又一村，結果說了半天，原來還是這個東西。可是在文學上，那樣寫出來，就是好文章。實際上每一篇好文章，如果把它歸納起來，只有幾句話而已。像打少林拳一樣，本來一拳就打倒你，很簡單；偏要扭兩下，跳到邊上逗兩下，然後才把你打倒，表示武功好，就是這麼一回事。

不會寫文章的人，看許多文人只是在那個地方玩花樣；不過有個好處，對聰明人，教給他這個辦法寫文章，他一旦鑽進去，一輩子的精神都消磨在這個裡頭了。

在山泉水清　出山泉水濁

下面就有味道出來了，孟子當時所處的那個戰國時代，他所遇到的那幾位領袖，齊宣王啊，梁惠王啊，大小國家的每個領袖，他都看過之後，已經到達目中無人的狀況了；他知道這個世界沒有辦法了，他也沒有辦法了，只好捲鋪蓋回家，收拾書箱好過年，於是他就回去了。

他引用了一個童謠，「**有孺子歌曰**」，他聽到有小孩在唱童謠，在春秋戰國時候，童謠就是民歌。注意，要想研究中國文學史的，在這個地方就要注意了。「**滄浪之水清兮，可以濯我纓；滄浪之水濁兮，可以濯我足**」，這是春秋戰國的文學，民間唱的歌。這個「**滄浪**」，並不是固定指哪一條江，可能是中原地帶的一條江河。他說，如果是乾淨的水，我就拿來洗洗帽子，古代的帽子有些是竹子編的。孟子這個時候，為什麼拿這個歌來講呢？到了中原，靠近北方啊，黃沙特別大，有人帽子是要洗的，草帽就可以洗。如果這個滄浪之水是髒的話，他說那就洗洗腳吧。乾淨水洗帽子，髒水就洗腳，就這麼一個民歌。

孟子引用這個民歌來講，說孔子當年聽了民謠啊，也有感慨，孔子說，「**小子**」啊！年輕的同學們啊，「**聽之**」，你們注意聽啊。這個歌代表的意義，是遇到清水嘛，就洗洗頭上的東西，頭是比較寶貴的；遇到髒水嘛，只能夠洗洗腳，就不能洗臉洗頭。為什麼？「**自取之也**」，水本身本來沒有區別，洗頭和洗腳是一樣的，可是因為水質乾淨與不乾淨的關係，人的應用、看法、作用，就不同了，這是照文字上解釋。

換句話說，這就代表在時代清明時，一個人就應該出來服務；時代太混濁了，無法救了，他也只好回家。為什麼孟子引用孔子的話呢？孔子當年周遊列國，看到這個時代沒有辦法救，因此回家去了。所以孟子這段話又是個機鋒，含藏的非常好，他學的也是孔子的精神。我姓孟的嘛！今天也要捲舖蓋回家了，也不幹了，年紀也大了。這幾句話，也就是後世文學所謂：「在山泉水清，出山泉水濁」同樣的意思。

下面孟子再引申這個意思，他說：「**夫人必自侮，然後人侮之；家必自毀，而後人毀之；國必自伐，而後人伐之**」，他又引用《詩經・太甲》裡所講，「**天作孽，猶可違；自作孽，不可活**」的道理。這裡文字很明白，凡是中國人，讀過中國書的，這幾句話都曉得講。一個人為什麼被別人侮辱？是你自己找來的，你的作為一定有什麼不對的地方。有人說，老師，我在這裡，好像人家看到我都很討厭。如果他能夠反省一下，可能就會發覺，自己總有使人討厭的地方，才會召來這個後果。所以孟子說，一個人必自侮才會被別人侮。

這就是因果律，這個因是在自己的內心，每個人自己內心思想是行為的開始，所以都是由於自己，並沒有一個另外做主的，命運是操在自己的手裡，就是這個觀念。所以他引用《詩經．太甲》篇裡的話，「**天作孽**」，這個「**孽**」代表罪惡；佛經那個「業」，包括善、惡、非善非惡的「業」。所以這篇詩裡講，上天造孽，還可以逃得掉，天災還可以躲得過；人禍，人要自己造孽，就不可活，沒有辦法逃脫。

上次我們引用道家的思想，《陰符經》說，天發殺機、地發殺機，還可以躲得過；人一發殺機啊，天地反覆。人心最厲害，連天地對人都無可奈何。

孟子曰：「桀紂之失天下也，失其民也。失其民者，失其心也。

得天下有道，得其民，斯得天下矣。得其民有道，得其心，斯得民矣。得其心有道，所欲，與之，聚之；所惡，勿施爾也。民之歸仁也，猶水之就下，獸之走壙也。故為淵敺魚者，獺也；為叢敺爵者，鸇也；為湯、武敺民者，桀與紂也。今天下之君有好仁者，則諸侯皆為之敺矣；雖欲無王，不可得已。今之欲王者，猶七年之病求三年之艾也。苟為不畜，終身不得。苟不志於仁，終身憂辱，以陷於死亡。《詩》云：『其何能淑？載胥及溺』，此之謂也。」

《孟子》這一篇，後代宋儒把他畫一個句點圈斷了，應該說是把文章切斷了，這是不應該的。本來是一篇連續的文章，讀書人在讀的時候，常常打一個圈圈，或分一個段落，這叫章句之學，相當於現在分成一節一節的。宋儒這樣一來，原來的文意反而斷裂，《孟子》全篇前後連續的理論觀念，反而散裂不全了。

這一段，我們可以看到，孟子對當時的政治非常灰心，他要救世的理想，沒有辦法實現，只好捲鋪蓋回家。他認為這個時代的人不怕因果，自己在造惡業，誰都救不了。

接著，他說了一個理論：「**桀紂之失天下也，失其民也。失其民者，失其心也**」，這就是文章了。本來一句話完畢，他一層一層用文字來表達。「**得天下有道，得其民，斯得天下矣**」，你說我們讀《孟子》才發現，為什麼蘇東坡啊，唐宋八大家啊，曾國藩，以及清朝以後桐城派，都學《孟子》《莊子》的文章呢？這就叫做寫文章。我是不大會寫文章的人，不過年輕時我也喜歡讀，也喜歡學。什麼是寫文章呢？本事是兩個字：囉嗦。你儘量把它囉嗦一下，就是好文章。不囉嗦叫做講話，不過有些人講話比寫文章還要囉嗦。

得民心　得天下

所以我們看《孟子》這段文章，你們注意看它的文學味啊，「**桀紂之失天下也，失其民也。失其民者，失其心也**」，這話很合邏輯，一段一段的來，「**得天下有道，得其民，斯得天下矣**」，你看，這個就是文章。假如說，「得失天下，在得失民心」，幾個字就完了嘛。得天下，失天下，在於民心得失，最多十幾個字，就完了。

所以我經常提到寫文章的趣事，宋代那個名儒歐陽修，要主修唐朝四百年的歷史。當時很多有名的文學家，是他的助手。有一天他們大家出去玩，路上看到一匹馬發瘋奔跑，把狗踏死了。歐陽修說，咦！好題目，要大家寫一篇報導，並且要用最少的字來描寫。這些都是大學者，有人寫幾十個字，有人寫十幾個字。

古人的文章簡練，否則五千年的文化資料，要多少地方來放啊？故宮博物院不夠堆耶，所以古人要「簡」，把很多的觀念用文字簡化攏來。歐陽修說，如果你們這樣寫歷史，四百年唐朝的歷史，要多少房間放，要多少紙來寫？大家就問他，你怎麼寫？他說只要幾個字：「馬逸斃犬於途」。馬瘋了亂跑，就是「逸」一個字代表，也就是思想亂跑，放逸。然後，馬一腳把路上的狗踏死了，只要六個字就完了嘛。這才是記歷史的文章。

如果孟子的文章用歐陽修這個方法一改，就變成記史了，因為這四句啊，太囉嗦了。可是在文學立場講，為什麼說他好？因為古人是讀書不是看書，古人讀書，三更燈火五更雞，要唸的，坐在那裡一個字一個字唸。所以非要這樣寫，音韻聲音才漂亮，這裡來個「也」，那裡來個「也」，像唱歌一樣，還有「之、乎、也、者」。有一半是口頭音，就是白話的「的呢嗎呀」，所以我們就懂得文章為什麼那樣寫了。

你懂了這個竅門以後啊，古文你就會寫了，包你會寫。你不要以為我說這個是笑話，真的喔，我是下了苦功來的。所以詩啊、詞啊、文章啊，我都把它悟出來了，原來如此，會了我就丟掉，不寫了。

所以我二十幾歲時，四川有一位老師是滿清最後一榜的探花，商衍鎏老先生，我向他請教古文，然後懂了這個竅門。我有一天問：商老師啊，假設我現在這個樣子寫，如果退回去百年，跟大家一起考個進士，行不行啊？他說：嗯，行喔，假設在前清，你考進士大概沒有問題。我說這樣啊！下面我就不說了，所謂翰林學士的文章不過如此，就這麼一個竅門。像歐陽修那是真工夫了，「馬逸斃犬於途」，簡化、明瞭，所以大學者有大學者的道理。現在是順便講到寫文章的事情。

長壽　富有　平安　享受

「所欲，與之，聚之；所惡，勿施爾也。民之歸仁也，猶水之就下，獸之走壙也」，上面有一點衍文，是故意的，孟子文章的手法變化得好。下面他講，「所欲，與之，聚之」是講政治原則，諸位年輕同學注意，現在是工商業時代，你們將來當老闆，或者作官，作一個領導人，就是這個原則。下面人所需要的，你能夠給他，「與之，聚之」，大家要吃飯，你能夠弄來米，給大家吃飯，這就對了。「所惡」，下面人不要的，你不要給他。換句話說，當一個家長也好，一個領導人也好，一個老闆也好，如果一個真正的大丈夫，要建立事業的人，天下的苦頭自己吃；好的東西都歸你們，這是仁政的道理，仁恕的道理，也就是中國文化作人的道理。

我們這個舊本子上，有朱子一段小註解，我也非常同意，朱子引用《漢書．晁錯傳》：「人情莫不欲壽，三王生之而不傷；人情莫不欲富，三王厚之而不困；人情莫不欲安，三王扶之而不危；人情莫不欲逸，三王節其力而不盡」。這是漢朝晁錯對漢景帝講的話，也就是政治的大原則，是古今中外人的心理。人的心理要什麼呢？第一要壽命，要活得好好的，還要活得長命。第二是要錢，個個都富有，要幸福，要福利。第三要平安，天下太平。第四呢，還要享受，一共是四點。漢朝的晁錯提出來，朱熹的註解上有的，不需要我再引用。

人類所需要的，其實就是每一個人的想法，我們自己想想，也是當然如此。所以我們找人算命，問能活多少歲啊？算命的說，放心，起碼八十幾到九十啊。這樣一定多給兩個錢，本來五十塊也要給六十塊，因為講得好聽嘛。問將來有沒有錢？哎，大富。富到什麼程度？這個大富，沒個標準的，窮人今天得一百塊錢就算大富了，反正你不給他說明就不要緊。再問老運好不好？哎，享福，平安啊，好啊，真好。反正給他說好聽的，這就是人情。人，要壽命，要財富，要平安，要享受。所以呀，要讀書通理才能明白。現在大家講群眾心理學啊，政治心理學啊，這種學，那種學，原則都在這裡，古書上都有。不是說外國人的思想比我們特別高明一點，沒有這回事；我們自己寶庫裡頭，前輩的經驗太多了，都有書寫下來，只是我們自己不去研讀而已。

孟子現在作結論，「**民之歸仁也，猶水之就下，獸之走壙也**」，所以民怎麼會歸仁呢？剛才我們解釋「**仁**」，是福利，福惠，天下哪個人不要求福利，不要求享受？所以說，孟子孔子講仁政，仁政的道理，現在孟子自己作的註解，「所欲，與之」，就是別人要的，我給他；「聚之」，我幫忙他拿到，都給他，這就是「仁」。「所惡」的，別人討厭的，不給，我自己來承受，痛苦我來負擔，這就是仁政。那樣一來，當然天下都歸仁啊，那還不好嗎？痛苦的歸你，好的歸我，我當然來啊，於是天下就歸仁了。

所以嚴格的說，照哲學的立場來講，人性的反面就有那麼可惡，那麼自私。孔孟之道，是站在一個領導人的立場，站在一個君位的立場，講付出的道理，講仁義的道理。如果我們站在哲學的另一個立場，看人類的心理，人為什麼需要別人給我們仁？可見我們自己是非常自私的，對不對？是不是這樣？你懂得了這個道理，就可以研究哲學了，也可以讀懂孔孟之道了，人性的反面也就瞭解了。

孟子講的是正面，「民之歸仁也，猶水之就下」，所以人喜歡歸仁，就像水都喜歡向下匯聚一樣。換句話說，人類眾生的心理，也像「獸之走壙也」，就像那些野獸，喜歡走到曠野一樣。

獺祭詩書

孟子說了一個原則，這個就是謀略學，後來應用於心理作戰、文化作戰，以及各種作戰謀略學中，都是一個最重要的原則。他說，「**故為淵敺魚者，獺也；為叢敺爵者，鸇也；為湯、武敺民者，桀與紂也**」，這個「淵」就是水潭，「**敺**」就是趕，用竹竿去趕魚。譬如我們修一個養魚池，通到溪流，想要從溪裡趕些小魚到我們的魚塘裡。這時只要買兩個水獺，放到溪流中，小魚為了躲水獺，自然游到水塘中了。因為水獺這個動物，是專門吃魚的。

中國古人相傳，水獺成了精，專門在人夜睡的時候來壓睡夢中的人。如果你床頭放一條魚的話，水獺精據說就不來壓你，而去吃魚去了。

關於水獺精吃魚，有一個典故，水獺把抓到的魚擺成一圈，他在中間到處看，好像對魚磕頭。這在文學上叫作「獺祭」，因為古人看到水獺在拜魚，所以叫「獺祭」。實際上他要吃魚，等他玩弄夠了才吃。

為什麼講到這個呢？因為現在人寫各種文章、各類書，那個形式就像是獺祭，就是這個玩意兒。譬如寫文章，引據拿破崙怎麼說的，叔本華怎麼說的，然後列舉一大堆參考書。這樣的方式，在中國古人認為是丟人的，稱之為「獺祭詩書」。獺祭詩書在《禮記》上叫作「記問之學」，你懂得的都是資料而已。《禮記》上講，當老師有個規定，「記問之學不足為人師」，因為記問之學只是知識，不是學問。可是我們現在拿學位的，要註解，就是學獺祭的本事，一篇文章一定要有個來歷出處，沒有出處是不行的。

我現在也變成這個習慣，因為跟現代人學會了；像我們當年寫文章時，如果後面註一個出處的話，會被老輩子笑話的。為什麼？因為老師會說：你認為我這個老師看不懂嗎？難道你讀的書我沒有讀過嗎？

孟子講，所以啊，要把這個魚趕到深淵裡頭，不要人去趕，你只要養兩個水獺，魚怕水獺，就統統躲到這裡來了。在叢林中要想養鳥，要人去趕鳥來多麻煩，只要養一個專門吃鳥的鸇子，那個鳥都躲到你這個地方來了。他說歷史上記載商湯與周武王時代的老百姓，為什麼都向湯武這邊逃呢？「**為湯、武毆民者，桀與紂也**」，把老百姓趕到湯、武仁政的地方，就是夏桀與商紂。所以鷂子也好，水獺也好，都是壞蛋，他說你要行仁政怕沒有群眾嗎？假定你的對手和敵人是一個壞蛋，老百姓自然都逃到你這邊來了嘛。換句話說，替自己增加勢力的，正是敵人這方面。

古代的人口

下面繼續孟子所說的理由，「**今天下之君有好仁者，則諸侯皆為之毆矣；雖欲無王，不可得已**」，就是說當時那些諸侯之國的領袖們，假設有一個真能夠「**好仁**」，推行仁政，就算自己不想稱王，也自然會有人擁護你坐上王位，領導世界，領導國際。再說什麼叫作「仁」政？「仁」是個原則，至於「仁」的方法，每一代，每個時期都不同，也就是因時因地而不同，這是大家特別要注意的。

《孟子》在文字上，都是歪七扭八的，倒著去說，這就是文學，讀起來非常輕巧；尤其是朗誦，通順而舒暢。譬如我們唸古詩，唸到漢武帝所作〈秋風辭〉：「秋風起兮白雲飛，草木黃落兮鴈南歸」，那個「兮」字現在唸「西」的音，古文所謂楚音，湖南湖北那一帶，幾千年前究竟怎麼唸，是什麼音，不知道。有人考據，「兮」等於後來唱京戲所謂「啊」，「秋風起啊……」就是拉長聲，後來「兮呀兮呀」，管你西也好東也好，反正這個字就是個虛字。為什麼古文裡頭虛字多呢？為了音韻唸得鏗鏘，所以寫文章同作詩一樣，文章一唸出來，有些字在中間吵起來了，因為不協調，馬上就要想辦法換字。

再回來講剛才孟子說的，哪一個國家的領袖能愛好推行仁政的話，其他國家的老百姓，自然都跑過來了。不過這裡頭有一個問題，我想青年人應該有思想，有思想就有問題，什麼問題？糧食不夠，節育還來不及，跑來那麼多人幹嘛？對不對？是不是會有這樣想法？但是大家要知道，春秋戰國的時候，人口就是財產。那個時候全中國，當然無法統計，大致也不過兩三千萬人而已，好多地方都還沒有開發。我們過去講四萬萬人口，那是滿清入關康熙以前的統計。四萬萬人口一半男一半女，成家以後兩個人又生四個，或者生六個，幾百年生下來不得了啊。尤其中國人，生產力特別旺盛。

現在覺得世界上糧食不夠，人口過多，成了問題，生怕人口跟土地不成比例。在我很笨的看法，這個問題鬧了幾十年，尤其外國人在鬧，外國人鬧鬧可以，我覺得人口不會成問題。以中國來講，大概再加一倍還能夠活得下去，糧食也夠分配。不過其他許多國家，像歐洲有些地方就不同了，不像中國。

再說西方人拚命提倡節育，在他們某種理論上可能有道理，但是，其中還有個很祕密的大問題，就是與黃種人，與各有色人種有關的國際上一個大問題。其中涉及了種族，也就是政治理論的立國精神，是否與種族有關，這是非常大的問題。所以我先提起青年同學們注意。

這個問題很大啊！因為是與土地政策、糧食分配有關，有關人類的生存，更是一個國家人民永續存在的問題。換言之，這與農業經濟，國家經濟，世界人類的經濟等問題，都牽連在一起。所以，我覺得盲目跟人家叫節育是不妥當的。當然站在女性生孩子痛苦的立場來講，節育是個好事情；而站在一個立國，一個民族國家永久的大計來講，就是四個字：「值得深思」，要好好考慮，因為這真是個大問題。

現在再回來講《孟子》，當時的諸侯各國，需要的是人口，所以哪裡推行仁政，人們就向哪裡集中。那個時候人口就是財產，是最大的財富，不是現在的人口觀念。

現代有許多人寫文章，著書立說，常常忽略了時代背景，以及當時的地理背景；許多學者對古人批駁得一塌糊塗，但他忘記了我們跟古人相隔了幾千年，歷史、地理、環境統統不同。那個時候的社會，沒有電燈，可能還有野獸出沒，道路都不暢通。所以讀書作學問，這個地方千萬要留意，不然書讀錯了，覺得古人不對，古人睡在棺材裡，把牙齒都笑掉了，覺得我們這些後輩，真是莫名其妙，亂講一通，不瞭解那個時候的情況。

孟子的預言

孟子又評論說：「**今之欲王者，猶七年之病求三年之艾也。苟為不畜，終身不得**」。孟子最後的結論說，現在領導人的欲望，都是想領導世界，統一天下，像齊宣王、梁惠王都是這個思想；楚國及秦國秦始皇的上代，也都是這樣的思想。可是他們的政治方法，用的政策，都不對。

等於說一個人，生了七年的病，「**求三年之艾**」治自己的病。「**艾**」是針灸用的。「針灸」是兩件事。譬如出家人頭上燒的戒疤，就是「灸」的一種遺留；「灸」是很麻煩的，把艾草打爛，叫艾絨，放在薑片上一小點，再放在穴道上，然後點火燒這個艾絨，叫做灸。

講到《孟子》所謂「**七年之病**」，是說一個人已經病了七年，就是久病了，假定有風濕病，醫生決定要用灸來治，病久了要用老艾、存放了三年的陳艾，親戚朋友到處找，找得很辛苦。

「**苟為不畜，終身不得**」，他說其實啊，沒有生病的時候就要做準備。所以中國人，無病吃中藥，在沒有病的時候吃藥，是預防的作用。真到病來的時候再吃藥啊，有時候就來不及了。

其實每個人隨時都在病中，尤其你們大家修道打坐的，自己不通醫藥，我可以嚴重的講一句話：你不要學修道了，沒用。打坐是能夠去病的，可是起碼半個月以上，才去一點病。如果配合服藥，兩個鐘頭就好了。為什麼你平常把命看得那麼值錢，生病卻不肯吃藥，又把自己看得那麼賤呢？平常不上課，我不願意講這個道理，現在講到孟子說「**七年之病求三年之艾**」，才順便說到病和醫的問題。

所以他說藥是平常要準備的。如果平常不準備不儲藏，永遠不會有三年的陳艾。這個道理就是說，萬事要先做準備，如果天天想發財，用錢不節省，又不肯去賺錢，那個錢會掉到你身上嗎？所以，「**苟為不畜，終身不得**」，要預先準備。

他批評當時這些諸侯們，「**苟不志於仁，終身憂辱，以陷於死亡**」，他說六國的諸侯，個個都想統一天下，領導國際，所用的不是仁道，而是用急功近利的政策去達到目的，用技術手段去統治、領導，而不是走基本的，政治最高道德的原則去領導。他們根本就沒有立志向這一面走，反而是背道而馳。所以孟子的結論，是對當時的諸侯，一竿子統統打完了，說他們「**終身憂辱**」，一輩子都在憂煩之中，都是自己找來的痛苦煩惱。

這句話，我們現在看了，好像孟老夫子在說大話，講理論。如果翻開戰國時候的歷史，看孟子那個時代，他的話沒有錯。每個國家的君主，幾乎沒有過一天舒服的日子，都在「**憂辱**」的狀況中；而那些「**憂辱**」，都是自己找來的。

最後他總括的結論是「**陷於死亡**」。這句話，在他死後過了一段時期就應驗了，六國滅亡，被秦國統一了。孟子這句話，我們現在看來是文字，拿歷史哲學來看，孟子講的話是預言，他死後沒多久就兌現了。

因此，他引用《詩經．大雅》中，〈桑柔〉這一篇來說，「『**其何能淑？載胥及溺**』，**此之謂也**」。這一篇詩是描寫農村社會的田園詩，描寫春天那個桑樹的枝條，很柔軟，等於《易經》上有一句話，「其亡其亡，繫於苞桑」。就是說明一個非常危險的現象，在桑樹很細的枝條上，掛了一個大草包，像鳥籠一樣掛在上面，很快就要掉下來了。也等於後世所謂，命若懸絲的意思，太危險了。

這兩句詩，是形容一個境界，也就是說，這個時代啊，有一種現象，「**其何能淑**」，永遠搞不好。「**載胥及溺**」，一般人和社會，及整個的時代趨勢，都是向水裡頭掉，自己要跳下海去自尋死路，那有什麼辦法！所以孟子說，戰國的這些君王們，天天想平天下，但這個天下他們永遠不能平，因為他們所做的事，都與平天下背道而馳。

良醫的趣事

所以孟子這句話，「七年之病求三年之艾也」，後來成了名言。就像我們在座許多年輕的，或者老年的朋友們，自己在煩惱中，在莫名其妙的生活中滾了幾十年，學佛修道還不到一個月，就想祛病延年，快速成道一樣。也像一個人病了三年，想十分鐘治好一樣。這個道理非常簡單，中國上古醫藥的哲學，與政治哲學原則是相同的。所以大政治家，經常拿醫藥的道理，去做政治思想的說明。

宋朝有名出將入相的范仲淹，他有兩句名言，「不為良相，即為良醫」，一個人，如果不能成為一個好宰相，治國平天下，起碼要做一個好醫生。這兩種人都是對社會有貢獻，救世救人的；不是讀書出來，只為了金錢和職業。

醫學上有兩句話：「人之怕，怕病多」，一般人最怕的是病多，怕病的痛苦；「醫之所怕，怕道少」，醫生的怕，是怕學問少，方法少，這個「怕」就是苦惱。所以病家跟醫生，所怕的事，所擔心的事是不一樣的。

當一個時代到了衰敗的時候，各種病象、希奇古怪的毛病都出來了，整個社會是病態的。大政治家就是一個良醫，要有辦法醫好這個病態的社會。醫書上記載，古代一個名醫扁鵲，他的一雙眼睛就像X光，一看，就把你的五臟六腑都看清楚了，扁鵲就是這樣的良醫。其實這兩句話，用之於政治哲學上，也是一樣。一個大政治家，治療社會的病態，要有學問，要用心思，不能不學無術；學問不夠，方法就不夠。所以醫之怕，就怕道少，就怕學問不夠。

古代醫學，有很多有趣的故事，許多名醫，根本就不用藥治病；拿現在講，他們已經懂得心理治療，兩句話就把人的病治好了。

我常講清朝那幾個名醫的笑話，相傳葉天士的醫案，是不是他不能肯定，因為清朝好幾個醫生是名醫。有一次一個年輕的太太難產，家人去找葉天士，當時他正在後花園下棋。那家人站在旁邊，急死了，忽然秋風吹落梧桐樹的葉子，他把那個葉子拿起來說，你回去，把這片葉子熬湯給你太太喝就行了。這個人趕快跑回家，熬了湯，太太喝了還真的生下孩子了，這就叫做名醫。

又有一次，他在下棋，古代都是賭銅錢，又一個難產婦人的家人來，硬拖他走，他就抓一把銅錢放在口袋，一進那個產房啊，就把銅錢抓出來，往地上嘩啦！這麼一撒，孩子就生下來了。人家問他，他就說，人嘛生到世界上就要錢，沒有錢他怎麼肯出來？（眾笑）在現在醫學上也說，因為產婦太緊張了，突然給她「嘩啦」一驚，注意力鬆開了，孩子當然生下來。

像他們這一類的名醫有很多，笑話也很多，所以良醫並不一定要靠藥。說那個梧桐葉子可以治難產，查遍了醫書也沒有，因為梧桐樹葉子是某某大夫給的，產婦有信心，一喝下去就安心了，就生了嘛。像這一類，就是利用心理治療，雖然這是醫學上的公案，道理是告訴青年同學們，讀書不能那麼呆板的瞭解。

孟子曰：「自暴者，不可與有言也；自棄者，不可與有為也。言非禮義，謂之自暴也；吾身不能居仁由義，謂之自棄也。仁，人之安宅也；義，人之正路也。曠安宅而弗居，舍正路而不由，哀哉！」

什麼是自暴自棄

〈離婁篇〉開頭到現在，整個的思想系統，就是孟子當時對於世局、政情的一個論評。這一番話，孟子在什麼地方講的呢？從他的經歷記錄中看，可能是在見齊宣王、梁惠王之間所講的。

孟子跟齊宣王和梁惠王當面所談的話，我在《孟子旁通》裡頭，有專門的一章，記述他在談話完畢，回到住所後，與學生朋友之間，對世局的一番談話。我們已經拖了那麼久，對他的話還沒有作結論。

孟子所說：「**自暴者，不可與有言也；自棄者，不可與有為也**」，這裡又開始了一個高潮，在我們後世，大家都知道一句中國的成語「自暴自棄」，這四個字就是從《孟子》這裡來的。現在我們看孟子對「自暴自棄」是怎麼個講法。

這個文字，我想同學們一看都懂了，嚴格解釋很麻煩的，因為這是韻文，有韻律。我們可以這麼解釋，自暴的人，就是我慢，有偏見，剛愎自用；我見很強的人「**不可與有言**」，不可以同他講話提意見，其實也就是同他無話可說的意思。不過，這樣解釋不一定對，也不能說不對。到底應該怎麼解釋？值得討論。再說「**自棄**」，就是有很強烈自卑感的一種人。常常聽到年輕人講，老師啊，我是沒有希望的了，我不行了，我是白癡啊；或講我是笨蛋啊，我永遠沒辦法。這些都是「**自棄**」的話，不過這些還算是客氣話，真正「**自棄**」的人，有些是灰心到極點，想走自殺的路，結束自己的生命。像這種人，「**不可與有為也**」，照文字解釋，是沒有辦法與他共事，是不是真的應該這樣解釋？也是問題。關於這些，我們必須先看下文。

「**言非禮義，謂之自暴**」，說話不合禮義，就是「**自暴**」。孟子有個註解，一個人的言論，就代表了他的思想。從哲學的立場來講，言語是表達到外面的思想；換言之，一個人的思想，就是沒有發表的語言。所以思想是在裡頭的言語，譬如我們說，有個人一天到晚不講話；如果拿禪宗祖師一句話形容，就是四個字，「其聲如雷」。他一天到晚自己跟自己對話，打雷一樣，大聲得不得了，因為他在裡頭自問自答，自己發脾氣，自己開玩笑，自己後悔；如果他自己跟自己真不講話了，這個人連思想也沒有了。世上只有兩個人不講話，一個躺在殯儀館，一個還躺在媽媽肚子裡。其他凡是生命，沒有不講話的，凡是生命就有思想。所以中國人有一句老話：「要知心腹事，但聽口中言」，想要曉得這個人的思想啊，你只要聽他嘴裡的話就知道了。

不過人的嘴巴，有時候跟頭腦兩樣，常常頭腦轉得快，嘴巴來得慢，手寫更慢。我想大家都有這個經驗。如果一個人把每一分鐘的思想，字字都記出來，起碼好幾張稿紙。有人常常因為思想來得太快，來不及寫，自己也討厭，恨不得能慢一點想；結果稿子不寫了，反正跟不上，算了。

當然，最好一個字都不漏，那是真正的工夫了，這要真正的定力。我們測驗自己一下，打坐做工夫的人更要注意，自己一天之中都在想，我假設問你，你早上醒來第一個念頭想什麼？一定記不得，恐怕剛剛進門的時候，你的念頭想什麼也記不得了。所以真正的修養定力都要弄清楚。尤其是學佛的朋友們要注意，修道學佛，你以為打坐很舒服，半天沒有想，以為這個叫定，哼！你這個定力也屬於「**自暴**」與「**自棄**」的範圍，就有這樣嚴重。所以自暴自棄的範圍是很廣的。

因此孟子說：「**言非禮義，謂之自暴**」，一個人的言語思想，如果不純正，不合於「**禮義**」，沒有邏輯，就叫做「**自暴**」。這裡頭有個問題了，什麼叫「**禮**」？什麼叫「**義**」？你們諸位年輕同學，對不住，我要向你們吹牛了，我看過老一輩子讀線裝書出身的，那個裝模作樣之討厭，他言必「**禮義**」，已經中了「書毒」，是中了四書五經毒的模樣了。所以我們同學們都罵：假道學！其實四書五經不是這樣的啊！那是書發了霉，霉被他吸進去了，他中的是這個毒。這不是真正的「禮」和「義」。

所以「禮義」兩個字要特別慎重。現在我們簡單的講，一個人的思想言論，都合於真理，處處合乎規矩的限度，有邏輯條理，就是合於「禮義」。

譬如我有個朋友，四十多歲，在外國當教授，五六年前在我們這裡教書。我經常看到他都怕，雖然他也叫我老師，不過我也稱他為老師。有一天我請他來專門談話，我說你啊，能不能放輕鬆一點？因為他進來叫了一聲老師，然後坐得四平八穩，半天不動。他不是假裝的，沒有人看見時他也坐得四平八穩。我說你可以把腿翹一翹，再笑一笑，輕鬆一點嘛。他說老師啊，我從中學開始起，讀四書以後，就覺得要這樣作人，養成這個習慣了。我說你這個習慣倒蠻好，但是我覺得未免太枯燥了。我說《詩經》講：「鳶飛戾天，魚躍於淵」，天機是活潑潑的啊，不是你這樣死板板的。他說是啊老師，我在你這裡聽課這麼久也知道，我想改，但改不了啊！不過我們當年讀古書，言必中矩，循規蹈矩就是這樣。我說這個是不對的啊，你這樣下去叫病態心理。

當時在場的還有好幾個同學，現在都還在這裡，可以證明我的話。幾年以後他到美國了，最近聽說在美國進了精神病院。他所認為的言必「禮義」，是不懂得「自暴自棄」的含義，其實「自暴自棄」以外，應該還有個病名，叫做「自梏」，或者是「自卑」，這是另一個道理。

對於「**自暴**」和「**自棄**」的第二個解釋，「**吾身不能居仁由義**」，我的身體，不能「**由義**」而居住在「**仁**」的境界裡；也就是說，他的行為，不是走「**義**」的路線，這種人叫做「**自棄**」。這是孟子對「**自棄**」的結論，下了定義。這個定義的範圍，還值得我們討論。

我們人，當情緒高漲的時候，覺得自己很了不起，自我崇高，自我英雄；當情緒低落的時候，覺得自己一無所能，活不下去。所謂「壯不如人老可知」，這是古人的一句詩，年輕都不如人，現在老了，那就可想而知了。

所以人啊，經常在這兩種心理之間搖擺不定。借用學佛的比喻，說一個人不能得定，因為不是散亂，思想亂跑，就是昏沉，想睡眠。實際上那是講修養工夫，是指打坐修定的一個景象，不散亂就昏沉。這是講普通人一般的心理狀況，包括身心兩方面。其實我們檢查自己，真做學問修養工夫時，我們每天隨時隨地的情緒思想，也是這樣，不是狂妄自我崇高，就是自卑感來了。都是在這兩種狀況中翻來覆去。

項羽劉邦的自暴自棄

孟子所謂的「**言非禮義，謂之自暴**」，以歷史的故事來看，漢高祖打下了天下，當時一切制度尚未建立，劉邦坐在上面當皇帝，有功勞的部將們在下面亂吵，一個讀書人陸賈就告訴他，必須要建立制度。漢高祖說了一句話，那一句話就是「**自暴**」。他說，「乃公居馬上而得之」，就是罵那個讀書人，意思是說，老子的天下是打來的！你懂什麼！就是這個態度。

碰到陸賈這個書生，那是真書生，真是儒者，他說對啊，「居馬上得之，寧可以馬上治之乎」，天下可以從馬上打來，但是天下不能在馬上治之。如果你這樣瞭解《史記》上的記述，那就一點味道都沒有了，因為他們當時對話不是文字。他們的對話就是：老子的天下是打來的！你吵個屁啊！那個陸賈就說：好！天下是打來的，你不能永遠打下去吧？漢高祖聰明，態度馬上變了，他說對啊，那怎麼辦？陸賈說我有辦法。高祖說好！你弄個計劃來，我看看。這是描寫漢高祖「**自暴**」的一段。

再說漢高祖在「**自棄**」的時候，是沒有起來打天下之前，整天喝酒，當個里長一樣的小吏，什麼都不管。朱元璋也是一樣，沒有飯吃當和尚，到處流浪，他們這些人，也不曉得自己後來能當皇帝，那個時候非常「**自棄**」。

再說「**言非禮義**」，我們看到歷史上，項羽和漢高祖對立的時候，項羽當時很得意，「**言非禮義**」，說話狂妄。歷史上記載，他年輕的時候，讀書不成，去學劍。可見他功課不好，書讀不好，老子不讀書了，去學劍術武功。學劍又不成，可見他很沒有耐性，然後就讀兵書，因為學劍是一個打一個的，沒有意思，他要學萬人敵。看見叔叔在那裡讀兵書，研究軍事嘛，他就想學萬人敵。項羽萬人敵也沒有學好，歷史上描寫他這幾句話，就是「**自暴**」，最後失敗了，八千子弟都打光了。一個撐渡船的老頭，勸他過江回家去，家鄉還有年輕人會跟你出來；但他說無顏見江東父老，沒有臉回去。

還有人說項羽曉得不能上當，只有一隻船，這個老船家，你曉得是不是敵人的？萬一渡江一半，把他丟下水，那就完蛋了，他寧可乾脆自刎。這是後人的猜想，實際上，他到失敗的時候，無顏見江東父老是真話，那個心理已經低沉到「**自棄**」的境界了。

再看南北朝時那個苻堅，淝水之戰，苻堅要來打南方，那個威風之大，有人說江不能過啊，你準備不夠。他說那一條小水，隔得了什麼？我的部隊那麼多，「投鞭斷流」，每人手裡的馬鞭丟到江裡去，水都可以截斷，都可以當橋過去，怕什麼？結果被打得片甲不留。苻堅那一種話，就是「**自暴**」的話。

換一句話說，「**自暴**」就是狂妄，每人都容易犯這種心理的毛病，有時候道理上知道，但當情緒高漲修養又不夠的時候，不應該講的話就衝出來了。譬如我們看到有些人，有時候脾氣一來，天不怕地不怕，老子什麼都不怕；真到那個時候啊，什麼都怕了，這個是修養的問題。

所以講，「**吾身不能居仁由義**」，這個「**身**」字要注意，心理的修養到達了，生理上氣質變化了，自己每一個動作每一個行為，自然都是合於「**義**」的修養。人的高貴氣質，並不是故意裝的，而是學識學問和道德修養來的。所以要「**居仁**」，要住在那個「**仁**」的境界，也就是說一般講學問修養的人，要隨時在這個境界，定在這個境界，「**由義**」起的作用那個行為，自然合於義理。如果不能這樣，孟子說就叫作「**自棄**」。

所以我們特別強調一點，希望青年同學們注意，我們一般人的心理，隨時隨地不是走入「**自暴**」，就是走入「**自棄**」的境界。要能夠既不「**自暴**」，又不「**自棄**」，非常平穩，也很平凡，那就是最大的成就，就是最高的學問。

所以孟子強調：「**仁，人之安宅也；義，人之正路也**」，他提出來傳統文化中「仁」與「義」兩個修養的目標，包括的意義很多，方法也很多，不過他講的是原則。

「仁」，是一般人的「安宅」，等於我們的家，我們這個身體疲勞了，回家去，到房間上床去休息，這個床是我們的「安宅」，對不對？那麼，除了房子是物質的以外，我們有個精神的房子，精神的床鋪，就是「仁」，隨時隨地心都住在「仁」的境界。

「義」，人在外面馬路上走，路是物質世界的路，我們自己精神世界的修養，也有一個「正路」走，就是「義」，是處處合理的意思。他說一個人，讀書求學問，不是求知識，中國過去讀書受教育的目的，是完成一個人的修養，隨時隨地，身心性命在這個「仁」與「義」的境界之中。

所以「曠安宅而弗居，舍正路而不由，哀哉」，他說一般人，荒廢了自己的房子，就是心理上那個「仁」的修養，拋棄了「仁」的境界，偏要向外面亂找。他說人生都想走一條路，但是不曉得哪一條是「正路」，走的都是歪路，拋棄了「正路」而不走，這是人生的悲哀。

由孟子這一番理論，從上面讀下來，記載了他對於戰國整個時代的悲哀；他所看到的，所接觸的，都是自以為是的第一流的帝王人物，這個時代，這一班作領導的諸侯，已無可救藥，天下國家要大亂了，所以他感到非常悲哀。

孟子說的道

孟子曰：「道在爾，而求諸遠；事在易，而求諸難。人人親其親，長其長，而天下平。」

他接著討論下去。可惜文字都被後人圈斷了，後世學者為了自己斷章取義的方便，劃分開變成了「章句之學」，實際上孟子的文字是連貫的，他的話還沒有說完。

〈離婁〉這一篇，首先提到堯舜，講領導之學，帝王之道。現在，這個問題連到真正的「**道**」，不是打坐修道的道，也不一定說治國平天下之道，這個「**道**」就是一個法則。政治有政治道德的法則；作人有作人道德的法則。總而言之，有個代名辭叫作「**道**」，包括了我們現在大家要學佛修道的「道」也在內。孟子這句話到底是聖人之言，千古不易，沒有辦法撼動，沒有辦法修改。他說「**道在爾**」，就在這裡，每一個人都有道，都在你自己那裡，我們心就是道，但是因為自己不知道，「**而求諸遠**」，拚命向外面去找，去求一個道，個個都是如此。

尤其是一般人，除了「**自暴**」與「**自棄**」以外，不大相信自己的價值，喜歡求些希奇古怪。如果有人說要傳你道，叫你先在門口磕三個頭，然後搞些花樣，越搞得神祕，你越覺得有道。這就是因為人心裡有一種空虛，所以社會上才出來這許多的花樣。實際上真正的「**道**」並沒有這些外形，「**道**」就在「**爾**」，很近；「**爾**」就是你，就在你那裡。

這個地方我們引用禪宗六祖一句話，六祖給一個人傳道以後，這個人就問，除了這個以外還有祕密沒有？六祖說，祕密有啊，他問祕密是什麼？六祖說在你那裡，不在我這裡。一般人自己都找不到，看不清自己，這就是最大的祕密。所以孟子說「**道在爾**」，也是這個意思。我們可以有趣的說，孟子這一下也是在傳密宗，這個祕密在你自己身上。

「**事在易，而求諸難**」，這第二句話更重要，天下沒有什麼難事，每件事情都很簡單，很容易，都是人自己玩弄聰明，把它玩成複雜困難了。但是你告訴他容易也不行，所以人的一般心理，古書上叫做人情，就是人的心理都是「重難而輕易」。越困難，他越看得貴重；越容易，他越看得沒有用。我常跟年輕同學講，我都告訴你了，你不相信；一定要等到我死後有人叫好，你才覺得我說得對，說得好嗎？因為人情也「重死而輕生」，死去的都是好的，活著的並不好；人情也「重遠而輕近」，遠來的和尚會唸經，本地的和尚不一定行；人也「重古而輕今」，古代的就是好的，現代人都不行。現在的人是「重外而輕本」，外國來的學問都是好的，自己國家的都是狗屁，認為外國的月亮比自己本土的大又圓。

這真是一個笑話，如果我們這一堂研究《孟子》的人，照個像留下去，後世的人會說：哎唷，他們這一代人好了不起喔！算不定大家還跪在前面，向我們磕三個頭呢。可是我們都看不見了，對不對？這是人情。

同樣道理，這就告訴我們一個處世作人的原則；現在研究心理學，懂了心理學的人，就應用這種心理，故意弄得錯綜複雜一點，人們就信，成為領導群眾的法門了。如果我們這個地方叫人來參觀，電梯一上來就到了，是沒得價值的；最好電梯不開，十樓要慢慢走上去，然後這裡弄個欄杆，那裡給他一個彎曲，就有味道了，人的心理就是那麼一件事情。

所以啊，天下的道理，不管作人做事，或政治、社會問題，都是同樣的。你把這個書讀懂了，原則也就都懂了。

親情　孝道　愛天下人

《孟子》這一段，是關於領導學的結論，他說「**人人親其親，長其長，而天下平**」。換句話說，還是人的問題。他說社會上每一個人，若能做到「**親其親**」，愛自己的父母子女，也愛天下人的父母子女；愛自己的兄弟，也愛天下人的兄弟。對天下任何人，都像是自己的父母兄弟一樣好，才是仁道。

不過這個仁道是有其邏輯性的，是由己而推及於人的。「親親之仁」是儒家道理，對自己的父母好，推而廣之，對他人的父母也好；再行有餘力，對更多人的父母好，一層一層推廣開來。後世儒家和佛家，各執己見的論議，也在這個地方。

宋代有人對此有爭論，由於佛家說，你們儒家這個「仁」啊，固然是好，但不及我們佛家的慈悲偉大。儒家則說，對啊，你們的慈悲是真好，但不及我們的仁義實際。兩個觀點不同而起爭論。這個儒家的人說：我問你，釋迦牟尼和孔子兩人的媽媽都掉到河裡去了，你們的教主釋迦牟尼佛跳下河去，先救誰的媽媽？如果先救孔子的媽媽，那是不孝，還能夠當佛嗎？如果先救自己的媽媽，後救孔子的媽媽，你那個慈悲就有親疏先後了。而我們儒家，孔子「噗通」跳下水，一定先救自己的媽媽，自己媽媽救起來以後，看到你的媽媽還沒有救起來，再下去將你媽媽揹上來，這是我們儒家。

儒家有次序的，親親之義，就是親吾親而及人之親，老吾老而及人之老，範圍慢慢擴大。你佛家那個大慈大悲，一下子辦不到又如何？我們口渴了，來一個大杯給你喝，你喝不完啊，只能小杯慢慢喝。你說儒家說的有理沒有理？這個大家去思考吧，非常有趣。

其實宋儒這個爭吵，是因為他沒有看懂佛經，佛學的所謂大乘菩薩道，也是這個親親仁民之義，也是一步一步的。後世學佛的人解釋大慈大悲，是籠統的說法，不是這個道理。如果說我對在座諸位一切慈悲，我沒有這個力量，做不到，不可能的。雖有這樣一個心，就是孟子講的，「仁」是像精神的房子一樣，心要時時住在這個「**仁**」的房子中。「**義，人之正路也**」，要照程序來，不是籠統。

孟子為什麼在這篇裡談到「**事在易，而求諸難**」？所以用四個字告訴青年同學們，中國人讀書研究學問，很簡單，需要「好學深思」，深深去想，去思考其中的道理。他為什麼這樣講？「**道在爾，而求諸遠；事在易，而求諸難**」，你不要斷章取義喔！從〈離婁〉第一句話開始到現在，他是對那些領導的帝王們感嘆，真的沒得辦法了，因此說「**人人親其親，長其長，而天下平**」。可見那些上層階級的領導人，都做不到「**親其親**」，都做不到「**長其長**」，他們連自己家庭都做不到親愛仁慈，如何能夠要求社會！所以那個時代的亂，每個時代的亂，並不能夠責怪一個領導，或一個團隊，因為整個的社會都發生了問題。

所以我最近常常告訴大家，為什麼孔子孟子提倡孝道，提倡仁義？可見人類對於孝道是知易行難，知行難以合一的，在仁義之道上也是一樣。對不對？是不是？所以孟子極力提倡，要人人能夠「**親其親，長其長**」，這樣天下才能平。可是啊，人不能做到，所以天下亂了。社會之亂，世界之亂，是基於人心而來的。這是這一段第三個道理。

第四個道理呢？就是我們個人基本的修養，是不是真能做到「**親其親，長其長**」？很成問題。譬如講孝道，有時候情感來了，孝很容易，也做得到；但要長久就難了，恆久性更難。關於這其中的道理，孟子在下面就提出來了。

孟子曰：「居下位而不獲於上，民不可得而治也。獲於上有道，不信於友，弗獲於上矣。信於友有道，事親弗悅，弗信於友矣。悅親有道，反身不誠，不悅於親矣。誠身有道，不明乎善，不誠其身矣。」

人與人相處之道

這一節，不是孟子的話，是子思在《中庸》裡的話。子思是孔子的孫子，他不是孟子的老師，子思的兒子叫子上，孟子是跟子上學的。另有一說，很難考據，說孟子十歲的時候，去見過子思。子思跟這個童子談了幾句話，就對他非常客氣非常有禮貌。有些學生的家人很不高興，子思說：你不要輕視他，那是將來的聖人。古書上有此一說，究竟靠不靠得住，都不知道。不過，孟子的確是私淑於子思，私淑於孔子這個系統的。

這一段《中庸》上的話，是孟子引用來的，不過引用少了兩個字。如果是現在，一定會去打官司了，認為孟子侵害子思的著作權，沒有加一個「子思曰」。

說到「**居下位而不獲於上，民不可得而治也**」這兩句話，不免想到古代讀書人的艱難，因為要想考功名啊！可是有些考試官是刁鑽古怪的，算不定就拿這兩句話當題目。突然一個題目發下來，出在哪一段有時候就想不起來，所以以前的人讀書也真可憐。這個中國帝王用考試攫取功名的方法，害了中國一千年，不但科學受害，一切思想與文化也都受害。是誰發明這個專利啊？不是唐太宗，而是隋煬帝的祖宗，發明以考試取士的方法。不過用這個方法最成功的是唐太宗，在第一期的學生考取後，唐太宗站在高臺上召見，考生磕了頭，再請他們吃飯。這時候，唐太宗把鬍子一抹說，「天下英雄盡入我彀中矣」，第一流的頭腦，都被我收進來了。讀書人一個字一個字，磨練了幾十年在書本上，你說難不難？一點背不熟，題目一出來不曉得出在哪一句，就完了。

現在我們回過來看本文。「**居下位而不獲於上**」，問題在這個「**獲**」字。什麼叫下位呢？譬如我們當一個里幹事，行政的公務員，或者一個管區的警員，這是行政上最基層的，也就是下位之下位，基層的下位。下位並不是難聽的話，而是最基本那一階層，或者是我們當一個幼稚園的老師，也是教育的基層。

講到這裡我倒也有點感慨，像幼稚園老師，我經常想去當，人家都說我沒有資格，不合規定，所以我沒有辦法。我也很想到阿里山去弄個小學教師當當，萬萬想不到也不合規定，所以上位也不能居，下位也不能佔，那只好變成個「無位真人」。

現在是「**居下位而不獲於上**」，古人的解釋說，在下位的人沒有被上面長官欣賞，不知道你這個人；或者是因為官做得小，皇帝當然不知道你。「**民不可得而治也**」，老百姓不可以得到治理，換句話說，老百姓治不好，政治就做不好。照文字解釋是這樣。兩句連起來，就是因為在下位，位子太小了，上面並不信任我，因此，雖有政治的天才，可以把國家天下治好，卻沒有機會施展我的抱負。這種解釋比較合理吧！

那麼怎麼能「**獲於上**」呢？我們現在先講文字，我是個在下位的人，想使上面人知道我，除非我長高一點，排到頭排，上面人過來點名就先看到我了；假使我長得矮，他點名到後面都疲倦了，我舉個手他也看不見了。所以啊，想要「獲於上有道，把鞋跟墊高而已矣」，當然這是說笑話，要想上面人知道你，是有方法的。

孟子不是那麼說的，他說，「獲於上有道，不信於友，弗獲於上矣」，如果朋友都不相信你，上面就不會知道你。換句話說，照文字上解釋，原來要拉關係，就要交一個有背景的好朋友，地位高一點，反正替我吹一吹嘛，就可以得到上面的賞識了。

再看下去，拉關係也是有方法的，「信於友有道，事親弗悅，弗信於友矣」，要想向朋友拉關係，先要把父母兄弟姊妹關係處好，如果家裡都不和睦的話，朋友也不會相信你。這又要從道德上來講了，對不對？那麼，「悅親有道」，在家裡對父母兄弟姊妹也有辦法，什麼辦法？「反身不誠」，就是回轉來看自己，對人是不是誠懇。

假設自己對父母孝順，對兄弟姊妹友愛是手段，不是真誠，而是為了明天向爸爸要錢用，這就不是誠懇囉，「不悅於親矣」，父母心裡當然會不高興。

那麼怎麼做到「誠身」呢？要注意喔，不是「誠心」而是「誠身」，身體這個「身」。「**不明乎善，不誠其身矣**」，如果不明白什麼是善，自己本身就做不到真誠。這個說得就很嚴重了。

當我們小時候讀書讀到這裡，就問老師：先生啊，這一段怎麼講呢？老師大概把文字告訴你一下；然後你再問，老師就說：背來！現在你不會懂的，以後長大了會知道。當然，老師那麼講，我現在很恭敬他，果然我年紀大了，是知道了；不過我知道的，不是他知道的，不是他那一套了。所以你們要注意，看幾十年前那些反對舊文化的文章，反對的是哪一種型態的？現在已經把文化與文字的根都拔掉了，還有什麼可反對的啊？連反對的對象都沒有了。

現在我們討論的這一段，牽涉到一個非常嚴肅的問題，就是一個「誠」字的問題。

誠是基本

「是故誠者，天之道也。思誠者，人之道也。至誠而不動者，未之有也。不誠，未有能動者也。」

孟子引用了子思這一段以後，下面說：「是故，誠者，天之道」，所以說，「誠」這個東西，是天道。這是孟子下的結論，不過到我們手裡又要另下結論了。什麼叫做天道？是天主教那個道嗎？還是回教清真寺那個道？還是「大乘學舍」這一道呢？都是天道啊。所以這個道也是問題，天道是什麼？拿禪宗講，這是個話頭。

孟子接著又提了一個話頭給我們，「思誠者，人之道也」，「誠」是天道，「思」是思想，思想達到那個至誠的境界就是人道。對不對？這個文字，假使我不提出來，青年同學們也會忽略。

什麼叫「思誠」？我們研究分析這個字眼，大概就是思想的誠懇了。誰的思想不誠懇啊？譬如說我們隔壁是小美霜淇淋店，心想大概還有十分鐘下課，下課以後我們去吃霜淇淋。這個時候啊，是三分心意在聽《孟子》，七分心意是吃霜淇淋，當然是最誠懇的時候了。照這樣說來，吃霜淇淋是人道囉！聽《孟子》難道不是人道嗎？這都是問題啊，這問題要做科學的分析思考，所以又是個話頭了。

「至誠而不動者，未之有也。不誠，未有能動者也」，他說心念到達了「至誠」，一定有「動」，不動是不可能到至誠的。「動」什麼啊？如果「至誠」都動的話，只要我們「至誠」一下，汽車就可以開動了嗎？做得到嗎？

他是強調這個「誠」，「誠」就是動能，真要動起來，必須要「至誠」，「不誠」的話，不可能「動」。那一「動」，在古人講是「動情」，「至誠」就「動」。譬如我們這個菩薩擺在後面，我也很「至誠」，天天跪在那裡，請他動一下，他絕不動。除非地震的時候，那不是我的「至誠」。

所以這個問題非常大，這節書的內容問題就大得很，是孟子講的真工夫，真學問，可以說是孔孟之道的密宗。

《孟子》這一段引用了子思的話，我們做學問怎麼辦呢？青年同學，回家去翻《中庸》，先看子思這一段。《中庸》很簡單嘛，不過你們讀得慢一點，子思在《中庸》裡，最強調的是這個「誠」，以及「誠」的境界。諸位學佛學道的朋友，《大學》和《中庸》是必讀之書，《中庸》裡說；「天命之謂性，率性之謂道，修道之謂教」。這就是頓悟之路，類似禪宗的頓悟；後面講修養，就是漸修做工夫之路。他一步有一步的工夫，一步有一步的境界，都是屬於心行的修養。所以孟子在這裡提出「動」來，屬於動心忍性的修養，這是工夫啊，他特別引用子思《中庸》中的那一段，因為與他說的「動」，有密切的關係。

我想這個問題啊，諸位儘可能下一次來上課以前，把《中庸》裡關於「誠」字的精義，先行研究一下，我們討論起來就方便了。當然最好來上課以前看，因為如果你今天回去看了，再過一個禮拜來上課，你那個「誠」恐怕就忘記了，變成「**不誠**」了。

這一段與前面孟子講的「**為政不得罪於巨室**」有關。前面講到「**居下位而不獲於上**」，大家要注意，在這兩點上面，不要有這麼大的誤解。照文字的解釋，他說我們一個人沒有出頭，或者是官做得很小，居下位，而不能得到上面的信任，上面當然指各國諸侯的君王了；「**民不可得而治也**」，如果上面不信任，政治的推行就很難了。換句話說，我們講土一點，一個人要想做一番大事業，先要找個靠山。

就像昨天有個朋友，山上有很多地，要捐給我們，我說不要；他一定拖去看，說怎麼好怎麼好。結果爬山爬到上頭一看，我說這個地方沒得風水，不要。為什麼？沒得靠山，然後就在那個山頭上亂談了一番風水的道理。我說靠山很重要，作人也一樣，坐椅子要找個靠背椅。這個孤伶伶的山頂，沒有靠山。萬一颱風來的時候，八面受風，房子怎麼蓋啊？同樣的道理，這也是「**不獲於上**」啊，上面沒有靠山，要想做事也不好做。

前幾年我在警務處演講的時候，華視正在上演包公，因為我們的朋友蕭先生在華視當總經理，他就請我去講包公。包公很好講，但是我說包公之所以是清官，後面有個靠山支持啊，就是宋仁宗支持他嘛。如果上面不信任他的話，這個清官怎麼做啊？所以包公固然是清官，但大家忘記了，有了清明的皇帝宋仁宗支持，他才能做清官。

這個道理我們簡單的說，不要扯遠了。聖人不是叫人拍馬屁，以得到上面的信任。什麼叫「**居下位而不獲於上**」呢？一個人要有高見，這個上並不是講皇帝的上位，而是講遠見。

中國古人的話，「取法乎上，僅得乎中」，一個人如果立志效法要作聖人，聖人作不到，至少會成一個有幹才的賢人。如果一個人立志只要作一個有幹才的賢人，萬一達不到目的就等而下之什麼也沒有了。換句話說，你想做生意發財，發個一千萬美金，弄不到的話，也可以弄到幾百塊錢嘛。如果說你一輩子只想三千塊錢一個月，算不定一個月五百塊錢都賺不到，「取法乎上，僅得乎中，取法乎中，僅得乎下」，所以我們讀孔孟之書想作聖人，作不到的話，至少還有一個人的樣子。

昨天我跟一個同學講到發財的問題，我說前天看了一本書，明朝人作的，說有一個人讀了一輩子書很窮，隔壁這一家人也不讀書但有錢，實在奇怪。有一天他忍不住就問這個有錢人，你那麼有錢，有祕訣沒有？他說當然有啊，你回去先齋戒沐浴三天，我也一樣，然後我傳給你。三天後他去了，那個大富翁坐在大堂上，他說人為什麼不能發財，你知不知道？因為人心中有五賊，這五個賊把你偷光了，要把這五賊趕出去，你就會發財了。哪五賊啊？仁義禮智信，你把這五賊全趕光了，我包你發財。這個讀書人一聽啊，算了，我讀一輩子的書，就想要仁義禮智信，這個趕光了我還作什麼人啊？因此就回家了。

這一本書寫到這裡為止，下面有批，說仁義禮智信都趕出去了就會發財，那我還叫什麼人啊。我也在下面批，我批的是「這樣就叫做富人，有錢人」。所以「**不獲於上**」，同樣是這個意思，禪宗的話就叫見地，一個人要有高度的智慧，有遠見，作人也好，做事也好，人沒有遠見，人生已經差了一截了。

世事正須高著眼

記得很多年前有個朋友當外交官，要出國去，一定要我寫一張字給他，我說幾十年沒有拿筆，我那兩個字難看到極點，他說反正非寫一張不可，結果我就寫了兩句元代人的詩，也就是解釋這個「**不獲於上**」。我寫的是「世事正須高著眼，宦情不厭少低頭」，世間上的事情，靠你有遠見，就是「高著眼」。

有一天這位外交官請客，有二十多個人，就研究我寫給他的這第二句話，「宦情不厭少低頭」，作官的人，究竟應該多向人家低頭拍馬屁呢，還是說不必要太拍馬屁？這個「少」字原意究竟是哪個意思？我說我只曉得照抄，至於原意，你問那個元朝作詩的人吧。不過我也認為這個少字太妙了，是雙關語，必要的時候你多低一點頭也可以，要作文天祥就不必低頭了。其實豈止宦情作官呢，你們大家在做生意也可以換一個字，「商情不厭少低頭」，該賺的錢就賺，狠起心來你也賺，不該賺的錢就不要，就不低頭了嘛。教書的人，教情嘛，也不厭少低頭，是一樣的。

這個道理正好說明「**居下位而不獲於上，民不可得而治也**」，一個有政治理想的人，想為國家社會做一番事，想為國民謀福利，如果沒有遠大向上的高見，縱然作一個好官，只是一個普通的能吏而已，不能算是一個名臣，更不是歷史上國家的一個大臣。

什麼是信

其實這裡每一節都很有深義的，「**獲於上有道，不信於友，弗獲於上矣**」，這很嚴重了，他說你獲得上面的信任，「**有道**」，是有個辦法的，什麼辦法？要「**信於友**」，如果不「**信於友**」，你就不能「**獲於上**」了。照這個文字解釋也對啊，但是不是這樣呢？這是孟子玩文字，很多古人的好文章，因為玩文字玩得使後人看不懂，走錯了路；不過有個好處，後人從這裡去研究就可以寫論文拿學位。尤其是《老子》，只寫了五千言，三千年下來不曉得多少人寫有關《老子》的文章，各有各的老子。如果老子看到一定笑死了，心想我不過才寫了五千個字，你們寫了幾千萬字還沒有寫完。《孟子》這本書也是這樣，後人寫得太多了。

那麼我們就要研究了，如何「**信於友**」呢？第一我們先瞭解儒家的思想。孔孟的思想講信，普通我們解釋這個信字很容易，讀古書都曉得，信者信用也，就是有信用，講話說了算數，這叫「言而有信」。如果這樣解釋的話，你把《孟子》全書讀完了，會感覺孟子自打耳光，因為孔子說過「言必信，行必果，硜硜然小人哉」。孟子自己也講過的，「言不必信」，對不對？講話不守信用是可以的；「行不必果」，做事情也不一定要有交待，如果一定交待，一定守信用，就是小人。所以讀古書很難，上下文要連起來才會明白。

「言必信，行必果，硜硜然小人哉」，孔子這句話是講某一類的事，譬如古代有個人最守信用，名叫尾生，他跟女友約在橋下相見，等的人沒有來，山洪暴發，他為守信用，最後抱著橋柱子被水淹死了。他守的什麼信用呢？愛情的信用，不是別的大事，這一種人就是所謂「言必信，行必果，硜硜然小人哉」。又譬如，假設我們碰到一個壞人，因大意而答應了他，後來發現他是壞人，你為了守信用也去當壞人嗎？那就是「硜硜然小人哉」，孔子講的就是信字的第一個道理。

第二個道理，什麼是信呢？如果只照字面解釋孔孟之學，就難怪五四運動要打倒孔家店了，這是幾千年來照字面錯解而造成的。什麼叫信啊？信自己，也信任人家。所以朋友之間要有信，信任自己，能夠有自信，也信任別人。「**信於友**」這個友，並不一定是講一兩個朋友哦，儒家所講的友與弟，就是社會的關係。友弟就代表社會，如果自己的兄弟姊妹都相處不好，是不可能對社會對朋友好的。所以「**信於友**」是這麼一個道理。「**不信於友，不獲於上矣**」，一個人如果不信於友，他的人品格調已經不高了，器量也不寬厚了；就像下棋、柔道一樣，段數已經不高了。

「信於友有道，事親弗悅，弗信於友矣」。他說人要做到兄弟之間信於友，也是有方法的，第一是事親，就是孝順父母。這裡為什麼不講孝而講事親呢？事就包括侍奉，侍候奉養。侍候跟奉養是兩個觀念哦，孔子在《論語》講養親，說孝養有個道理的，孔子講：「色難」。什麼叫色難？色是指態度，如果你給爸爸幾千塊錢，說拿去！這個態度我做爸爸就不接受，我就會說混蛋，拿回去。所以我說小兒女向父母要錢用啊，是躺著來要；太太向丈夫要錢，是站著來要；如果父母向兒女要錢，是跪下來要。這個話看起來很傷心，不過，古今中外社會的演變就是這樣。

說到色難兩個字還有典故。明朝永樂時代，有一個有名的才子叫解縉，是個神童，七歲就能夠寫文章，詩也作得很好。有一天永樂皇帝跟他一起走路，古人讀書講究作對子，永樂皇帝講：《論語》上這個色難啊，很不好對。解縉說容易啊，永樂皇帝等了半天又問，你講容易你怎麼不對？解縉說我對了啊，色難對容易嘛。那對得非常工整，這就是才子之所以為才子也。

講到色難，「**事親弗悅**」就是色難，現在對父母的孝道問題更多，我有好幾個學生都在外國，兩老仍在臺灣。有一個學生，媳婦也非常孝順，要接兩老去美國奉養，可是兩老考慮了半天還是不去。我這個學生就把兒子抱回來，他說那兩老真高興啊，可是臨走到飛機場時，媳婦把孩子從婆婆手裡接過來，兩老眼淚掉下來了，看了很難過。所以「**事親弗悅**」，太難了，孝養不是那麼容易。時代到了今天，我自己早就準備好了，公公也不做，外公也不做，因為我是半個出家人，這些同我都不相干。如果當個在家人碰到這個情境，五味俱陳，侍親要悅，真講孝道真是太困難了。

如果「**事親弗悅**」的話，那就「**弗信於友矣**」，對於其他人就談不到可信了。擴充些去講，這個就是教育問題，講到一個人的修養，都屬於教育問題。所以我經常說，中國文化的教育目的，是教育一個人完成完整的人格。所以大學之道，是完成為一個大人，作一個真正的人，這是教育的目的。《孟子》這一段也是說教育目的，一個人要完成真正的修養，就是剛才解釋過的，要事親有道，才能信於友。

承歡膝下

第四段來了，他是一段一段的講，「**悅親有道，反身不誠，不悅於親矣**」，他說想要孝養父母有道，先要回過來問自己。我們讀古書出身的，對父母都很孝順哦。說老實話，我一回家看到父親，還會發抖的哦；我父親已經對我很客氣了，可是父親始終是有威嚴的。我從小養成的規矩，父親一到前面，我趕快站起來。只有父親躺在床上高興的時候，問我十多年在外面都搞些什麼？只有那時心情才放鬆一點，平常總是很嚴肅的。這是老的教育，你們沒有看過，我生在這個時代的夾縫，受的是新舊教育，古今中外味道都嚐過了。所以你要真講孝順，是「**反身不誠**」，問自己內心。

我現在回想，在抗戰勝利後，回到家裡住了一年，我覺得這一年當中，至少做到了使父母悅，是真的高興。不過時間太短了，現在想起來都很難受，所以我經常說到黃仲則的詩，感人肺腑。開始講《孟子》的時候我曾講過這首詩，「慘慘柴門風雪夜，此時有子不如無」。對於我自己的母親，我經常有這個感嘆，現在已九十多歲了，雖然她曉得我還活著，但是想到「此時有子不如無」，就覺得自己是個不孝的兒子，這是遭遇時代的影響，有這個兒子等於沒有（編按：懷師的太夫人一九九〇年百歲仙逝）。

可是在家裡的時候啊，我曾經反省過自己，我十幾歲就離家，十年後回去不過相處一年，所以我再出門的時候，父親就拍拍我的背，他說你要走了，不過我很高興，我有個好兒子。他雖然很痛快的講，但是我曉得此次一別，就不知何年何月再見了。

再回來講《孟子》吧！這一節中每一段，每一節都有方法的哦，不是呆板的信條，如果大家把孔孟學說當成信條那麼信，你就讀錯了，叫做不學無術；既然讀了書，就要學而有術，術是方法，不是手段。孝順父母，友愛之道，獲於上之道都有方法的，這就要博學慎思了。學而有術不是用手段，你把術完全解釋成手段就錯了，所以說「**反身不誠，不悅於親矣**」，就是這個道理。

一節一節下來，這個孟子像在打魚一樣的撒網，就是現在青年同學們講的，在蓋，蓋得很大，從「**不獲於上**」，一路蓋下來。像我們撐的雨傘一樣，撐開來很大，但是手抓的傘柄只有一點，那就是中心點，要到最後才會告訴你。

再說到誠，「**誠身有道，不明乎善，不誠其身矣**」，更嚴重的問題來了，誠也是有方法的，我們解釋誠很簡單，就是誠懇。譬如說你碰我一下，我說討厭，你不能說我這句話不誠懇啊，不是假話，對不對？有人要借用我的東西，如果我不想借給他，但又說拿去吧，這就是不誠懇了，對不對？所以什麼叫誠懇，我們研究看看，如果說對人態度好就是誠，但明明看到這個人很討厭，卻說他好，這也是不誠懇。所以誠懇是很難研究的。孟子在這裡下一個定義，我這一句話要注意啊，孟子在別的地方不一定是這樣講。同時還要注意《中庸》，《中庸》專講誠，他對誠字的解釋又有不同，方向不同，原則一樣。

《孟子》這裡怎麼解釋呢？「**不明乎善，不誠其身矣**」，如果不明白什麼是善，就不會誠。先不講什麼是誠，現在為了瞭解這個誠字，先瞭解《孟子》所講什麼叫善，其次要知道什麼叫明。要找出《孟子》的善在哪裡，先要找〈盡心篇〉，孟子在這一篇中所說的善，與學佛打坐一樣，有工夫的，不是偶然的。《孟子》〈盡心篇〉裡說「可欲之謂善」，這是孟子學問修養的真正工夫。

誰明白善

前面在〈公孫丑篇〉中，提到過養氣，養我浩然之氣，這也是真工夫，孟子有實際的經驗。〈盡心篇〉也提到養心，不過，養氣與養心不同，養心是心理的修養，養氣是對於身體的修練，兩個則有相連的關係，所以孟子是有真實修養工夫的。

在〈盡心篇〉裡，孟子提出來的「可欲之謂善，有諸己之謂信，充實之謂美，充實而有光輝之謂大。大而化之之謂聖，聖而不可知之之謂神」，這是一段一段的工夫修養，最後到成仁的境界。我們大家做工夫也是一樣，乃至學佛、修道、打坐，或者練氣功、練拳術。當一件事做到了可欲，捨不得離開，一天不做就不過癮時，這樣的可欲才叫做善。如果三天打魚兩天曬網，那你根本連起步的境界都談不上，善性當然沒有，還談什麼修道，談什麼做學問啊！因為你沒有做到可欲的境界。

可欲，不管你學佛也好，修道也好，作人也好，修養沒有達到可欲的境界，沒有達到廢寢忘食的境界是不會成功的。也就是說，整個的身心都投進去，才是可欲的道理，可欲才叫做善。假使學問修養沒有達到可欲的境界，沒有變成欲望，變成習慣，永遠在那裡浮沉，就沒有達到善。

現在再解釋什麼叫做誠，「**誠其身**」，這個裡頭問題還很大，第一步達到「可欲之謂善」，第二步做到「有諸己之謂信」，學打坐修道的人，工夫到身上來了，有效果來了，自己知道，叫做「有諸己」。譬如我們寫毛筆字的人，我過去也練過字，練到什麼程度？坐在那裡跟人談話，這個指頭在寫，想那個字的味道；味道夠了，趕快拿筆一寫，又悟到一個道理，原來這樣一鈎才有功力，才合於書法，這就是「有諸己」。

「有諸己」就是要上身，孟子也講「**不誠其身矣**」，沒有做到工夫上身，就是「**不誠其身**」。你是身體打坐呀，盤起腿來叫做修道啊，當工夫到你身上的時候，你找到自己了，有諸己則為信，有消息了。

由這一步到「充實之謂美」，慢慢就充實起來。「充實而有光輝之謂大」，發光了，但是這個光，不是有相的光明，不是物質、物理世界的光，而是智慧之光。「大而化之之謂聖，聖而不可知之之謂神」。

你看孟子的工夫一步一步的，是孟子的密宗。孔孟都有他的密宗，他這個密宗方法傳給你了，你把浩然之氣那一段配合起來就會知道，孟子的確把工夫、學問、修養的心得都告訴你了。

現在還沒有講到〈盡心篇〉，將來講到這一篇的時候，恐怕要講得很慢了，因為內容很多，問題也很多。

現在回轉過來，看孟子所引用《中庸》的話，「**不明乎善**」，善要明，亂作善人是不明。我經常告訴一般同學，做好事那麼容易嗎？我們有時候要做好事，種善因，但是反而得惡果。昨天正講一個同學，別人有病，他把這個人當成他自己一樣，熱心的不得了。我說你真是莫名其妙，這個病人還有家裡的人啊，會有意見的。你要曉得古人說「賢不薦醫」，聰明人不推薦醫生，更不推薦藥給人家吃，因為吃好了應該，吃不好你怎麼辦？別人家屬會一輩子罵你，恨死你。我說你以為是做好事，而且你又是那麼主觀，認為非這樣醫不可，你憑什麼？你有把握一定會醫好嗎？萬一這樣死掉呢？怎麼辦啊？你心是好啊，方法不是那樣的，不是你一個主觀可以處理的。

所以善，光是一味曉得這樣是善事，你也是主觀，並沒有明乎善，要明才對。所以《老子》所謂「知人者智，自知者明」，能夠瞭解一切人，這是有智慧的人；自知者明，能夠自知才叫明白人。智慧人還容易找啊，明白人找不到，因為人都不大容易自知。

所以「**不明乎善**」，這四個字非常簡單，但是明善的確很難。再說如何是一個明白的人，我們引用禪宗的話做註解，真正明白自己，明心見性的人才夠得上說一個善，不明白的不算善。那麼這個明白也有它的層次，什麼叫做明白？這是一個問題，所以《孟子》這個書，看文字都好懂，非常好懂，但是你看，剛才我們隨便一抓問題，已經講了兩次課，四個鐘頭了，還沒有把它弄清楚，小的問題都已經那麼多了。

他說「**不明乎善**」，此身不會誠。這裡要注意哦，他是說此身不會誠，他沒有講此心不誠哦，問題是身要誠。這裡要特別注意，不要馬虎讀過去，任何一個字都不能馬虎。至於講心誠，上廟子去拜拜或者上禮拜堂去懺悔，你說那個心誠不誠？絕對不誠。哪個人心誠啊？只有快死的時候，或者危險要命的時候，那個時候的祈禱跪拜，絕對心誠。所以心誠已經很難，更何況《孟子》講誠身，更難了。你如果要真做到善與誠的境界，照儒家的道理，所謂變化氣質，是由明乎善而影響到心理的轉變，再由心理而轉變心力，把整個生理都轉變了，才能達到身誠。

在座許多學佛的，打坐的人，搞得身體可憐兮兮的，因為你的心還不夠誠，真誠的話，生理為什麼不能轉變呢？佛學講一切唯心，心能轉物嘛，不能轉就是你的心不誠，理也沒有明，據我所知道的是這樣。所以由心理影響到生理轉變，由頭髮到腳趾尖，每一個細胞都是至誠的，至誠也就是學佛的修定工夫，至誠是必定的，那自然就定了。你不能定，因為你的心散亂，雖然道理說得很高，叫你心能夠定，打死都做不到，那怎麼能叫誠呢？

《孟子》這裡講「**不明乎善，不誠其身矣**」，其中的內在意義包括了那麼多，所以叫大家讀書不要馬虎，「**不誠其身矣**」，不是不誠其「心」。因為我們平常讀《孟子》「**不明乎善，不誠其身矣**」，觀念裡頭就變成誠其「心」了。更何況誠心都做不到，進一步誠身，更做不到了。這一句話只能簡單講到這裡，詳細討論起來就太多了。

天之道　人之道

這一段是孟子引用《中庸》的話，那麼孟子自己的意見是「**是故誠者，天之道也；思誠者，人之道也**」。孟子點題了，做文章一樣，題目中心他給我們點出來了。孟子說，所以誠這個境界，這個修養，是「**天之道也**」，合於天道，這個天是理念的天，與精神世界形而上那個功能、那個法則，是相合的。

誠的本身是天道，這個天地是至誠的，有一句話「至誠不息」，所以這個問題討論起來很大，真到了至誠，不息就是不休息。怎麼不休息呢？就是《易經》上「天行健」，這個宇宙永遠在轉動，地球沒有一分一秒不在動，不在轉，如果這個地球一秒鐘不轉，乾坤息矣，我們就完了。

好幾年前有個大學者，當代的思想家，他說中國文化講天地是靜態的；我不好意思批評，因為我批評起來就不好聽了。我說中國文化誰跟你講天地是靜態的？中國文化講天地是動態的，「天行健」，永遠都在動，所以「君子以自強不息」，叫人要效法天地，永遠不斷的前進。我說哪裡有講靜態的文化？出在哪一部書？真是對自己文化的毀滅，對祖宗的不敬，這是不孝的子孫。

所以老子也講，「人法地」，人要效法地，我們效法地幹什麼？地有什麼值得學的？為什麼要效法地，要跟地學呢？昨天晚上還跟一位同學談到，你看大地生長萬物，生生不已，最後你死亡了，也歸到大地上去。它毒藥也生，好的壞的都生，大地生青菜蘿蔔，都是它生養給我們吃，我們還給它的是什麼？大小便。它也決不生氣，這樣大的厚德，這樣大的精神，包容一切，所以人要效法地。

老子說地還不算偉大，地要效法天，那個天永遠勤勞不息的在轉，你看太陽啊，月亮啊，地球啊，風雲雷雨啊，一天到晚都在轉在變，而且永遠不停息的。那麼這個天啊，誰在推動銀河系統轉呢？有一個東西，西方人叫做上帝，叫做主，東方叫它菩薩，或者叫它玉皇大帝，叫它盤古老王，名辭多得很，反正有個東西，這個東西叫做道，「天法道」。那麼道要跟誰學呢？「道法自然」，不必跟人家學，道自己是本然的，所以叫自然，也就是道法自然。現在「自然」變成一個名辭了，老子那個時候沒有「自然」這個專門名辭，那個時候的古文，自者自己也，然者本然也，所以叫做自然，自己本身就是道法自然。

那麼道法自然是什麼呢？至誠不息，真正的至誠是一念專精，沒有休息。所以有些人學佛打坐，做工夫，乃至於念佛，不管你信哪一個宗教，要一念萬年，萬年一念，那是至誠不息，叫做定。你做不做得到？「**是故誠者，天之道**」，要做到你就懂了。所以一切始終在恆動之中，永遠的恆動，所以至誠是天之道，天之道是至誠不息。

「**思誠者，人之道也**」，我們現在是人，人想要回轉到天道是要修養才行，所以先要做到「**思誠**」。那麼由孟子這一句話，這個立場，一切宗教家的禱告，乃至佛家的念佛，普通人的打坐，密宗的修觀想，都是屬於「**思誠**」，也就是思想集中統一，達到一個專一的境界。達到這個境界是人道的基本修養，也就是一般人所講修定，不散亂不昏沉所達到的境界。所以普通學佛的說，這個人會打坐，一定定好多天，其實，那算什麼？那只是人道而已。佛法也那麼講，修四加行得了定，叫做世第一法，是人世間最高的境界而已。至於超越人世間的境界，那要另外修過，那是天之道。雖然這樣講，但是你們不要妄作聰明，認為只要達到專一，就不需要修定了，那樣你更糟糕了。所以做到了思誠，還只是世第一法。

《孟子》下面再告訴我們，「**至誠而不動者，未之有也；不誠，未有能動者也**」。剛才我說過中國文化不是講靜態的，他們所瞭解的中國文化靜態是死態；中國文化是活態的，絕對不是靜態。同樣道理，物理世界的靜就在動之中。《易經繫傳》上有兩句話，「寂然不動，感而遂通」，所以真的至誠到了，感而遂通，也就是神而通之，也就是智慧。本體本來是寂然不動的，這個不動不是死的不動，而是寂然不動，一感就通。

有人說信上帝那麼久了，拜佛也拜了那麼久，怎麼求怎麼不通，那是什麼道理啊？你把《孟子》多讀幾遍就知道了，因為「**反身不誠**」，你不誠乎心，沒有從「思誠」入手，當然不會有感應。所以孟子說，真做到至誠，也等於所謂定，至誠而不動者不可能，一定感通，所以「至誠之道可以前知」。

什麼叫做誠，空靈也叫做誠，一念空靈到極點，那也是至誠，那是真至誠。至誠之道自然就萬事可以前知，所以你說中國儒家有沒有神通？有神通啊，孔子神通的祕訣，就是寂然不動，你做到了寂然不動就感而遂通，這是孔子傳你神通的祕訣。孔子的孫子子思也講了神通的祕訣，「至誠之道可以前知」。孟子也傳了神通，「至誠而不動者，未之有也」，有至誠一定動，感而遂通。相反的，他說如果不誠，而想能有感通，那是不可能的。

所以這一段對於誠的研究，我說加在《孟子》這個地方，是很嚴重的問題。在〈離婁〉的上篇，一直是講帝王學，政治哲學，政治道德最高的一個型態，一個目標。換句話說，也就是告訴後世人，如何才是王道施政最高的修養境界。孟子一直認為，戰國當時這些君王、諸侯們，太糟糕了，而孟子的存心是拯救民族的文化。前面所講都是具體的辯論，中間為什麼又加了這一段，專門說理論性的至誠呢？他認為一個領導人的修養，必須要從內在自動自發，做到至誠的修養才行。不過，這個至誠有層次，有真實的工夫，不只是理念上的思想。

這個道理就要配合曾子的《大學》了，「大學之道在明明德，在親民，在止於至善」；《大學》裡還有一句話，「自天子以至於庶人，壹是皆以脩身為本」。所以我強調說，中國文化幾千年來的教育，是有一個目標的，這個目標不是為了考試，也不是為了留學，而是為了完成人格，如何成為一個大人，夠不上的都是小人，小人就是沒有長大的孩子。如何夠得上是一個長大的大人呢？《大學》提出來，《中庸》提出來，《孟子》這一段也提出來，不管是什麼人，都以修身為本，這是基本的修養。人的基礎沒有打好，連作一個普通人都沒有資格，何況作一個非凡的人而且要領導一般普通的人呢。孟子的重點、重心在這一段話，重點在這個地方插進來，大家特別要搞清楚上下文。

孟子曰：「伯夷辟紂，居北海之濱，聞文王作，興曰：『盍歸乎來！吾聞西伯善養老者。』太公辟紂，居東海之濱，聞文王作，興曰：『盍歸乎來！吾聞西伯善養老者。』二老者，天下之大老也，而歸之，是天下之父歸之也。天下之父歸之，其子焉往？諸侯有行文王之政者，七年之內，必為政於天下矣。」

二老歸服仁政

孟子前面插了一段最高的政治道德修養，也就是人生基本的修養。接著再說歷史的經驗，歷史的證明。他說商周之間，因紂王無道，那個時候「伯夷辟紂」。伯夷雖說是商朝的親王，但他看不慣紂王這個皇帝，只好避開。中國上古的宗法社會，因為祖宗的傳統，在自己家族之間，不能反叛，只好自己隱去，「**居北海之濱**」，這個北海是哪裡搞不清楚，不過曉得他避開了。換句話說，跑到北方落伍的地區去隱居了。

後來聽到文王行仁政，「**興曰**」，很高興的說，「**盍歸乎來**」，我也想到他那邊去了。文王是反對紂王的哦，他是為了原則，而放棄了親屬的一切關係，為中國的文化傳統的精神而有所作為，因為文王是走傳統文化精神路線的。

「**吾聞西伯**」，「**西伯**」是文王當時的官位，「**善養老者**」，這個注意啊，讀古書這個觀念要搞清楚，不是看到養老就想到養老院。古人所講的養老，就是當時的君王，非常注重國家人民的福利，非常愛民。我們現在所常引用的〈大同篇〉中，「老吾老以及人之老，幼吾幼以及人之幼」的所有觀念，都包括在養老這個名辭裡，這一點特別特別注意。「**善養老者**」，是注重整個社會民生的問題，所以他認為文王是在行仁政，真正愛國愛民的，因同意他而來，並不是來投降。孟子先說明了這一條，這是一件歷史的事。

第二，「**太公辟紂，居東海之濱**」，姜太公就是呂尚，姜是他封地的名稱。姜太公七十多歲才碰到文王，文王比他年紀大，周武王起來革命的時候也有八十多歲。古人是越老越是寶，現在越老越是草，時代不同了。至於姜太公居東海之濱這件事，也沒有辦法確定地點。由歷史記載證明，姜太公原來在東海之濱，山東這一邊，後來聽到文王起來，就向西部走，到渭水之濱釣魚去了。

「**聞文王作，興曰：盍歸乎來！吾聞西伯善養老者**」，重複的文字寫兩段，是孟子的囉嗦，如果我是國文老師啊，就把它揁掉，把伯夷跟姜太公併在一起，加幾句話就解決了。孟子寫得太囉嗦了，但是古文是為了讀誦，能朗朗上口，唱歌一樣唸，多一番唸，多一番味道，所以他寫了兩段。再說呢，寫兩段要提起你注意，加上歷史的經驗，加重那個語氣，光寫一段容易馬虎過去。

他的結論，「**二老者**」，中國文化這個老不一定是年紀大，假使退回去一百年，年紀輕的大臣，對有功於天下的大官，稱某老，那是表示恭敬。現代的人叫你老啊，那表示應該報銷了，就是完了的代號。古人稱你老是絕對恭敬的稱呼。在古代那個時候人都很長壽，現在西方的文化醫藥進步了，活到七八十不算什麼。你查周朝的歷史，姜太公八九十歲才成功，周文王都活到近一百歲啊，堯啊，舜啊，都差不多啊。那個時候又沒有盤尼西林，又沒有什麼消炎的藥，那又怎麼講法呢？所以歷史很難講，哪個叫進步？哪個叫退步？我是搞不清楚的。

孟子說「**二老者，天下之大老也，而歸之**」，結果都來擁護周文王，「**是天下之父歸之也**」。什麼叫父啊？凡是思想可以領導天下，道德可以領導天下，風氣足以影響到天下的，叫做天下之父，也就是老前輩的意思。你們青年同學們注意哦，常常看到古書上的序文，寫的是「某某某甫序於唐貞觀三年」。序就是序，為什麼來個甫序？甫者父也，父者甫也，父又代表男人，甫序就是男子大丈夫的序，這種文字蠻彆扭的吧？可是古人就喜歡這樣。譬如有一個人寫王大德父書，年輕人一定以為這一篇文章是王大德的爸爸寫的。錯了！這是王大德本人寫的，他自稱父，意思是大丈夫男子漢寫的。這是古人的囉嗦，舊的觀念，站在那個時代是必然的道理。等於現在小姐們出來穿高跟鞋，也是必然的道理。現在看起來古書序文好囉嗦，有時候很想把甫字拿掉，印書也可以少一個字啊，節省一點。古人對這個很看重，所以父字的道理就是這樣。

「**天下之父歸之，其子焉往**」，大老們都前來擁護文王，下面的子民，就是老百姓；對老百姓有仁慈的愛才稱子民，這是中國文化愛人的精神。天下的大老們都歸向文王了，他們的子民去哪裡啊？當然都一同歸向文王了。

因此孟子的結論說，現在的諸侯，有一個國家能夠真正「**行文王之政**」，效法文王，天下就有救了；當然不能完全跟文王學，完全跟文王學，學得像王安石一樣，那就糟糕了，就是食古而不化。所以效法文王是效法那個精神。在孟子當時的估計，「**七年之內，必為政於天下矣**」，注意這個話，不是講呆板的七年或五年，那是孟子當時的估計。以現在的觀念來說，就是必定在短時間內達到最好的效果。

孟子曰：「求也，為季氏宰，無能改於其德，而賦粟倍他日。孔子曰：

『求，非吾徒也，小子鳴鼓而攻之可也。』由此觀之，君不行仁政而富之，皆棄於孔子者也，況於為之強戰？爭地以戰，殺人盈野；爭城以戰，殺人盈城。此所謂率土地而食人肉，罪不容於死。故善戰者，服上刑；連諸侯者次之；辟草萊任土地者，次之。」

鳴鼓而攻之

《孟子》一書的整個精神，都以《春秋》責備賢者的立場為出發點。因此，他效法孔子的「祖述堯舜、憲章文武」的精神，在歷史的使命上，對於當時許多有權力的領導人的不當作為，就負起了責備的責任。

尤其在〈離婁〉這一章中，大部份講的是「君道」，就是一個領導人的基本道德修養；以及「臣道」，負有行政責任的高官厚祿者，作人處世的道理；乃至「師道」，學術文化的修養，以及如何擔負人類所賦與的職責。

現在，孟子所引述《論語》中的一段原文，是從春秋到戰國時代，有關政治哲學觀念上的一個重點。

至於冉求的一段故事，已經見諸於《論語》之中。現在孟子引述了這個故事。

「求」是孔子的學生冉求，「季氏」是孔子當時在魯國時的一個權臣。權臣一辭，以現代語來解釋，近似於所謂「當權派」的主要人物。古代權臣的權力常常很大，舉例來說，像漢末獻帝時代的曹操，就是典型的權臣。他當時的權力實際上等於皇帝；而漢獻帝，不過是一個名義上的皇帝，曹操對他擺布自如。季氏在當時的魯國，也有這樣的權力。孔子離開自己的故鄉去周遊列國，正是因為魯國有季氏家族的原故。

當時孔子的學生非常多，散布在各處，所謂三千弟子，七十二賢人。冉求也是七十二賢人之一，是相當有名氣的。但是，名氣是名氣，學問是學問，讀書是讀書，職業是職業，不可混為一談。

冉求當時的職務稱為「**宰**」，是季家的總管，就是後來的官職宰相的「**宰**」。家庭中的「**宰**」，就是大管家，非常有權力；在國家行政上說，宰就是行政的總管，總攬全部的行政權，所以稱做宰相。

孟子說，冉求做了季家的總管，在季家有行政的全權，可是對於季家的種種不合理的做法和野心，卻作壁上觀，沒有使季家改正過來。

「**無能改於其德**」這句話，已經點出來有關「臣道」的精神。尤其在古代帝王制度下，大臣對於帝王，是應該有所匡正的，不該為了吃飯，為了職業，只是聽話而已。如果上面說：「向後轉」，就向後轉；說：「退兩步」，就退兩步，那不是儒家的臣道精神。所以，孟子說冉求「**無能改於其德**」，只就這麼一點，說明孔子對這個學生不認可，不發畢業證書給他。

其次「**賦粟倍他日**」這句話，就更嚴重了。冉求善於理財，而他理財的方法是，搜括民間的財富。古代的經濟制度，與現代不同，在季家這樣的權臣家族中當總管，冉求等於一個小諸侯。當時的立法，不像現在一樣講民主制度，他只要講一句話，就是法令。當時冉求在稅捐制度方面，包括田賦、兵役，以及其他稅捐制度上的措施，幫忙季家收斂民間的錢財，把老百姓搞得很苦。

孔子曉得了冉求這種做法，非常生氣，告訴其他的同學說：冉求這個人，不算是我的學生，「**小子鳴鼓而攻之**」。這裡的「**小子**」，不是現代北方人罵人小子的意思，是指年輕同學們，大家可以鳴鼓而攻之，「修理」他可也！

所謂「**鳴鼓而攻**」，現代是看不見了。在古代，一般盛大的典禮如祭祀時，差不多都會有鑼鼓助陣。至於戰場上，更是以鑼鼓為號令。舊小說中，我們常會看到「鳴金收兵」的用語，雙方敲起鑼來，就是鳴金，雙方便按兵不動。如敲起鼓來，部隊便向前衝鋒，所以鼓是進攻的號令。在國樂中，鼓也是領頭的地位，試看平劇，以及由各種樂器所組成的國樂團之中，鼓手就等於西樂的指揮。其它的樂器，都要隨鼓聲而起奏，所謂抑、揚、頓、挫、起、止，都要應和鼓聲，所以鼓也是最難打的。

孔子說「**小子鳴鼓而攻之**」，等於下攻擊令。雖然其他的同學們，基於同窗之誼，不見得會真的拿冉求開刀，但這就足以證明，孔子對冉求真發了脾氣。

孟子引用冉求的這段故事，也就是「點題」了，說出了這一問題的中心所在。接下來就發揮他自己的意見：「**由此觀之，君不行仁政而富之，皆棄於孔子者也！況於為之強戰**」。這也就是孟子學說與思想的中心，尤其是〈離婁〉這一篇的重心。

孟子說，從冉求這個事實，我們可以看到，任何一個時代，任何一個地區，一個領導人，如果不行仁政，而想要富國強兵，在孔子的心目中看來，都是不值得一提的，當然更不足以效法。何況像在孟子那個時代，一般領導人，只有強權，沒有公理，恃兵力的雄厚，不講道理，強行發動戰爭。在這種思想之下，經過多年的經營，乃至激烈的戰爭，後來雖然達到了富強的目的，爭到了權力，但在中國文化的歷史哲學上，仍要以《春秋》筆法為他加一個字——「伐」。這就是說，他的富強是侵略他人而來，不是以軍事道德、政治道德所獲得的。

春秋筆法

所以，我們中國的歷史精神，與世界各國都不一樣。中國記述歷史，都要效法孔子著《春秋》的精神，所謂「微言大義」，一個字寫下去，萬世的褒貶就在其中了。如《左傳》的第一篇：「鄭伯克段於鄢」，鄭伯就是鄭莊公，春秋戰國時代的第一個霸主。段是他的親兄弟，鄭莊公對這位弟弟平常不加管訓，反而有意使他罪跡昭彰，然後才出兵攻擊。

戰爭是要求勝利的，對敵人作戰獲得勝利，可以用這個「克」字，來形容戰功。但對自己的兄弟用這個「克」字，就表明了鄭莊公把自己親兄弟當成敵人來對待，這就不應該了。所以，孔子在這裡用一個「克」字，等於在鄭莊公的臉上抹灰，千秋萬世也洗不掉。如果戲劇裡演鄭莊公，他的造型一定和曹操差不多，肩膀聳得平平的，象徵他是極度的高傲；臉色黃黃的，鼻子白白的，表示貌似忠厚，而實際上，心機詐巧，愛耍手段；眉毛長長彎彎的；姿勢像打太極拳一樣，含胸拔背，象徵一肚子都是鬼主意。總之這種造型，表示他的霸業都是用鬼主意得來的。因此，孔子在敘述這段故事時，對於本來不該「克」親兄弟的鄭莊公，用了這個「克」字，就是後世所說的《春秋》筆法。也就是說文人運筆如刀，所以又有「刀筆」的說法，輕輕一字，就把鄭莊公的千古罪名定下來了。

再回到本文，孟子對於「強戰」的批評。

「**爭地以戰，殺人盈野；爭城以戰，殺人盈城。此所謂率土地而食人肉，罪不容於死。**」

孟子說，不行仁政而富，尚且要被孔子摒棄，更何況這種不講公理，恃兵力而侵略別人土地的不義之戰。結果，一場戰爭下來，不論是要攻取一塊土地，或是攻佔一座城池，總是橫屍遍野。

這樣侵略的戰爭，所付出的代價，以歷史的眼光，人道的眼光來衡量，就實在太大，太大了。所以孟子批評說，這種為了佔有別人土地而所採用的戰爭手段，等於在吃人肉。如果以軍事哲學、政治哲學立場而言，縱然判他為戰犯，予以處死，都還是太輕了，「**罪不容於死**」，尚不足抵他的罪。在這種戰爭中所死的人，也都是人家十月懷胎，三年辛苦哺乳的的兒女，卻為了他一人的私欲而犧牲了，造成了多少白髮人送黑髮人的慘痛悲劇。所以這樣的領導人，所犯下的罪是不容於死——一條命所抵償不了的。

有人引用這類觀點，認為孔、孟是反戰的。其實不然。孔子寫《春秋》，自某一角度看，也等於寫了一部軍事哲學。孔、孟的主張，戰或不戰，應該依實際情況來決定。為正義道德，可以戰；為侵略他人的「**強戰**」，則不可以。

非戰思想

接下來孟子說：「**故善戰者服上刑；連諸侯者次之；辟草萊、任土地者次之**」，這幾句話，是我國儒家、道家的傳統思想，也是軍事哲學的最高原則，等於我們文化最高的一個律法。

所謂「**善戰者服上刑**」，善戰就是好戰；但何謂「**服上刑**」呢？自古迄今，最重的刑罰是死刑，而前面又說了「**罪不容於死**」，所以「**上刑**」者，除死刑之外，還受上天之刑，受果報，人世間看不見的責罰。

所謂「**連諸侯**」，是用政治外交手段，加強自己的勢力，講究權術，罔顧仁義，也是罪過，屬於次等的刑罰。

第三種受罰的是「**辟草萊、任土地**」，就是用手段侵佔土地，像偷偷把國界的界地碑石，移拓出去。雖然說，是由自己辛辛苦苦開拓土地出來的，但終究是不道德的。譬如有些到山上去盜墾的人，明知土地有主，但不經過合理合法的租賃或購買手續，也不先徵得土地所有人的同意，就在那裡蓋一間房子，先開墾出來。等到被土地所有人發現，再打官司，幾年官司打下來，七搞八搞，土地還是弄到了手，這就是「**辟草萊、任土地**」。其實國家與國家之間，過去乃至現在，類似這種的事例都很多。例如現代的蘇聯（按：蘇聯解體在一九九一年十二月二十五日）和印度，都和我國有所謂國界問題的爭執，就是他們用「**辟草萊、任土地**」的手段，而強佔了我國的疆土。

當戰國的時候，國與國之間除了軍事戰爭之外，還有層出不窮的外交戰、政治戰、心理戰。有些以鯨吞，有些則慢慢對鄰國蠶食。總之都是無所不用其極的擴張自己的勢力。這些行為，在孔、孟眼中，都認為不是人君之道，不是大丈夫所應為的。

如果以「非戰」的立場來看這段《孟子》，發揮起來，後世這類的思想就很多了，見諸文學作品上的，例如唐人句：「可憐無定河邊骨，猶是春閨夢裡人」，是人人皆知的名句。又如：

澤國河山若戰圖　生民何計樂樵蘇
憑君莫問封侯事　一將功成萬骨枯

也是唐代有名非戰的詩，也可以說，包含了非常濃厚的儒、釋、道三家的思想。又如現代名人易君左的父親，易實甫老先生，是清末民初的大家，也有兩句膾炙人口的名句：「江山只合生名士，莫遣英雄作帝王」。意思是說，天地間，最好多生些灑脫的曠達之士，千萬不要去生些逐鹿中原的豪傑英雄。這也可以說是孔、孟非戰思想的另一種表達。像這一類思想的文學作品，歷代以來都很多。

現在我們看出來，孟子在〈離婁〉這一篇中，說出了他的道理。對於當時的那些諸侯們，他是如此的不同意，因此儘管諸侯們那樣誠懇請他，他都不肯幹，他的著眼點不外乎此。

孟子曰：「存乎人者，莫良於眸子。眸子不能掩其惡。胸中正，則眸子

瞭焉；胸中不正，則眸子眊焉。聽其言也，觀其眸子，人焉廋哉?!」

哲學相法

這裡一個高潮來了，也是孟子看盡了各國的王、侯、將、相各式人等，所作的結論。在文字上，這段書非常明白，不必多作解釋。

孟子是說，觀察一個人，只要看他的眼神，就八九不離十的瞭解他了，因為眼神非常清楚的反映了人的心理狀態。大家都知道，傲慢的人和人談話時，他的眼睛總是向上看；而眼睛老是往下看的人，往往是在打鬼主意。當小偷的人，走在路上，眼睛就邪向兩邊瞟，心中在想：什麼東西可以偷？這是由眼神觀人的幾個簡單原則，一般人大致都懂的。所以最能反映人的思想狀態的，就是眼神，想逃也逃不掉的。當然，詳細的說也不容易，眼睛大，大到什麼程度？小，又小到什麼程度？眼神亮的，又亮到什麼程度？有些人沒有眼神，但是，沒有眼神的也可能是第一等的好相，那叫作「神不外露」，他心中是喜是怒，都看不出來。這樣的人，更難捉摸。總之，眼神對於看一個人的性格、品德，非常重要。一個人內在的思想如何，大體可以從他的眼神中看出來。

當然，現在戴眼鏡的人那麼多，把眼睛罩了起來，要透過一層玻璃來看，就更難看得出來了。現在我們要研究，孟子為什麼突然在這裡掛起「哲學看相」的招牌，談起相法來了？這是很妙的事。

孟子一路下來，談的都是大道理，在這裡他為什麼說到眼神的事情？而且說得蠻有道理。

首先我們要瞭解一個道理。我國有一部道書《陰符經》，是道家一本很古老的經典。其中有兩句話：「機在目，機在心」，人類精神思想的關鍵就在眼睛。當然總的開關、樞紐是在心。

大自然的現象，陽氣旺的時候，就是晴天，日月光明普照大地；如果陰氣重，則是陰雨，而日月都昏暗了。在人的身上，不論善念、惡念，只要他心裡念頭一動，雖然還沒有採取行動，他的眼神中就顯露出來了。如果是個大的好念頭，他的眼神特別好，特別清明；如果心裡有鬼主意，歪念頭，那麼他的眼神就呈現出黯濁閃爍的現象。

我常對年輕朋友們提到兩句老話：「讀萬卷書，行萬里路」以廣益知識，增加人生經驗；除此之外，我認為還要加上一句：「交萬個友」。朋友交多了以後，對於一個人的思想、個性、品德、性向等等，不必作心理測驗，一望而知。眼神的確與心理、思想，有極密切的關係，再配合看相的原則，就很清楚了。看相並不是什麼希奇的事，只是人類一種生活的體驗，根據此一長遠累積的經驗，對於一個人的過去，以及未來可能的發展，都可以從形貌、舉止、神態上，看得清清楚楚。

還有，在診斷疾病上，也可以瞭解人的心態。現在生病了，花錢到醫院去檢查，還要經過幾天，用許多儀器、藥物，以物理的、化學的各種方法檢查，才查得出來。我們過去不是這樣，我國古代的醫學，只要把個脈，再看看人的眼睛，對五臟六腑中，何處有疾病，立刻就診斷得出來。至於古代的獸醫就更妙了，拉著牛、馬的耳朵一看，就知道生了什麼病。這是我國過去的醫學，現在是否有人能夠這樣診斷，就不知道了。不過已經有耳診，從病人的耳朵上，診斷出疾病來。

眼神的確有許多作用，這也就是所謂「機在目，機在心」。

孟子的這一段話，當然是他學生記載下來的，是實在的。至於他為什麼講這一段話，我們無法說考據，只能推理研究，估計他是有所感而發的，大概不是對齊宣王說的，也不是對梁惠王說的，可能是對梁惠王的兒子說的。在〈梁惠王〉上章中就有記載，當梁惠王死後，他的兒子梁襄王上臺，孟子只好離開魏國了。因為他看了梁襄王後，出來曾經對人說過一句話：「望之不似人君」，看他的樣子，不像一個國家領導人。至於如何不像呢？大概孟子看了他的相，認為他的眼神不夠。

宦情不厭少低頭

再從另一方面來看，孟子在這裡說到看相，看一個人的眼神的道理，我們可以借用佛家禪宗的道理再做一點發揮。禪宗有一個術語「見地」，所謂見地，前面我們曾經引用過元人的兩句詩：「世事正須高著眼，宦情不厭少低頭」。這就是說，世界上的事情，在任何一個時代，任何一種環境，有頭腦、有智慧的人，都不會被現實所困。因為透過現實，可以看到未來，透過一點而看到整體。這就是人世間應有的「見地」——「世事正須高著眼」。

下一句詩「宦情不厭少低頭」，對於正在求學的青年人來說，暫時沒有必要；如果將來到社會做事，尤其是作官，則不妨參考參考。不過，做事、作官太講骨氣的話，甚至桀驁不馴，那就不太好了，有時候需要稍稍低頭時，不妨稍稍低頭，只要不是做壞事，沒有關係，自然可以受益。

有一個大家很熟悉的故事：

滿清統治中國，有他的一套辦法。當時各省的行政首長稱為巡撫的，只能管行政，不得管軍事；管理軍事的，則是軍門提督。而這文武兩位首長，也一定一個是漢人，另一個是滿人。如果要調動部隊用兵時，必須要兩個人會同簽署蓋印，以收到相互制衡的效果；同時也牽制地方將領，不能造反。

在距今一百多年前，太平天國起義的時候，胡林翼、曾國藩、左宗棠等，為國家招兵、練兵、作戰，處處要錢，但是籌餉、調兵，在當時那種制度之下，處處受牽制，弄得非常為難。後來曾國藩他們終於成功了，其中關鍵所在，就是一個年輕的胡林翼，他的器量大，有見地，發揮了作用，克服了困難。

當時湖廣的總督是一個滿人，姓官名文。有一次，官文的一個姨太太做壽，在滿清的官場中，姨太太本來沒有什麼了不起的地位，但這一個做生日的姨太太，是官文所寵愛的。這一天大家只知道總督府中有個姨太太做壽，可不知道是第幾位姨太太的生日。但總督以下的大小官員，都坐轎子到總督府拜壽了。

據說，曾國藩覺得大家都去了，自己不去也不好，於是也坐轎子去了。到了總督府一問，乃是排行第五的一個年輕小姑娘生日，曾國藩心想，何必去獻這個媚，於是上轎走了。在他正要離開的時候，剛好胡林翼也來了。在當時，胡林翼的地位高於曾國藩、左宗棠，他們都還要靠胡林翼栽培。

於是胡林翼問，前面那頂轎子，到了門口又不進去，到底是誰？下面的人告訴他，是曾國藩。胡林翼聽了以後，連聲讚好，說這是讀書人，有氣節，不低頭。

可是胡林翼自己，問到是官文的五姨太太生日，仍然遞上名片，要進去拜壽。那時的階級觀念非常重，這一來，那位五姨太太，聽說胡林翼如此大官要來向自己拜壽，當然高興得很，簡直是受寵若驚；但顧於禮法，一再懇辭，不敢承當，而胡林翼更是要當面行禮。拜壽之後，官文的五姨太太萬分感謝，問胡林翼，可不可以第二天去回拜，見見胡林翼的老太太。胡也就爽快的答應，說：「好好！夫人請明天移蓮駕來舍下」，請她明天去看胡太夫人。他也不管她是第幾姨太太，乾脆就稱起夫人來了。

胡林翼回去後，就對母親說明，請老太太幫一個忙。胡老太太也很高明，第二天官文這位五姨太來回拜時，老太太對她表現得十分體恤、疼愛。這位小女人就對胡老太太說：「我出身很苦啊！不知道您老人家肯不肯認我作乾女兒」，老太太當然立刻認下了這個乾女兒。

從此以後好了，胡林翼要調兵，就調兵；甚至請調兵的公文還沒有到達總督府，五姨太太就已經在催促官文：「胡大哥要你出兵，你還拖拖拉拉不出兵啊」。要錢當然就給錢，這就叫做「宦情不厭少低頭」。作官有時候是要低頭的，像曾國藩那樣，翹頭翹腦，事情可就難辦了，要錢沒錢，要兵沒兵，只好找胡林翼。胡要他去找那位乾妹妹五姨太，紅包一送，就行了。

但是胡林翼的目的，並不是為私，而是為國家天下。如果為私就糟了，為國家天下，則無話可說。這就是「世事正須高著眼，宦情不厭少低頭」。

年輕人如果將來說孟子，可也不要說得太過了，太過了也不行，要恰到好處，那眼睛就得放亮一點，這也就是孟子說到眼神而引申出來的結論。讀下面的《孟子》，也要眼睛放亮一點，才能夠一節一節的連貫起來。

孟子曰：「恭者不侮人，儉者不奪人。侮奪人之君，惟恐不順焉，惡得為恭儉？恭儉豈可以聲音笑貌為哉？」

這些都是中國文化，從《禮記》上幾千年下來的教條，也可以從《書經》上看到，堯、舜、禹、湯，他們都是恭儉之君。在古書上幾個好皇帝，真的都是如此。

恭儉之道

什麼是「恭」？我們現在看到，哈個腰，駝個背，作個揖；或者和日本人一樣，行一個九十度的禮，就認為是恭。事實上這些姿態，都是外在的恭，不是真正的恭。作為一個人，能夠不欺騙任何人，處處為人設想，也是孟子前面所說的至誠，這才是真正的恭。

什麼是「儉」？從文字上看，依文釋義，一個錢不花，口渴了連汽水也捨不得喝，冰棒都捨不得吃，似乎是儉了；其實錯了，這些是狹義的儉。「儉者不奪人」，儉的德性，應該更擴而充之，我捨不得的，想到別人也捨不得。譬如說，我口乾了，正需要喝一杯茶，可是不捨得買，看見別人這裡有一杯茶，認為這樣正好，自己不必花錢，就拿來喝了。像這樣只顧自己的利益，而侵犯別人，就是「奪人」，不是儉。

真正的儉是，我要自由，想到他也要自由；我的自由絕不妨礙別人的自由。當我要滿足我的需要時，如果妨礙了別人的需要，為了顧及他人，自己的這個需要就必須犧牲才對。這才是真正的儉。即使出來當一個老闆，開一間工廠，對下面也要厚道，也要恭儉，不能只想要賺錢而節省。你開工廠，你要賺錢，也應該想到人家在那裡辛苦做工，也是要賺錢。大家都需要錢，要講一個公道，彼此顧及對方，能夠讓步，這才是真正的儉。

在中國文化來說，一個政治領導人，如果欺騙別人，只想侵略別人，從別人那裡得到好處，惟恐人家不服從他，而要人家拚命，這就不對了。孟子說，像這樣的居心，儘管滿口仁義道德，表現出禮賢下士的風度，哪裡能算是恭儉的人呢！不論恭敬、儉約，乃至其他德性，都要配合實際的作為，有處處為人設想的居心才是。光在嘴巴上說說，或者表面上做做，是不相干的。譬如說，老遠看見人，就滿臉堆上笑容說：「啊你好！好久不見了，你沒有吃飯？轉彎的地方有賣麵的」。儘管如此客氣，對於恭、儉兩種德性，是沒有實際作用的。聲音笑貌是靠不住的，那是表面工夫，而應該以誠懇待人。一個單位主管，不問部下是兩人、三人，或百人、千人、萬人，都要以誠懇相待。光是好聽的話，好看的笑容，那是假的。

《孟子》怎麼憑空又來了這麼一段呢？如果我們把上面讀過的《孟子》回想、聯貫一下，就可豁然貫通了。從這段話的內容來看，大概是孟老夫子的學生們，或者其他人對孟子的行徑提出疑問。既然出來辛辛苦苦像跑江湖郎中似的，遊說諸侯，一心一意要幫他們施行仁政，而諸侯們對他也不錯，一會兒送他錢，一會兒封他客卿；一會兒又要請他主持教化；但孟子卻都不中意，不肯好好在一個地方呆下去。這是什麼原因呢？

當然，主要原因是他看出當時幾個有影響力的諸侯們，沒有一個肯澈底施行仁政的，道不同，當然就不可以為謀。再其次，他這裡又說出一個理由，當時那些諸侯們儘管對他打恭作揖，譬如齊宣王說「我欲中國而授孟子室，養弟子以萬鍾，使諸大夫國人，皆有所矜式」。但孟子自知在齊王心目中的地位，再加齊王並無行仁政的見地，久處下去必將受讒言而不歡離去，與其如此，何不在表面上仍然恭敬時，就知趣的自動引退呢！

許多人看孟子，都以為他是一個只會吹仁義、賣王道的迂夫子；不管對方愛聽不愛聽，反正就像山西人拉胡琴似的，自顧自的唱。這實在冤枉了他。這只是從《孟子》文章正面來看，故而有所誤解。其實我們只要略微用心，就會發現孟子對人情世故是非常通達的。他抱著悲天憫人的心情，盡其在我的把該說的話都說出來之後，儘管對方表面還很恭敬，甚而封他爵祿，或者撥出教育經費，但他很清楚，是該走的時候了。他絕不戀棧，當然更不會自我陶醉的認為別人很看重他。所以我一再提醒大家，要別具隻眼，透過文字的正面，推敲它的側面，更要透視它的背面，去找出它暗示些什麼，隱含了些什麼。

所以，我絕不是因為講《孟子》，故意替他辯解，諸位不妨看看下一章，恰好就是這章的一個補充說明。

常禮與權變

淳于髡曰：「男女授受不親，禮與？」

孟子曰：「禮也。」

曰：「嫂溺，則援之以手乎？」

曰：「嫂溺不援，是豺狼也。男女授受不親，禮也；嫂溺援之以手者，權也。」

曰：「今天下溺矣，夫子之不援，何也？」

曰：「天下溺，援之以道；嫂溺，援之以手。子欲手援天下乎？」

〈離婁〉章到這裡，又另起一個高潮，進入另外一個境界。

淳于髡是齊國有名的滑稽大師，「滑」古音讀「骨」，現在一般人讀「划」，所謂滑稽，現代叫做幽默。歷史上有好幾位具有滑稽稟賦的大臣，不過在歷史的規格中，沒有把他們放在「大臣」之列，而把他們別立一格。例如戰國時代的淳于髡，他是齊國的贅婿，就是入贅女家的女婿。在古代，人們對贅婿是不大看得起的。可是這個淳于髡，自齊威王時代，就在宮廷中供職，繼而在齊宣王、齊湣王的時代，一直作了三代的官。君王都離不開他，因為君王看到他就會發笑，感到愉快。

他對於君王的責備，不像一般大臣的直言，說得君王很不是味道，他從不來這一套。他如果要向君王進言，差不多都先說上一段笑話，引得君王哈哈一笑，而在他的笑話中，往往含有深意。當君王哈哈一笑之後，發現了他所說的笑話，有嚴肅一面的含義，並且確有道理，就因而改變了主意，原來要殺的人，也不殺了。所以君王生氣要殺人的時候，只有找他，只要不是罪大惡極的，他總有辦法，說到君王不殺此人為止。

歷史上，有好幾個這樣的人，例如後世的漢武帝，是一個非常威嚴的人，可是他遇到東方朔，則一點辦法也沒有。所以每當漢武帝大發雷霆要殺人的時候，大家沒有辦法，只好找東方朔去。他到了漢武帝面前，先不說正題，而東說西說的，像濟顛和尚一樣，裝顛賣傻的扯一些笑話，然後就沒有事了。

例如有一次，漢武帝請大臣們吃飯，那是一次非常嚴肅而隆重的宴會。漢武帝是喜歡用兵的，他這次請吃飯，等於一次重要的御前會議，又要下達命令，去攻擊鄰國了。可是正在吃飯的時候，東方朔割了一塊肉下來，偷偷放到自己的袍袖裡去了。雖說是偷偷地，可是他又故意讓漢武帝看到。於是，漢武帝說：你怎麼搞的？也不找一張油紙包起來，這樣不是把袍袖弄油污了嗎？你割一塊肉放到袍袖中，是為了什麼呢？東方朔說：我內人就喜歡吃這種肉，尤其沒有吃過宮廷中烹調得如此好的肉，所以我帶一塊回去，給我內人吃。漢武帝聽了哈哈大笑，然後說：你怎麼不早說呢？何必這樣幹？叫御廚多做一桌，送到你家裡就是了嘛！

東方朔在漢武帝面前，常幹這一類的事情。難道東方朔的太太真的喜歡吃這樣的肉嗎？他又真的這樣怕太太嗎？反正，他是逗得漢武帝開心了，然後，順著這笑話的含義，勸漢武帝不必出兵去攻擊鄰國。於是漢武帝把他所說嚴肅一面的道理，也聽進去了，認為他說得對，就不出兵了。

淳于髡也是這樣的人，現代人的新名辭叫「幽默」。淳于髡可稱得上是幽默祖師爺，當時，他可是齊宣王面前的紅人。假如那時也有大學，年輕人大學畢業，找不到工作，只要能找到淳于髡，就有辦法了。他只要在齊宣王面前說一聲，問題就解決了。

淳于髡與孟老夫子，當然很熟識。淳于髡有一天去看孟老夫子，他的滑稽作風來了，對孟子說：「**男女授受不親，禮與**」。中國古代的禮儀，是很嚴謹的，男女間的界限很嚴，即使是兄弟姊妹，到了八歲以上，就男女分開，不能同席，更不能同睡在一個房間裡。姐姐如果拿一個東西給弟弟，也只能把東西放在桌子上，弟弟再從桌子上把東西拿去，不能親手遞接。不像現在的青年男女們，走在街上就像以前被綁去殺頭的罪犯一樣的五花大綁，男女攬腰、搭背、挽胳膊那副樣子，所以我叫它「五花人綁」。

孟子答覆說：「**男女授受不親**」，這當然是古代傳統的禮儀規範啊！淳于髡說：那麼，嫂嫂掉到河裡去，作小叔子的，是不是可以伸手去把嫂子拉出來呢？孟子說：嫂嫂掉到河裡去了，小叔當然應該伸手把她拉上岸來；別說是用手拉她，如果必要，縱然是抱住嫂嫂的身子，也應當把她從水裡抱上岸來。如果不去把嫂嫂救上來，那還是人嗎？簡直是禽獸了。所以孟子說，「**男女授受不親**」是常禮；把掉下河的嫂嫂拉上來，這是權變，不是常禮。在災變急難的時候，就不能死守常禮，要從權宜，溺水如此，其他也一樣。在登山的時候，如果一位小姐身處危崖將掉下去，而你說要守禮，不敢去拉她，這樣的守禮，等於見死不救，太殘忍了。所以這時要權宜、權變，也就是採取最適宜的變通措施。

孟子正面答覆了他，可是，淳于髡就是淳于髡，原來他把問題轉了一個大彎。因為孟子是尊孔的，他先用有關古禮的問題，套出了孟子「從權」的這句話，於是正題來了。他說：現在全天下的人，都陷溺在苦海裡，你怎麼不伸手去拉一把？他希望孟子出來救世，希望他能從權變通，即使齊王對他不怎麼尊重，一般權臣對他也不大以為然；但是百姓處在水深火熱的危急苦難中，就不應該死守個人的風格操守，不妨委屈求全，以天下百姓為念。所以不管齊王給他什麼職位，都該接受，然後想辦法施展他的抱負。

這一段大概是孟子辭了齊卿的位子，準備回家去的時候，淳于髡著急了，跑來看他，希望能有轉圜的餘地。從這裡，我們又可見淳于髡不止是個會逗笑的大臣，也不止是替人說話的好好先生，他的確是有識之士，有心之士。同時他也善於察言觀色，他瞭解孟子和齊王之間的微妙心理，所以他就在這一點上，製造一個風趣的問題來做開場白，想讓孟子回心轉意。

而孟子對淳于髡呢，當然也是相當看重。我們從孟子的答話就可看出。

在〈公孫丑〉下篇中，曾經也有人為了孟子要離開齊國而去挽留的，結果我們這位孟老夫子「不應，隱几而臥」。在被責難之下，孟子又很坦率地對此人舉例解說，最後結論直言「子為長者慮，而不及子思，子絕長者乎？長者絕子乎？」

但是他對淳于髡則不然，可以說是棋逢對手，快人快語的就點出關鍵所在。短短幾句話中，不但巧用了邏輯辯證之妙，同時一語雙關的道出內心的沉痛，以及整個局面的不可為。因為那個局面是隻手難以回天，中流無法砥柱的。

孟子說：你說得對，天下的人固然全都陷在戰亂的苦海中，但是，「**天下溺，援之以道**」，天下人的苦難，是要以文化道德，配合政治基礎，才能挽救回來的。嫂嫂一個人掉下河裡去了，可以不必用文化道德、政治基礎去拉她，只要伸出手去拉她起來就好了。你老兄來做說客，希望說動我，那麼我伸出一隻手去，就能夠挽回天下人類的劫運嗎？挽不回來的呀！

我們曾經說到兩句古人的詩：「莫言利涉因風便，始信中流立足難」，挽回劫運，這個志向是對的，但不是個人的力量可以做到，需要整個的文化力量去挽回的。常看到人們說「中流砥柱」，這個形容辭很好，可是「砥」不了的。不要說整個時代的巨潮大浪，就拿台灣桃園的石門水庫來說，放水的時候，你在水道上站站看，別說砥柱，到時候沖到哪裡都不知道了，如果小命還活著，那真是老天保佑。

所以正如這兩句詩說的，一個人的人生，要中流立足，在時代中不搖不曳，不隨社會風氣轉變，在時代潮流中站得住，那是硬要建立一種風格，那已經是難能可貴了。至於說要藉一個人的力量，挽回那個時代，究竟又有誰真的能夠做到？我們看看孔子和孟子兩位老夫子，他們又挽回了當時的什麼？所以孟子答覆淳于髡，說他的話不合邏輯，救天下不同於救掉到河裡的嫂嫂，這是兩回事。

說得更清楚點，要挽回時代，文化思想的精神建設，是第一件重要的工作。時代精神雖然是看不見的，但卻是最重要的。

至於孟子這句答話的另外一重言外之意，則是說，齊王對我個人的尊重與否，還是小事；主要的是齊王沒有仁政王道的見地，而當政的權臣們又都各管己利。像這樣的政治環境，怎麼可能施行仁政！齊國如此，其他諸侯國也差不多。如此天下，你教我從哪裡插手，又在哪裡立足呢？

你們看，孟子多會說話！短短幾個字，包含了這麼多的意思。所以年輕同學們注意，不要以為孟子總是囉囉嗦嗦的講上一大串，好像明明一個很簡單的道理，怎麼到他嘴裡，就囉嗦個好半天。他這是和孔子一樣的「因才施教」，碰到了頭腦不夠的君主，或者反應遲鈍的學生們，他就不得不儘量說詳細一點。如今碰到慧黠的淳于髡，他當然樂得來一招類似禪宗大師們的機鋒轉語，也就是一語多關的答覆了淳于髡。

說到這裡，必須做個補充聲明，我上課總是囉里囉嗦的，扯上一大堆，那是我自己愛說話，並不是認為諸位不高明啊。

公孫丑曰：「君子之不教子，何也？」

孟子曰：「勢不行也。教者必以正，以正不行，繼之以怒；繼之以怒，

則反夷矣。『夫子教我以正；夫子未出於正也！』則是父子相夷也。父子相夷，則惡矣。古者易子而教之，父子之間不責善，責善則離，離則不祥莫大焉。」

兒女的教育

孟子的學生公孫丑，有一天問老師：依照古禮，父親不自己教兒女，這是什麼道理？青年朋友們要注意，將來自己有了兒女時，要怎樣教育他們才比較妥當？兒女不由自己教，交給誰去教？

有一位現代名人，很有錢，也頗有地位，只可惜腦子有點糊塗。他有一個兒子，大概也和他父親一樣糊塗。不久前這位闊佬告訴朋友，他的兒子不見了，到哪裡也不知道。可是另一位朋友，後來因事到一所孤兒院中，看到一名院童，長得特別清秀，很面善，不像一般的院童。問到院方，得悉是一個不知來處的孤兒。問他家住哪裡，爸爸媽媽叫什麼，他都不知道。這位朋友一聽，馬上想起那位朋友走失的孩子，於是上前詢問他的姓名家世，父親是否某公司董事長某某。這孩子在詢問之下，突然想起了自己的姓名身世，於是才由這位友人通知這位現代名人，將兒子認領回家。世界上就有如此的父子，順便想到，說來供大家一笑。

依照古禮，父親不教自己的兒女，但是為了子女日後的立身處世，社會上有些壞事情，是應該讓兒女知道的。反觀我們中國的父母們，有幾個敢把社會上的壞事，或者某些人的醜事教兒女瞭解？從前我有一個朋友就很難得，對於煙、酒、嫖、賭等不良嗜好，都帶兒女去看。可不是由自己帶，而是轉託朋友，帶他的兒女到這些場合去，好讓他們認清楚什麼是壞事，對自己有害無益的，都不能做。這是教育的一種方法。

現在的年輕人真可憐！家長們拚命要他們讀課本，不許看小說，結果讀得一個個呆頭呆腦，讀到大學、研究所都畢業了，而對於人情世故，一點都不懂。所以我常常鼓勵他們看小說，我對自己的孩子也是如此，我不喜歡他們讀死書，有時候我帶著他們看小說，武俠小說、傳奇小說，無論什麼小說都看。不過他們自己找來的小說，要告訴我一聲，因為有一部份小說，如果還沒有到一定年齡，則不必看，看早了，不見得有好處。小說看多了，會懂得作人，也會通曉人情世故。小說上的那些人名，差不多都是假的，而所描寫的事情，卻往往都是真的，在社會上就真的有那些事情。至於歷史上那些人都是真的，但有些事情，你沒有經驗就無法瞭解；沒有做過大官，就不知道大官的味道，那就只有看小說才能通曉。

孟子在這裡說，對兒女的教育，由父母親自來教，在情勢上是行不通的，因為父母望女成鳳，望子成龍的心態，正面的教育很難。孩子想看個電視，父母就擺出威嚴的態度，用命令的口吻禁止；而朋友較為客觀、理智，就不至於過分嚴肅。實際上兒女已經很累了，看一點電視輕鬆輕鬆，並不算過分。

孟子說：對於子女，我們當然要以正道教導他。子女如果不聽，就「繼之以怒」，發脾氣了，不是打，就是罵，於是反效果出來了。據我所知，許多家庭教育，所得的都是反效果。一些青年男女出了問題，都是家庭教育有問題，而不一定是問題家庭所造成的。父母太方正了，教育出來的兒女，多半是死死板板；這樣的兒子，再教出來的孫子，就板板死死，更糟糕了。另有一種是反效果，方正、嚴厲的教育下，激起了叛逆的心性，那就更麻煩了。這樣看下來，我非常同意孟子這個觀點。

而且在子女的眼中，認為父母教我不可以說謊，而他們自己卻一天到晚說謊。像有人要去午睡了，怕被人打擾，於是交待孩子，如果有客人來，就告訴客人說我不在。果然來了客人，孩子便說：爸爸在睡覺，爸爸說，告訴客人他不在。像這樣的孩子，能責備他嗎？他絕對的對，因為他不說謊。為父母的，平常也是教孩子不可以說謊，孩子沒有說謊，怎麼能責怪他呢？

父母不許孩子說謊，而孩子看見父母隨時都在說謊，這是一個事實。父母要求孩子要這樣那樣，而自己所做的又與所教的恰恰相反。像孔子、孟子，常常教別人要守信，而他們自己有時卻不守信，這又怎麼解釋？這就有層次上的差別，程度上的不同。就如剛說過的淳于髡那一節中，「**嫂溺援之以手**」是可以的。教育也是如此，有時候須要權宜變通，但是子女還小的時候，是不會瞭解的。

所以教子女正，子女如果不正，就生氣責罰他們，子女心裡已經不滿了。子女再看看父母所做的，正與他們教自己的相反，於是就更憤憤不平了。因此，父子之間的代溝，相互的不滿，早在子女幼兒時期，就已經播下了種籽。所以孝道是很難講的。父母子女之間，如果有了芥蒂、嫌隙，那就太不幸了。

現在許多青年人都不滿現實，其實不止是現在，無論古今中外，青年人都是不滿現實的。縱然是最好的時代，一切都上軌道的社會，在青年人的心目中看來，也是不滿的、要挑剔的。中年以上的人都曾經走過青年時期，多少可以體會現代青年人的心理；只要從年輕人的一些小動作，就可以看到他們不滿現狀的心態。例如一堵牆壁，裝修得蠻漂亮，他卻要畫上一條痕跡；一個好好的瓷瓶，他卻要用東西去敲敲，似乎才過癮。他們這樣做有理由嗎？沒有理由，這是潛意識的反叛性和破壞性作怪。所以青年人之不滿現實，是當然的。作為一個領導人，在教育上，在領導方法上，就要懂得這個道理才是。

古人易子而教，兩個互敬的朋友，往往相互教育對方的子女，因為父母有不方便親教之故。像現在的青年，幾乎沒有不犯自瀆毛病的，但父母們對於這種事都不教，因為不好意思開口。直到最近，教育界才開始正視和討論有關「性教育」方面。但在有些偏僻的地方，老師們碰到這一部分的教材，就避而不談。

其實在六七十年前，也有這種教育，聰明的父母們，就想出變通的辦法。其中之一，就是用易子而教的原則，由朋友來教；或者用講故事的方式，引用某些因此受害的現實例子，做啟發性、暗示性的誘導。這是為了孩子一生健康所繫，不得不教。

「不責善」的真義

孟子所說的「父子之間不責善」這句話，千萬要記住。父子之間不可要求過多。這個「責善」的「責」，就是責備求全的意思，「不責善」也就是不要過分求好。例如子女升學，參加聯考，為父母的就要採取「考得取最好，考不取也沒關係」的態度。現代的學生們，為了應付聯考，被老師、家長，逼得拚命死背，什麼歷史、地理，一概死背，「浙江！浙江！福建！福建！」一背是背熟了，聯考是考取了，結果到了金門，他還不知道已經到了福建；也不知道馬祖是福建省連江縣的一個島嶼。

許多眼前的例子，都證明孟子這句話的道理。但也有許多為人父母者，犯了這個「責善」，過分要求的錯誤。犯得還很深，這千萬要注意。

父子之間如果責善，就會破壞感情，就會有嫌隙。孝道要建立在真感情上，才會穩固。父子之間能像好朋友般相處的很少；試看生物界，飛禽也好，走獸也好，子女長大了以後，就各走各的。人為生物之一，本性上也是如此。由此可知，父母對於子女的責任，只是把子女教育成人，使他們能夠站得起來，有了自己的前途，父母也就完成教育的責任了。至於子女以後對父母怎樣報答，那是子女自己的事情，也不必存什麼希望。再見吧！人生本來就是如此的。

父子之間一責善，問題就大了，這是一方面；在另一方面，萬一遇到壞的父母呢？同樣的，子女也不可以對父母責善，不可以過分要求父母，不可以責善。

孟子為什麼推崇舜？舜的家庭狀況是「父頑，母嚚，弟傲」。父頑：這個「頑」不是頑皮，是非常固執成見、貪婪，像土匪一樣。母嚚：嚚就是潑辣，十足的潑婦。假如有人在她門口弄髒了一點，她可以拿把菜刀，到人家門前罵上十天半月。弟傲：對於父母的壞處，他都有遺傳了，對哥哥舜，視如眼中釘，常想對付哥哥，是一個現代所謂「太保」型的人物。舜就出自這樣的家庭，有這樣的父母。

但舜和弟弟卻截然不同，舜成為聖人。這在佛家的學術而言，應該是宿世種的因，現世的果報。以現代科學的遺傳學來討論，據我個人的研究，則屬於「反動」的遺傳。從歷史上可以得到許多例證。譬如父母非常老實的，往往生一個調皮兒子；父母很調皮的，往往生一個很規矩的兒子。道理就是「反動」遺傳，也是基因的大問題，這是我個人的研究。如果在外國，依此寫一部專書，那就不得了啦，也許要轟動一番。

這個道理是根據生理學而來。例如一個好人，他的行為絕對是好的，可是這個好人是勉強做的，其實他對人恨透了，想發怒又不敢發，於是許多情緒都壓制下去了。這種被壓制的忿恨怨氣，潛伏在下意識裡，遺傳給了下一代，於是這孩子將來又兇、又壞、又狠，充分表現了上代內心中壞的一面。至於一個壞人，也有大好心思的時候，他的這一面剛好遺傳到子女身上，這個幸運兒，將來就會孜孜為善。舜就是這樣一個人，再配合他自己的先天稟賦，以及後天努力，於是成為聖人。

舜有這樣一個家庭，他的父母及弟弟，多次害他，欲致他於死地，而他都幸運的躲了過去。後來當了君王，他還是依舊愛他的父母，以及弟弟。再說堯，也是聖人，他生的兒子丹朱卻不太好，對堯不孝，而且不肯學好。堯沒有辦法，於是發明了圍棋，教他兒子下棋，這是他的教育法。至於象棋，則是周公為了教他的姪子成王而發明的。這些上古的教育工具，現在已經發展培養出國手了。

總之，父子之間應該不責善，宋明以後的理學家們有一句成語，「天下無不是之父母」。我反對這句話！天下確有不是之父母。我們現在也為人父母，反問一下，我們樣樣都對嗎？隨時都有做錯的可能，也有教錯的時候。但是，身為兒女的，應該有「天下無不是之父母」的精神，以之來對待父母。父母有時要寬恕子女，而子女尤其要孝敬、體諒、瞭解父母，為了孝道，更要設法婉轉改變這個「不是」的父母。這樣並不是和父母對立，也不是反叛，所以「**父子之間不責善**」，不是單方面的，而是雙方面相互的。

擴而充之，不但父子之間如此，師生之間也是如此，長官部屬之間也是如此，都不能責善。過分的要求，終究會發生問題的。明太祖朱元璋，讀

《孟子》時讀到：「天將降大任於是人也，必先苦其心志，勞其筋骨，餓其體膚」，才肯承認孟子是聖人；而我，在讀到《孟子》這一節時，最贊成孟子被稱為聖人。孟子如此通達人性心理，而處理方法又如此之適當、清楚，真讓人拍案叫好。

許多人把孩子寵壞，也是這個道理，由於過分愛護，反而把孩子的身體弄壞了。孩子不經鍛鍊，則失去了應有的抵抗力，假如所有的孩子都是如此，一旦國家有事，還能夠去報國為民嗎？這也可以說是父母對孩子「責善」的錯誤。

這一段話，是公孫丑提出來問孟子的。那麼我們要研究了，公孫丑為什麼會向孟子提出這樣一個問題來？當然不是師生之間，吃飽了飯沒事做，在這裡閒磕牙。閒磕牙的話，也不會把它紀錄下來傳諸後世了。或許是有問題家庭，向公孫丑請教，公孫丑沒辦法作答，只好來請教老師了。

我們要知道，在孟子那個時代，貴族的子弟們非常驕縱，孟子也說：「富歲子弟多賴」。像我們這個時代，社會安定，經濟繁榮，國民富強康樂，而後代子弟，每易墮落。所以看到今天社會的繁榮，不禁為之擔心。所謂「多難興邦」，現代青年要多加警惕，不要一代不如一代。

曾國藩筆記——英雄誡子弟

因為談到父子之間的教育問題，讓我們看看曾國藩介紹的有關父親教子弟的一則筆記，他搜集得非常好，不需要我們再整理了。他並為這一筆記，安了一個題目叫「英雄誡子弟」，內容如下：

古之英雄，意量恢拓，規模宏遠，而其訓誡子弟，恒有恭、謹、斂、退之象。

劉先主臨終敕太子曰：

「勉之！勉之！勿以惡小而為之，勿以善小而不為。惟賢惟德，可以服人。汝父德薄，不足效也。汝與丞相從事，事之如父。」

西涼李暠，手令誡諸子：

「以為從政者，當審慎賞罰，勿任愛憎，近忠正，遠佞諛，勿使左右竊弄威福。毀譽之來，當研核真偽。聽訟折獄，必和顏任理，慎勿逆詐億必，輕加聲色，務廣諮詢，勿自專用。吾莅事五年，雖未能息民，然含垢匿瑕，朝為寇讎，夕委心膂，粗無負於新舊。事任公平，坦然無類，初不容懷有所損益。計近則如不足，經遠乃為有餘。庶亦無愧前人也。」

宋文帝，以弟江夏王義恭，都督荊湘等八州造軍事，為書誡之曰：

「天下艱難，國家事重，雖曰守成，實亦未易，隆替安危，在吾營耳！豈可不感尋工業大懼負荷？汝性褊急，志之所滯，其欲必行，意所不存，從物回改，此最弊事，宜念裁抑。衛青遇士大夫以禮，與小人有恩。西門安於矯性齊美，關羽、張飛，任褊同弊。行已舉事，深宜鑒此！苦事異今日，嗣子幼蒙，司徒當周公之事，汝不可不盡撫順之理。爾時天下安危，決汝二人耳。汝一月自用錢，不可過三十萬。若能省此，益美西楚，府舍略所，請究計當，不須改作，目求新異。凡訊獄多決，當時難可逆慮，此實為難。至訊日，虛懷博盡，慎無以喜怒加人。能擇善者而從之，美自歸已，不可專意自決，以矜獨斷之明也。名器深宜慎惜，不可妄以假人，昵近爵賜，尤應裁量。吾於左右，雖為少恩，如聞外論，不以為非也。以貴凌物物不服，以威加人人不厭，此易達事耳。聲樂嬉遊，不宜令過，蒱酒漁獵，一切勿為。供用奉身，皆有節度。奇服異器，不宜興長。又宜數引見佐史，相見不數，則彼我不親，不親，無因得盡人情，人情不盡，復何由知眾事也。」

數君者，皆雄才大略，有經營四海之志，而其教誡子弟，則約旨卑思，斂抑已甚。

伏波將軍馬援，亦曠代英傑，而其誡兄子書曰：「吾欲汝曹，聞人過失，如聞父母之名。耳可得聞，口不可得言也。好議論人長短，妄是非政法，此吾所大惡也，寧死不願子孫有此行也。龍伯高敦厚周慎，口無擇言，謙約節儉，廉公有威。吾愛之敬之，願汝曹效之。杜季良豪俠好義，憂人之憂，樂人之樂，父喪致客，數郡畢至。吾愛之重之，不願汝曹效也。效伯高不得，猶為謹敕之士，所謂刻鵠不成尚類鶩者也；效季良不得，陷為天下輕薄子，所謂畫虎不成反類狗者也。」

此亦謙謹自將，斂其高遠之懷，即於卑邇之道。蓋不如是，則不足以自致於久大。藏之不密，則放之不準。蘇軾詩：「始知真放本精微」即此義也。

曾國藩說，歷史上的英雄們，思想、意境、度量都特別寬大，就是所謂的「意量恢拓」。我覺得現代的家庭、學校，培養這一代的年輕人，特別需要注意這四個字。現代的青年人，差不多都胸襟狹隘、眼光短淺，薪水兩萬塊一月就可以了，如果能夠賺錢蓋一棟十二層樓，那就更好。他們沒有志在天下，也沒有志在千秋萬世，所以今天的青年，看起來大多不可愛。

曾國藩說，古代的英雄，他們雖然自己有那麼大的器度，那麼高的成就，可是在教育自己的子弟上，卻都流露出恭謹、謙退的修養。於是他列舉出幾位前輩英雄教育子弟的實例來。

劉備病危，在快斷氣的時候，當著諸葛亮告訴他的兒子阿斗——劉禪，「勉之！勉之！勿以惡小而為之，勿以善小而不為」，他說，你要好好的努力啊！不要因為一件壞事是小的就去做；也不要因為一件好事是小的，而不去做。這是劉備吩咐兒子的話。

有些人往往看見一件東西很可愛，譬如上餐廳時，見到桌上一個擱筷子的竹型小陶器，認為這不值幾文錢，沒有多大關係，順手把它帶走，這就不對了。他又告訴阿斗：一個人惟有自己有道德才能使人家敬服，你可不要跟我學，我一輩子都不行，我的道德修養還不夠，你要好好跟丞相諸葛亮學，你對丞相要像對我一樣。所以阿斗稱諸葛亮為尚父，他二人就是義父義子的名分了。

劉備臨死這幾句話，是真心話，也很厲害，好像是一根繩子，一下子就把諸葛亮套住了。歷史上還有記載，他對兒子說完以後，再對諸葛亮說的一番話，那又更厲害了。他說：「君才十倍曹丕，……若嗣子可輔，輔之；如其不才，君可自取」。意思是說，你的學問能力，比曹操大兒子曹丕高了十倍，你看著辦，我這個孩子，如果能夠幫助他站起來，你就幫助他；如果你幫助了他，而他仍然站不起來，那麼你就自己幹吧！劉備這幾句話一出口，諸葛亮立刻跪下去，表明絕無取而代之的意思，自己是「鞠躬盡瘁，死而後已」。也就是說，你放心的去吧，我絕對不會坐這個皇帝位置，而且我到死為止，決不變心。

這兩條繩子把諸葛亮一套，他只好六出祁山了。諸葛亮也的確履行了他的諾言，一直做到死為止。

但話說回來，劉備教他兒子的這段話和他對諸葛亮說的話，也的確都是真話，「人之將死，其言也善」，他非常清楚自己的兒子是一塊什麼料，也非常清楚諸葛亮是一個什麼樣的人。古人說的「知子莫若父」，瞭解孩子最清楚的是父母。家長對子女做的事，常會處理不當，那是由於他們偏愛、溺愛的結果，父母就被自己的偏愛、溺愛心理蒙蔽了。

劉備教出來的兒子，也是第一流好手。儘管往昔對劉禪有許多責備批評，但我認為，他應該是第一等聰明人。當諸葛亮死後，他一看輔佐無人，已經不可為了，不如投降司馬昭，方為上策。當他做了安樂公以後，司馬昭還測驗過他，問他過得怎麼樣，有沒有什麼不順心的地方？他立刻說：「此間樂，不思蜀」。歷史上依據他這句話，批評他沒有出息；事實上，他是第一等的高明。他如果不這樣說，性命都會丟掉，所以劉禪到底是劉備的兒子，真有一套。

讀歷史，要懂得當時的時代、環境，再設身處地的去思考研究，否則就會被歷史騙過。如果自已執著一種成見去讀歷史，就更容易陷於主觀的錯誤，得不到客觀的事理與真相。

再從諸葛亮的前、後〈出師表〉中，也可以看出劉禪的聰明，他玩弄了這位義父，諸葛亮對他毫無辦法。而且他擅於辭令，很會說話，諸葛亮在〈出師表〉中，說他「引喻失義」，沒有理由的事情，在他嘴裡都可以說出一套理由來。而且更用種種的譬喻來說動人，就像淳于髡想用嫂溺的比喻，來說動孟子出來為齊國做事，以拯救天下一樣。阿斗說的一些似是而非的道理，非常好聽，歪理千條，可以把正理唬住。這是諸葛亮最痛心的事。

讀〈出師表〉，不要只欣賞它的文學價值，不要只看到諸葛亮的忠誠，這不能算是讀懂了〈出師表〉。事實上裡面大多是他最痛心的話，諸葛亮等於說，你父親這樣誠懇的把你託付給我，而我也對你付出了這麼多的心血，可是你這個乾兒子，卻是如此的不爭氣，有這麼多毛病。

再回到曾國藩的〈英雄誡子弟〉的本文，他第二個引用西涼李嵩的訓子故事。

所謂西涼，時代上是三國吳、蜀、魏相繼滅亡之後，所謂三國歸於晉，由司馬家立國為晉。西晉、東晉共有兩三百年，天下非常紛亂，成為軍閥割據的局面。此一時期，歷史上稱作「南北朝」，而南方有東晉、宋、齊、梁、陳、隋等的所謂六朝。

李暠便是在西晉與劉（裕）宋之間，在邊區西涼稱王的。歷史上描寫他「秉性沉重」，很少說話，看起來很老實，頭腦非常聰明，器度寬大，學通經史，並熟兵法。如果以現代的地域文化觀念來衡量，或許要奇怪，遠在甘肅以外的邊區地方，怎麼會培養出這樣飽學的人才來？要知道，在那個時代，現在文化發達的江蘇、浙江、福建等地，還是沒有完全開發的地區。中國的文化，是由西北發源，經中原而慢慢發展到東南區域來的。所以在那個時候，西北地區的文化水準，還是很高的。

最初，李暠是在那裡做地方行政首長。當天下大亂，中央政府失去控制力的時候，他就自己在西涼稱王了。李暠下手令告誡他的好幾個兒子，當領袖的原則，他在手令中的意思是：

一個當領導的人，對於部隊的獎勵或懲罰，要非常小心謹慎。不可以憑自己的好意，對所喜歡的人多給獎金，或升他的官；對所討厭的人，就不重用；這都不是用人之道。要親近忠正的人，疏遠那些唯唯諾諾專拍馬屁的小人，不要使左右的人「竊弄威福」。這一點很難做到，因為左右的得力幹部，往往在大老闆不知不覺間，掌握了許多權力。越是精明的領袖，越容易被左右的大臣專權玩弄，這是作領導人要特別注意的。

對於毀譽的處理態度，對於別人批評自己的話，聽到時要能做到像不曾聽見一樣；但並不是糊塗，而是情緒不受影響。對於批評的話，是真是假，有理無理，要心裡明白。至於恭維的話，差不多都是靠不住的，所以對於毀譽不要輕易受影響，應該自我反省，去瞭解這些批評或恭維，究竟是真是假。至於聽到對其他人的批評或讚許，同樣要留心，究竟是真的，還是別有用意，都要辨別清楚才是。

但有時候，甲乙兩人本來意見不合，而丙對甲說，「乙某說你很好」，這句話雖然是假的，卻可以促進他們之間的和睦，是善意的妄語。反過來，如果老老實實的說「乙某對你有意見」，那事情的發展，可就會更壞了。

擴而大之，在處理人事是非的爭執，在聽取部下雙方或多方不同意見時，一定要用客觀並且和平的方式處理。比如說，總務非要增加某一設施不可，而會計說沒有預算一定不辦。這和打官司一樣，各有各的理由。身為領導人的，聽了雙方的意見，到底該辦不該辦，就非做判斷，下決定不可。這時，一定要和顏悅色的來處理這件事。即使某一方面有欺上瞞下，或者犯了什麼嚴重的過失，必須加以處分，但在言辭態度上要儘量和藹懇切，使對方知道懺悔、改過。甚而聽了假話，雖然明知道是假話，也要注意聽取，也許其中一兩句是真話，同時假話也會反映出真相來。假話如有矛盾，更是找尋真相的線索。所以不可以先有成見，認為說話的人是壞蛋，非判他死刑不可，這就容易冤枉了人。更進一步，能讓人儘量說出他想說的話來；在問話或聽話時，還要態度輕鬆，聲音溫和，每件事，務必聽取多方面的意見，正反不同的意見，千萬不可自認絕頂聰明而獨斷獨行。如果自己想到怎樣辦，就一意孤行的辦了，那就不得了。

他繼續告訴他的兒子說，他涖事五年——實際上他的從政經驗，當然不止五年，這是以他自己掛牌稱王算起。他說五年來，雖然沒有做到使老百姓絕對平安，但「含垢匿瑕」。一個作領導的人，首先就必須做到「含垢」，對於一些髒的事情，不但要包容，甚至要去挑起來；有時冤枉還是替別人承擔的，部下錯了，寧可讓人責備自己。為了培植部下，愛護部下的才具，給他有再努力的機會，領導人就要「含垢」。這種修養可真不容易，誰都喜歡臉上有光彩，含垢則是將灰泥抹到自己的臉上，這就要氣度恢弘，才能夠做到。

「匿瑕」就是須包容部下的缺點。天下人誰都有缺點，作領導人的，必須包容部下的缺點。如對部下人人求全，則將無人可用。

由於李嵩有上述的種種優點，所以他能做到「朝為寇讎，夕委心膂」，這種本事實在難得。儘管早上還是他的死對頭，但是在李嵩道德的感化下，到了下午就成為知心的好朋友，什麼都可以坦誠相告了。李嵩待人，就有這樣的本領，而且不是故意做作，是自然流露，以誠待人，不論新舊，一律公平，坦然無任何區別；既不偏袒，也不會對某方面有所屈抑。

最後他告誡子弟，寬厚處世，在當時看來，好像沒什麼出息，顯不出作用；但是長遠下去，定會得到好處。也就是凡事不要計較目前，眼光、胸襟要放遠大，學我這樣的處世道理去做，將來或許可以接我的位子，這才不至於愧對歷史上的先賢了。

曾國藩所引用的第三個例子是宋文帝。前面說過，這個宋，不是唐以後趙匡胤所建立的趙宋，而是南北朝時代的東晉、宋、齊、梁、陳、隋等六朝中，劉裕所建立的「劉宋」。

在那個時候，佛教已經傳入中國，而且很盛行了。劉裕出生以後，父母怕他不能長大成人，送他到廟子，請一位比丘尼撫養，所以他的小名叫「寄奴」，也叫「佛奴」。後來他當了皇帝，繼承他王位的是宋文帝，在當時宋的版圖，為全國土地的三分之一以上。

宋文帝封他的弟弟義恭為江夏王，就是現在湖北、湖南等地，兼領荊、湘等八州的都督，掌握了這些地方的兵權。等於現代南方的總督，長江兩岸幾省的軍政大權，都在他弟弟的掌握中。

宋文帝寫信告誡這位親弟弟：天下的大事多麼艱難，國家的責任又多麼的重，我們這個天下，是父親從艱危中打出來的，我們不過是守現成；可是守現成和創業一樣，也是不容易的。將來到底是興隆或衰敗，安穩鞏固或危險，都是我們兄弟的作為所決定。你要特別注意體認到，父親留下來的責任如此之重，我們隨時都要有戒慎恐懼的心理，努力去做。

他又進一步訓他的弟弟說：你的胸襟太狹窄了，性子又急躁，想要做一件事的話，不管有否困難，不管是否行得通，非做不可；結果做到一半，意興闌珊，不想做了，於是又改變計劃。這是最要不得的，對於你這種個性，一定要設法控制。

他又引用歷史上的大人物，給弟弟做榜樣。他說：漢代的衛青，雖然是一位大英雄，身為大元帥，但是他有兩個長處，一個是對於知識分子，非常有禮貌，肯向人請教。其次，對於低階層的人也非常體恤、照顧。

這裡再引用西門，因為沒有明確名字，不易考證。大概是指戰國時的一個名臣西門豹，有關他治西河的故事。原來在黃河口的人有一種迷信，每年要以一對童男童女，丟到河裡去祭河神，經過西門豹設法，才糾正過來的。但是他的個性，有些矯枉過正，遇事要做得漂亮，顯示給眾人看，這就是矯情，並不好。

他又舉關羽、張飛兩個名將，說他們兩人，同樣是任性偏見，不聽別人的意見，要別人都聽他的意見去做，所以後果都不好。

他舉了這幾個實例後，告訴江夏王，在個人修養以及處理事務上，要以歷史上這些人物的優缺點，做為借鏡。

他最後舉出周公的例子，這是皇帝的手段拿出來了。劉裕的這個兒子，到底不錯，所以歷史上對他的評價，給了一個「文帝」的諡號。要在政治上有相當成就，學問、修養、為人都不錯，才夠得上「文帝」的美稱。有文帝諡號的皇帝，說得好聽是很聰明，反面的看法，也可說是蠻有手段的。

他說，假如有一天，情勢有了變化，我不幸死了，接帝位的是我的長子，也是你的侄子。但是這孩子年齡還小，什麼事都還不懂。到了那個時候，你以司徒——漢代太師的身份，去輔助他，就得要像周公輔助周成王一樣，凡事依師道、臣道加以輔助。

這是他對江夏王的警告。在古代皇帝死了，由長子繼位，如果長子年幼，就要靠叔父來輔助。但有的叔父，就乘這個機會，自己坐到皇帝的位子上去了。歷史上這種例子是很多的，所以宋文帝就在這裡預先放下這一顆棋子，希望他弟弟不要將來跋扈僭替。一方面也是說，到了那個時候，劉宋的天下是安是危，能不能夠延續下去，就要看你們叔侄兩個人的了。

宋文帝這許多話，等於警告江夏王說，我現在還在觀察你，這些毛病你如果改不好，再過幾個月，我就要你下來了。下面是兄弟之間說私話了，私生活方面的一些勸告。

他說，你每個月用的錢，不要超過三十萬，政府的預算，雖給了你這麼多，假如你能省下一些來更好。你省下的錢，可以為你楚西地方的老百姓，做些有益的事。至於你住的房子，已經夠漂亮，也夠用了，不需要又去改造新的，翻新花樣了。

雖然，這只是兄弟之間的家信，表面上好像是閒話家常，而所談的都是重點。可見，在政治上，皇帝仍有許多情報，他對弟弟的勸勉，都是根據情報，針對事實而言的。

接著，他又告訴江夏王說，處理司法案件時，往往會碰到一些疑難重重的案子，實在難以判決。這時候就要格外注意了，開庭的時候一定要心平氣和的多聽，千萬不可以先入為主，認為被告就一定是犯罪的；更不可以嫌煩、動意氣而草草斷案。

而且不僅是司法的審判，擴而充之，在行政的處理方面，開會聽取報告的時候，心裡都不可先有成見，讓別人儘量說出他們的意見，要採納大家的意見，集思廣益。當然也不可以憑自己的情緒下決定，不高興的時候就殺人，高興的時候就赦免人。

對於他人的好意見，好的主張，好的計劃，就應該照著去做，放棄自己原來並不成熟的構想。這樣一來，成功的美譽，自然也會落到自己的頭上來。不可以凡事一意孤行，只照自己的意思做，不聽取他人的意見，而自滿自誇，認為自己有獨到的見解，比他人高明。這樣不但遮斷言路，人家也要罵你獨裁了。

國家的官位，不可以隨便拿來作人情，越是親近你的人，獎賞起來，越是要慎重的考慮。

古代常見以國家官位作人情的事，這是不可以的；現在民主時代，也是一樣。一個人如果當選以後，要兒子來當祕書，助選有功的人來當科長，這都是不應該的。官位是國家的名器，不是私人口袋裡的紅包，所以不可以送人。為了自己將來做出好政績來，也該選賢與能，適才適用。

宋文帝更以他自己為例說，我對於左右的人，較少給他們恩惠，外面也因此而批評我，我都聽到了，但我以為並沒有錯。因為我對身邊的人，和不在身邊的人，要一視同仁，不應該因為他們在我身邊就常給他們賞賜。

接著，他又說出一番道理，也就是他當皇帝的祕訣，雖然不是什麼傳統的大道理，可也算是一種道理。因為當時的南北朝，社會非常紊亂，為政就不得不嚴謹，所以他對當時的那種情境，有他的一套政治哲學。

他的理論是，不能以自己的高貴去欺壓別人，但是也不能沒有威嚴，所以不可隨便。這是很容易懂的事，你應該知道的。

隨後他又在私生活上，規勸說：為了不隨便，所以對於聲色娛樂等等之事——相當於現代的唱歌、跳舞等等，偶爾消遣消遣可以，但是不能太過分。至於賭博、酗酒、打獵、釣魚這些事，你一個身居王位的人，是不可以玩的。你平常生活的日用所需，也要有一定的限度，不要奢侈浪費，才可以做老百姓的榜樣。至於穿奇裝異服，收集珍奇的古玩，這類萎靡心志的習氣，都不要養成。

他又教育弟弟要多接近部下，約他們吃便飯，聊聊天，而且要「數見」，就是多接見，否則便與部下的距離越來越遠；與部下遠了就無法知道下面與外面的情形，情況不明瞭，政事就無法處理妥善。

曾國藩引用了這些人的故事以後，提出自己的意見，告誡他的子弟說，像劉備、李嵩、宋文帝他們，都是雄才大略，有經營四海，統一天下大志的人。而他們在教育子弟的時候，卻都從最基本的作人處世上說起，謹言慎行，充分流露出謙沖的德性。

又像漢代的伏波將軍馬援，奉命平交趾，就是現在越南北部一帶。當他平亂的時候，寫信回來訓誡他兩個侄子馬嚴、馬敦，他的信上說：我希望你們兩兄弟，在聽到別人有什麼過錯的時候，要像聽到人家說你們父母的名字一樣，只可以聽，而不可以從你們口裡說出來。我國文化最重孝道，對父母應有恭敬之心。

在禮儀上，面對父母，只能口稱爸爸或媽媽；再恭敬一點，還要加上一句「您老人家」。親熱一點，則叫爸！或媽！在文字上則要加上「大人」兩個字，如「父親大人」、「母親大人」。對別人提到自己的父母親，則要稱「家父」、「家母」；父母過世了，也只能稱「先父」、「先母」；絕對不可以在任何場合，直呼父母的名諱。否則的話，就犯了嚴重的錯誤，是為不孝，小則被人批駁、輕視，更嚴重的，甚至影響事業前途，無人敢與交往了。所以馬援教訓侄子們，不可去傳播別人的過失，引用這個比喻，是有非常嚴重的意義。

他又說：評論別人的好壞，或隨意批評國家的法令與行政，都是我最不喜歡的；我寧願死，也不願意我馬家的子孫，有這樣的行為。但是你們兩兄弟，卻犯了這個毛病，這是我最不喜歡的。現在，我雖然遠在外地，但卻記掛著你們，所以又寫信回來，對你們說這些話。我並不是囉嗦，而是你們都已經長大了，又不在我的身邊，該是自主的時候了。我只是像對出嫁的女兒一樣，在替她繫上佩帶，掛上香囊時對她叮嚀，再一次將父執的教訓詳細告訴你們，希望你們終此一生都不要忘記。

於是，他又舉出近在京兆的兩個名人來做實例說：就像現今正在京兆的山都長龍述（字伯高。據說馬援的這封信，後來被光武帝劉秀看到，就升龍述當了零陵的太守），對人敦行厚道，對於處事周密謹慎，從來不說誰對或誰錯，立身恭順，自己知所約束，生活節制而儉樸，清廉公正並有威嚴。我非常喜歡他，敬重他，希望你們能以他為榜樣。

有一個人的作風是另外一型，那是越騎校尉杜季良，他豪情俠骨，急公好義，為人家的憂患而憂愁，因人家高興之事而快樂；無論是好人或壞人，他都交往做朋友。當他父親去世的時候，遠近好幾郡的人都來弔喪，這個人我也很喜歡、很敬重，但是卻並不希望你們學他的樣子。

兩個人同樣都是我所敬愛尊重的，為什麼我希望你們學這一個而不學另一個呢？因為學龍伯高這種修養，縱然學不到和他一樣，也錯不到哪裡去。而學杜季良就不同了，因為學杜季良的作風，必須具備許多條件，要有財富，又要有武功，或者勉強可以學他。更重要的，要恰到好處，把握得住，不偏倚，也不過分。因為稍一不對，就會出大毛病。

打個比方，如果學龍伯高，就像是學雕刻家，雕刻一隻在雲霄的天鵝，縱然雕不好，也還可以像一隻野鴨子；而學杜季良學不好的話，那就好比畫虎不成反類犬了。

而且杜季良將來的下場會如何，現在還不知道。就目前的情形，有些地方的軍官們，都不喜歡他，常常初到不久，就有咬牙切齒恨他的樣子；而一般人也往往把他的行徑，當做談話資料。我雖敬重他，也同時為他捏把冷汗。後來果然有人在漢光武帝面前打報告，說他行為浮滑輕薄，擾亂社會秩序，妖言惑眾，結果丟了官。也許馬援這封信，說過敬重他的話，無形中也幫了他的忙；否則這樣的罪名，連腦袋也可能夭掉的，所以馬援不願他的子孫們學他。

曾國藩最後的結論說，這位馬援大將軍也是謙虛的約束住自己，把高遠的志向蘊藏含蓄在內心之中，而從日常言行上多做修養。因為不這樣，就不足以成大事。蘇軾的詩「始知真放本精微」，就是這個意思。

這是關於「**父子之間不責善**」這句話，所引發的有關古人訓導子弟的四篇文章。

對於「**不責善**」一辭的含義，前面也曾經解說過，並不是教子弟不做善事，而是對子弟不做過分的要求；同時「**不責善**」是對雙方而言，孩子們也不應該對父母做過分的要求。擴而充之，師生、兄弟、夫婦、朋友之間，也應該相互的不責善，而要適度的包容，體諒。

在《論語・里仁篇》中，孔子的學生子游，也說過類似的話，他說：

「事君數，斯辱矣；朋友數，斯疏矣」。就是說，對朋友的勸告，或者要求朋友幫忙，次數太多太過分了，就會疏遠。對於領導人，儘管是非常忠誠的勸諫，而當他個性倔強，執拗不聽的時候，就不要再多說了，多說反招來屈辱。在古代專制政體下，忠臣往往因而招來殺身之禍。

我們的文化，是佩服讚歎忠臣的。忠臣固然好，但我們不希望每個時代都有忠臣，因為自古的忠臣，都是產生在國家動亂、社會不安，乃至於危亡的時代。如岳飛、文天祥，都是這樣。從歷史的觀點看，這是歷史的痛苦與悲哀，而我們所希望的，是永遠天下太平。同時也希望家庭沒有孝子，這句話是說，在一個和睦安樂的好家庭中，永遠顯示不出孝子來。例如一個貧苦的家庭中，父母抱病無法就醫，做兒子的犧牲自己，設法給父母就醫，奉養父母，這才顯示出他的孝道，所以孝子是這樣產生的。

在忠臣、孝子，這兩個美善名辭的背面，包含了多少犧牲！多少辛酸！多少血淚！因此老子也說過：「六親不和有孝慈，國家昏亂有忠臣」，這話說得最澈底了，儒道兩家可以說是同一個論點。

回到前面所說的，古人「易子而教之」的教育方法，可知我國的文化，是多麼精深博大。現在從大學教育系畢業出來的同學，乃至於在外國得了教育博士的人，談起教育理論來，道爾頓制、杜威制，這個制，那個制，這個主義，那個主義，好像頭頭是道；但往往忘記自己的文化寶庫中，有如此珍貴的、永恆不變的教育原理。

現代人寫學術論文，花上兩年時間找資料，有關無關的一起找來，瓜棚搭到柳樹上，寫下幾百萬字，皇皇然的一本巨著。可是讀了半天，很難看見著作者本身的真知灼見，全是抄來的資料。這怎麼叫學術？只能算是記文字的技術罷了。

說到我們古老文化中「易子而教之」的高明原理，我又想到清代彭兆蓀的《懺摩錄》，作者在書中說：「家庭骨肉間，只當論恩義，不當論是非；一校是非，則有彼我之見，而爭心生矣」。在家庭父子、夫婦、兄弟之間，只能夠講感情，如果一談到誰是誰非，問題就來了。這也就詮釋了孟子所說父子之間不責善的道理。

我們再研究，當時孟子為什麼說這些話？是為了答覆公孫丑的問題；而公孫丑又為什麼提出這樣一個問題來？我們知道，當戰國期間，齊國是齊宣王當政，後由齊湣王接位。在大梁建都立國的魏國，是梁惠王，後由梁襄王接位。

在這種政權轉移之間，我們可以看到一個很悲慘的畫面。一個家庭內，父子、兄弟、姊妹之間，在權力、利害的衝突下，就失去了親情，甚而互相忌妒、傷害。所以「家貧出孝子，亂世見忠臣」，由這個觀點看到的是人性美好面，因為在艱難困苦中，人性的善良面顯露了；但是在富貴權勢中，卻暴露出人性的醜陋面。這是從歷史上看人事，所看到的是一種非常妙，也非常矛盾的現象。

所以在佛家、道家的心目中看來，人類都是愚蠢的，做了許多愚蠢的事。這種種的愚蠢，構成了歷史，以此推論，歷史只是許多錯誤經驗的累積而已。

孟子說這一段話，是因為在當時的戰國時代，家庭的悲劇太多了，簡直不可數計。更早的春秋時代，孔子研究《易經》時，就曾在坤卦的繫辭中說：「臣弒其君，子弒其父，非一朝一夕之故，其所由來者漸矣」，這種臣子殺君王，兒子殺父母，兄弟家人互殺的情形，追究原因，不是一朝一夕的突發事件，而是整個歷史文化、社會的悲劇，其來龍去脈，早就有了前因，才有這樣的後果。一直到孟子這個階段，也是如此；再到後世，直至如今，還是如此。這是很可悲的。

例如漢高祖，被項羽追得緊迫的時候，把父親丟掉了不管。後來在更危急的時候，把兒子也推下車去，減輕重量，才能逃得快。所以英雄人物，無法以常情揣想。也因此，我們正史以外的史書，如歷史小說：《木皮散客鼓兒詞》《楊升庵二十五史彈詞》《桃花扇・哀江南》的詞牌等等，除了對於歷史哲學的批判與感歎，也描繪出人性的可怕。

這種歷史背景，在《孟子》這類經書上，不大看得出來。要讀《戰國策》等史書，其中有關魏、齊等諸國的歷史，才知道當時宮廷中所發生的種種家庭問題。由於這個時代背景，才有公孫丑的這一問。

孝的真義

孟子曰：「事，孰為大？事親為大。守，孰為大？守身為大。不失其身而能事其親者，吾聞之矣；失其身而能事其親者，吾未之聞也。孰不為事？事親，事之本也。孰不為守？守身，守之本也。曾子養曾皙，必有酒肉；將徹，必請所與；問有餘，必曰：『有』。曾皙死，曾元養曾子，必有酒肉；將徹，不請所與；問有餘，曰：『亡矣，將以復進也。』此所謂養口體者也。若曾子，則可謂養志也。事親若曾子者，可也。」

說過了父子之間不責善的道理後，接下來談孝道的問題了。這是孔孟思想，是中國文化幾千年來的傳統思想，所形成的中華民族文化的特性。這種特質，使民族屹立幾千年，在世界人類文化中，堅強而不會倒下；但是它的反面也造成民族的疲軟性，像橡皮筋一樣軟軟的，沒有力量。不過彈性也很大。所以，有好的一面，也有壞的一面。

孟子說：天下什麼事情最重要？事親最重要，就是怎麼安頓父母，才是最重大的事情。

守的方面，又以什麼最重要呢？守，不是說家裡有許多黃金美鈔，要守住它，連上課都不上了，這並不是守。守，是操守，就是人格的建立。例如佛家、道家講究守戒律，基督教也要奉行十誡，世界上各種宗教都有他們的戒律。戒律就是操守，一種人品的、行為的標準，然後堅持此一標準，使自己的品格、行為不致下降，這就叫做真正的「**守**」。

中國文化中有一句成語「守身如玉」。這句話，在古代不一定是對女子的貞操而言，對男子也是一樣的。一個人對於自己的人格行為標準，要堅守下去，如同玉一樣的潔白，才算珍貴；如果稍有瑕疵，就失去價值了。明代洪自誠（應明）的《菜根譚》裡，有兩句話：「聲妓晚景從良，一世之煙花無礙；貞婦白頭失守，半生之清苦俱非」。這個正反兩面的比喻，把「**守**」的重要，說得非常具體而透徹。但是我們要注意，我們借用洪先生這兩句話，只是做比喻，並不代表我們是貞節牌坊的擁護者。

一個人立身處世，要有一個立腳點，以現代的觀念來說，一個年輕人，要先建立自己的人生觀，知道自己要做什麼。年輕人一生有沒有事業，不是問題；一生有沒有事業心，才是問題。雖然有事業心，不一定能夠做得成事業；但是如果沒有事業心，就如同已經被丟進字紙簍的考卷一樣，這個年輕人幾乎是報廢了。

事業心的基礎在於仁心，一個人如果沒有救人救世之心，在思想上就沒有建立一個中心。即使事業做得再大，百年之後，也只是黃土一堆。宋代名臣范仲淹曾說：「不為良相，即為良醫」，他就有救人救世之心，也就是孫中山先生說的：「立大志，做大事，不是作大官」，這都是同樣的道理。

守身，就是這種道理，所以孟子說「**守身為大**」，在守的方面，以守身最重要了。

他又說，一個人，在他的時代中，能夠有人格、有操守，而又能盡到孝道的，我是聽到過的，歷史上是有這樣的人物。

孟子那個時代，有這樣的人物，而在幾千年後的今天，也有這樣的人物。像宋代的文天祥，是非常值得我們佩服的，但是如果以私人家庭的孝道來說，他因為抗元，救國家民族的危亡，為了盡忠臣道的節義，不肯投降，不但自己死了，還牽連到家人。假如他投降了，則能與家人安享榮華富貴。他的作為，從小處低處看，又似乎不孝了。

為了認識孝字的真義所在，必須研究十三經中的《孝經》，那是孔子所述，曾子所記的，裡面有一句話說：「大孝於天下」。為了救社會、救國家、救民族，即使犧牲了自己，犧牲了家庭，也仍然是個大孝子。

當然，一個普普通通，既無才華，又無責任的人，而說為了救社會，救國家，救天下世人而去跳樓自殺，以醒世俗，那可不是孝子，而是瘋子。

所以，在中國文化源流的《易經》中，注重兩個字，一個「時」，一個「位」，用現代語來說，就是時間與空間的因素。一個人處身在某一位置上，負了一定的責任，在剛好遇上某種情況時，而為社會、國家、天下人類犧牲，那才是對的。

不在那個位置，不在特殊的時機，雖有救人救世之心，做法應該兩樣。也就是每人要在自己的本位上，為救世救人，去做出最適當的，效益最大的事來，這才是對的，這就是孝。

孟子又說，如果自己的操守、人格都沒有建立起來，而能盡孝道的，我可不曾聽到過。孟子學問淵博，讀書也很多，而他對這樣的事竟說不知道，顯然就是一個否定辭了。

孟子更進一步說，天下人誰不想做一番事業？但是，連家庭、父母都沒有侍奉好，還談得上事業嗎？我國傳統文化，對這方面是非常重視的。孝敬父母是人生第一要事；第一步都做不好，其它就不用談了。說到守，誰不希望保有一些美好的東西呢？在所有美好的東西裡面，再沒有比品格和操守，更為珍貴而重要了。可是人往往向外逐求，不知道將自己照顧好。許多人，鞏頭鞏腦的，睡眠不規則，飲食無節制，無定時，不講究衛生，生病不醫治，甚至酗酒作樂，貪戀聲色，滿足淫欲，把自己的身體戕害了，意志也消沉了，這都是不孝。因為父母所擔心子女的，就是這些事情，子女卻偏要去做，使父母擔心，增加父母的憂慮，就是不孝。

《孝經》上說：「身體髮膚，受之父母，不敢毀傷」，中國古人一兩千年來，連頭髮也不敢剪，那真是食古不化，依文釋義的解釋並不一定完全對。其實這句話的意思，是要為子女的，注意自己身體的健康，不要生病，不要受傷，以免父母擔心憂傷。所以《孝經》裡也說：「君子不立危牆之下」，有孝心的人絕對不站到快倒塌的牆那裡，因為怕牆倒下來被壓傷或壓死，如果父母還在世，怎麼辦？父母可就痛苦一生了。所以孝子不敢損傷身體，主要是為了不讓父母擔憂自己的原故。擴而充之，要避免危險的地方，不冒險去做無意義的危險事才是孝道。

孔孟思想如此，佛家的思想也是一樣。在佛家的菩薩戒裡，也有這項戒律，如果無意義的毀傷自己的身體，或者自殺，都是犯戒的。如果加以深入研究，儒家思想與佛家思想，有許多地方是相同的，只是表達的方式不同而已。

守身還有一個道理，就是「立身出處」，也很重要，以後孟子也會講到的。一個人到社會上立足的第一步，會關係到一生的成敗，或幸或不幸。最近社會上出版了一本小說，書名《錯誤的第一步》，這真是一個好書名，不問內容如何，有時候一些書名，或影片名，的確取得很好。像最近報紙電影廣告中，有一部影片名《上錯天堂投錯胎》，也是一個很好的片名，每個人都可能有同樣的感受。

總之，所謂立身出處，就是第一步跨出來到社會上時，要非常慎重，而且不止是人生的第一步重要，每天每事的第一步，也同樣的重要。假如今天早上，有人找上門來，要給你一個立即可以發財的機會，或者一個名利雙收的工作、職務，千萬不可因一時的近利而驟然答應下來。一定要仔細謹慎的考慮，利愈近愈大，就更應該愈慎重的考慮。這也是關鍵性的第一步，踏不踏出去，是非常重要的，因為一生的是非、善惡、禍福，很可能就在這一步之間。

例如漢代的名臣楊震，有人在半夜送紅包給他，對他說，你老人家儘可以收下來，這是沒有人知道的。楊震說：「怎麼沒有人知道呢？天知，地知，你知，我知，起碼有四方面都知道了」，這是大家所熟知的楊家的堂名號「四知堂」的來由，美譽流傳千年，迄今人人皆知。

守身這件事，如果發揮起來，包含的意義很多很多。尤其是青年們，在今天這個思想紛雜，人倫規範混亂的時代，交朋友的時候，要特別注意，一步錯了，這一生都掉下去了，殊不上算。所以作人做事，交友，都要謹慎。一個人只要立身正，事業失敗沒有關係，可以再站起來；立身不正，倒下去了，就是萬丈深崖，萬劫難復，這就是古人說的，「一失足成千古恨，再回頭已百年身」。所以守身與事業，是兩回事情，不可混為一談。

孟子從事親盡孝的重要，說到守身更是事親盡孝中最重要的事，一路下來到這裡，他又舉出古人事親的實例，並以曾子為例。

曾子是孔子的學生，曾子的父親曾晳，也是孔子的學生，兩代都是孔子的學生。現代也有同樣的情形，甚至祖孫三代，都是同一個老師的學生。

曾子當時並不富有，經濟情況也不太好，但他孝養父親，每餐有酒也有肉。父親吃完了以後，曾子一定會很委婉地請示父親，剩下的怎麼處理，或給誰吃。曾晳或者說給孫子吃吧！或者說你和媳婦吃吧！或者說隔壁的張三家好像很久都沒有買肉了，送給他家小毛這孩子吃吧！有時候曾晳會問一聲，廚房裡還有嗎？縱然廚房裡沒有了，曾子這時也一定會撒謊說還有，這一句撒謊是為了讓父親吃得安心，不要讓老人家為自己的貧苦而操心。

曾晳死後，曾子的兒子曾元，奉養曾子也和父親奉養祖父時一樣，每餐一定有酒有肉。可是在吃完飯以後，他不會問曾子，多餘下來的菜，該怎樣處理；如果曾子問到廚房還有沒有時，他會說，廚房裡沒有多的了，這只是做來侍奉你老人家一個人的，你老人家喜歡，明天再做。

他們父子侍奉父親的態度不同，時間不過前後幾十年，就發生了差別，這是代溝的一種。這一節書裡，也包含了代溝的哲學，大家可以從而研究代溝是怎麼來的，大寫論文了。

曾元說的話，聽起來好像很孝順，可是和曾子奉養曾晳的精神比較起來，就差得多了。孟子的結論說：曾元的孝敬，只不過是小乘道的孝敬，是比較膚淺的小孝，僅曉得供養好的東西給父親吃，讓他在口味上吃得好，身體舒適。在精神方面來說，他沒有體會父親吃過之後的心境如何；而曾子則體貼到了這些，那才是真的孝子。

在另一方面看，曾元的度量——用現代語說，他的愛人之心，沒有那麼遠大，不能推己及人，所以以他自己的胸懷，不能體會父親的心理。因此曾子才是盡孝，這就叫做「養志」。於是孟子最後說，侍奉父母，要像曾子一樣的精神，才算是真的盡了孝道。

我們再研究孟子這段話，上面說事親為大，守身為大，這與曾皙、曾子他們兩父子喝酒吃肉，又有什麼關係呢？這就是文章的高明處。他借用日常生活中的小事，告訴我們要隨時隨地善體父母心意，除了物質方面儘量讓他們舒適之外，更要注意他們的心理狀況，讓他們感覺安逸而舒適。

孟子從前面所講君子以事親、守身為最重要，再說到立身處世的態度，而用曾皙、曾子、曾元祖孫三代的處事人格、操守，作為一個標準，以說明立身處世的道理。所以一個人的處世態度最難。《論語》中也有類似的記載，子夏問孔子怎樣才算盡孝，孔子說「色難」，就是說除了物質生活上的孝養之外，態度上也要做得好。擴而充之，對兄弟、夫婦、朋友，也是如此。例如我們送一件禮物給朋友並不難，而在贈送時，態度表示誠意就很難了。冷淡一點，表現不出誠意；過分客氣，人家又會誤為虛偽；送人東西，還要人家接受得高興而自在，這就很難了。

我們瞭解了這些，就知道孟子的這段話很有道理，否則的話，孟老夫子說事親守身，突然又提到曾家祖孫喝酒吃肉的事，好像牛頭不對馬嘴。千古以來，都說孟老夫子的文章好，沒有讀懂的話，就不知道好在哪裡；讀懂了，就知道它的好處是頗堪回味的。正如禪宗的「話頭」，要參！好好去研究，像看水晶球一樣，四面八方去看，角度不同，光線不同，所得的印象就不同，認識也不同，這就是孟子文章的妙處。

孟子曰：「人不足與適也，政不足間也，惟大人為能格君心之非。君仁莫不仁，君義莫不義，君正莫不正，一正君而國定矣。」

放縱的挑剔

這一段，應該是與上面相連，是一貫下來的，但是又被宋儒在上面加一個大圈圈，分成一章一章，硬給截斷了。這是宋儒他們搞的章句之學，就好像《金剛經》是一整篇的，被昭明太子斷出來三十二章一樣。

說到這個大圈圈，剛好前天讀到一段明人筆記，敘述以前科舉考試時，有一個笨考生，進了考棚，考卷題目是《論語》中的一句。於是就問隔鄰考棚中的考生：「這題目的上一句是什麼」，鄰生告訴他：「是子曰」。他又問再上一句呢？那位考生用手一比，比畫出一個大圈圈來給他看。他氣得要死，心想你這傢伙真可惡，我虛心誠意向你請教，你反而幸災樂禍來和我開玩笑。殊不知在書本子上，正如這舊時版本上「孟子曰」的上面一樣，印有一個大圈圈，真的被古人硬生生的圈斷了。

這是讀《孟子》之難。最近我更感到講解《孟子》之難，十倍於他書。

第一、不便講的，硬要嚥回肚子，放到盲腸裡。第二、可講的話，找資料難。第三、似乎現在人人都懂《孟子》，但可能人人都不懂，所以講解《孟子》好難好難。像這一章的幾句話，就是很難瞭解的：

「**人不足與適也**」的「**適**」，就是到哪裡去。過去家譜上，女兒嫁到外地某姓，上面就記載適某地某姓。廣泛的以現代語來說，這裡的「**適**」就是自由，絕對的自由，自己任意的往前走，如適高雄，就是去高雄。

「**政不足間也**」的「**間**」字，有間隔、嫌隙、離間的意思。

這兩句話到底什麼意思呢？人不可以走出去嗎？政治不是一間房子嗎？千古以來，古人對這兩句話的解釋並不相同。漢、唐、宋、元、明、清以來，考據可多了。

至於宋代朱熹的解釋，曾被朱元璋指定為標準的解釋。朱熹也是引用古人的解釋說，適是指責的意思，他認為「**間**」前面遺漏了一個「與」，是「政不足與間也」；既然「**人不足與適也**」解釋為：老百姓不可在政治上有過分的要求，不可對朝廷有過分的責備，那麼「政不足與間也」，「間」者

「非」也，不可以非政，對政治稍作批評，就會阻礙行政了。照朱熹這樣的解釋，就與下面「**惟大人為能格君心之非**」的意思，硬是連繫不起來了。仔細考慮、研究，我認為宋儒的這種解釋不通，不一定對。

對於「**適**」、「**閒**」兩字，我認為就是原字原義，不必別做「適過也，閒非也」的解釋。

「**人不足與適也**」，人性是不能讓他過於放逸、放縱的，過分的自由，就是任性，便成為放縱。如果人性不加以自我修正，不建立道德規範，使其遵守，社會就大亂了。有人誤以為禮貌是虛偽，對人沒有禮貌才是真實，於是隨自己個性到別人家裡，愛來則來，想去就去，自己是很適意，很自由，同時自以為很灑脫。但是走在路上，肚子餓了，看見路旁店中，有熱騰騰香噴噴的肉包，為什麼不隨手抓一個肉包，隨走隨吃呢？這不是很瀟灑嗎？這也是自由呀！由此可知，人的行為，必得有一個範圍；而且，對人有禮貌，又有什麼錯呢？總之，人性是不可以過分自由的。

「**政不足閒也**」，政治上，則不可以隨便挑撥離間。所有古今政治與法令的毛病多得很，沒有一件是完備無漏的，如果存心去挑剔，也都可以挑出毛病；總之，不能雞蛋裡挑骨頭。

這兩句話，就是這麼簡單，宋儒偏要「過也」、「非也」的扯上一些不相干的事。在市面上朱熹所註的版本，還簡單一些，如果拿《四庫全書》中的《孟子》版本來看，歷代古人的各種不同註解更多了，簡直令人頭痛，一口氣吃上一瓶「阿斯匹靈」還醫治不了。古代學者們註起書來，往往為了一個字，引經據典，各家各說集起來，可以萬計。說了半天，不知說到哪裡去，會令人擲書而後快。又如「大道直如髮」這句，意思只是說，天下的大道就像頭髮一樣，一條直路。而古人們，以為自己的學問好，就作許多歪曲的註解，反而成了「大道亂如髮，三千煩惱絲」了。如果照我的解釋，這一段的文義，就可以完全貫通了。

「**人不足與適也**」，作人的道理，自處與對人，都不可以過分放任、放縱，應該有分寸。

「**政不足間也**」，為政不一定指國家的政治，即使一個學校的行政，校內校外，上上下下，誰都要來挑毛病的話，身為一校之長，就是被挑毛病的對象。

我的經驗，為人處世，千萬不要到領導的位置上，一旦成為領導人，就要準備讓別人來挑毛病；也不要出名，如果當了電視明星，觀眾打開電視機一看，這個說化粧不對，那個說服裝不合朝代，又是台辭唸得不好，動作、表情欠佳，總是有得批評了。如果不當明星，我穿我的衣，吃我的飯，對與不對，誰也管不著。所以出了名是很痛苦的，俗話說「人怕出名，豬怕肥」，世界上最舒服的，是沒沒無聞的人。為政的道理也是一樣。

上面這兩句話是原則，下面說到「**惟大人為能格君心之非**」，這個大人可就大了。

調和鼎鼐

我國古代的政治制度是君主立國，尚人治而不尚法治。君王就是法律，後世演變成了「君欲臣死，臣不得不死；父欲子亡，子不得不亡」。所以，要想反過來，改正君王的錯誤，改正領導人的錯誤，就很難了，非「**大人**」而不能為。

中國儒家，特別標出知識分子的責任。知識分子的讀書目的，就在於「大學之道，在明明德，在親民，在止於至善」。能做到這樣，才是真正頂天立地的大丈夫，這就是大人了；大人是小人的對稱辭，小人就是普通人。這裡孟子說，只有大丈夫，才能改正一個領導人的錯誤。

明代朱柏廬的治家格言說：「讀書志在聖賢，為官心存君國」，也就是從儒家的「大學之道」思想來的。只有立大志為大人的，才能做到，就像歷史上的良相、大臣。所謂大臣、名臣、能臣、具臣、奸臣等的涵意區別，前面都提到過，這裡不再重複。至於唯唯諾諾的，上面指東即東，指西即西的，則不是大人，那是奴才，更不是為國為民的人才。為國為民的人才，應該是「讀書志在聖賢，為官心存君國」的人，只有這樣的人，才能改善領導人思想觀念上的錯誤。由於領導人的思想觀念，不一定全對，所以孔孟一直推崇堯、舜為領導人的榜樣。

同樣的，一個社會團體的理事長，學校的校長，工廠的老闆，以及各階層、各行業的領導人，他們的作為，不一定完全對，而輔助者的責任，就在改正他錯誤的地方。所以我們讀歷史的時候，就看到大宰相的責任，在於「調和鼎鼐，燮理陰陽」。

鼎鼐是古代煮飯、燉湯的鍋子。從字面上看起來，似乎當宰相的，一定很會煮飯燒菜，好像是掌鍋的大司務，深諳調和百味的烹飪之術。但是大家知道，我們所標榜歷史上的好宰相，首先是商湯時的伊尹，他最初是以廚師的身份，來接近並說服商湯的，後來成為歷史上的第一個名臣。「調和鼎鼐」的典故，可以說是因他而來的。

事實上，人人會吃飯，人人也能把菜煮熟，但並沒有幾人能夠把菜做得既省錢，又營養，同時色、香、味俱佳。雖然是一件小事，可是其中有大道理和大學問，很不簡單。

宰相的調和鼎鼐，也就是「燮理陰陽」，但在一人之下，萬人之上，能不能做到調和陰陽，很難肯定。有時一個人與朋友也相處不好，更何況，對上要秉承一位絕對權威人的意旨，對下又有那麼多的意見，所以調和鼎鼐太不容易了。並且好人、壞人、好意見、壞意見都有，所以說，想要使上下和平，同心協力做一番大事，那是多麼的困難。

燮理陰陽，不是說能夠呼風喚雨，要晴便晴，要雨便雨，而是可以調和人心的善惡，以及人事的是非。更重要的是，他能「**格君心之非**」，就是能夠改革君王心中錯誤的想法。古代曾有幾位有名的宰相，是能夠做到的。

所以，孟子先說：「**人不足與適也**」，這個「**人**」，當然也包括國君在內；縱使是貴為國君，也不可放縱、放任，必須有一種自我約束的規範。但因為國君操生殺之權，必須有「調和鼎鼐，燮理陰陽」本領的「**大人**」輔助他，才能達到「**格君心之非**」的效果，使君主去惡從善。

如果能夠「**格君心之非**」，改正上面的領導人，使他做到仁，下面則沒有不仁的了；使上面做到義，下面則沒有不義的了。上面正，下面也會正；如果上樑不正，下樑就歪了，這是一句俗話。

「**一正君而國定矣**」，這個「**一**」字，非常重要。講普通文法，如改國文卷子，「正君而國定矣」也可以，「一」字好像是一個贅字，可以去掉，為什麼這裡一定要加一個「一」字呢？這就是文章寫法的高明。就是說，一人之下，萬人之上，乃至一人之下，萬人之上，擔負治理國家社會責任的人，獨有一個任務，只有一件大事，就是能夠「**格君心之非**」。

一個領導人，尤其是古代君主，日理萬機，即使他最聰明，最有能力，仍經常會有錯誤。所以輔弼的人非常重要，他的唯一任務是「**正君**」，君正則國家就太平了。

從這裡，就可看出孟子的精神，是要我們知識分子知道，如果肩負著國家大事責任，就應該曉得真正的任務所在。

我們舉一個例子，佛學的《宗鏡錄》作者，宋代永明延壽禪師，他是儒、釋、道無所不通的人。他自己修道有證果，死後人人都知道他是彌陀的化身，這是宗教範圍的說辭，且不去管它。他的文章非常好，其中有幾句話說得甚為精確：「如獲鳥者，羅之一目，不可以一目為羅；理國者，功在一人，不可以一人為功」。如果以這幾句話做為《孟子》這一段的詮釋，問題都解決了，都明白了，不會再受古人亂作註解的欺騙了。

這句話是說，在空中張開羅網來捕鳥，而捕到鳥的，不過是羅網中的一個小洞目而已，但是切不可以為這個小小的洞，就是一個羅網；換言之，不可以認為只是這一個小洞的功勞。羅網是由許多小孔編織成的，這隻鳥剛好闖上了這個小洞而已，實際上功勞仍然在整張羅網上面。

同樣的道理，一個國家治理好了，往往功在一人，如漢代的立國，成功的在漢高祖一人。但是不可以認為只有他一人有功勞，他下面還有張良、蕭何等等許多了不起的人輔助他，才使他能夠成功、成名。

永明壽禪師是用兩句世法的話，來解釋佛法的，我們再轉借他這兩句話來詮釋《孟子》這一段，也就非常清楚了。

〈離婁〉篇的上章，關於君道——領導人的修養，應該走的方向、路線，到這裡大概說清楚了。

孟子曰：「有不虞之譽，有求全之毀。」

孟子曰：「人之易其言也，無責耳矣。」

孟子曰：「人之患，在好為人師。」

怎樣看待毀譽之間

這裡是君道與臣道有關的話，而宋儒在這個地方，又畫幾個大圈圈，把它給圈斷了。我們還是把圈圈拿掉，還給宋儒，仍然依照本來的《孟子》，連貫下來看。

這三句話連起來，是同一系列的觀念。我們讀歷史，不可對古人要求得太過份。當我們想起古人的話時，再一仔細推敲，就發現有許多古人受了冤枉；那些被後世指責為奸的人，不一定奸。但他為什麼會弄得如此糟糕，為什麼非要把命賭進去才算忠呢？因為他的處理有錯誤的原故。這要隨著年齡的增長，人生經驗的增加，才能把歷史讀通。

所以不必說現代人難作，古今中外一樣都是作人難，既然生而為人，雖難也總歸要作人的。

作人的難處，在於會有「不虞之譽」，想不到和過分的恭維會來。例如，一見面就說：「你真了不起」，其實有什麼了不起？說不定真的還起不了。尤其青年朋友們要注意，人一旦有了財富，有了社會地位，一切好聽的話都來了，自己求不到的那些恭維也都來了。千萬不要上自己人格修養的當！如果人家說你是聖人，你就自以為是聖人，那你就墮落了。

人家恭維你，你就更應該反省，更要害怕，因為不實際過分的恭維話，是絕對不能聽的。

「**有求全之毀**」，這句話是真的。社會上的人，在要求別人的時候，或者對某種位置上的人，有特別要求的時候，批評的話非常厲害。尤其對一個聖人的要求，更是十全十美的。聖人看人，凡聖平等，自己和他人都是平凡人；而社會上的人，對聖人的看法要求則不然。例如釋迦牟尼是聖人，可是社會一般人看他，則不一定以他為聖人。有人會說，既是聖人，又何必出家呢？有人會說，當聖人不出家也可以吧？也有人會說，聖人一定要出家的。總之，你如果有一點點不合他的意，他就要批評，這就叫做「**求全之毀**」。

恭維你的話，是靠不住的，自己想都沒有想到這麼好，人家的恭維就來了；而詆毀你的話，卻常常是求全之故。

孟子對於人情世故如此通達，他到底是聖人，我們大家為政治、為教育、為人、為己，這個毀譽的道理，一定要懂。所以，責備他人，乃至責備古人，不宜過分，不過分就是不求全。

孟子接著說：「**人之易其言也，無責耳矣**」，社會上的人，是說話隨便，不負責任，喜歡發表意見而已。別人說話容易，聽起話來可得注意，不但不能隨便相信自己的耳朵，有時親眼看見的事，也未必真實，未必是實情。例如一則禪宗的故事，就是李翺見藥山禪師的事。

貴耳賤目的故事

唐朝的名學者李翺，是韓愈的弟子，寫了一篇最有名的文章〈復性書〉，後來的宋、明理學，都受了這篇文章的啟發。〈復性書〉和韓愈寫〈師道〉〈原道〉一樣，對後世發生了重要的影響。

當時江西的藥山禪師，平日教育弟子，是不許他們看佛經的。有一天他自己坐在山門外看佛經，一個弟子就問他：師父啊，你既然不許我們看佛經，為什麼自己看起佛經呢？老和尚兩眼一瞪，罵他說：你們看佛經，連牛皮都可以看得穿；而我看佛經，不過遮遮眼睛而已。意思就是說，弟子們看佛經，縱然一個個把眼睛都看成了近視，也只是記得一些古人的語言，而佛法的道理仍然不懂，所以罵他們連牛皮都會看穿。他說自己看佛經是遮眼睛，也有道理，會讀書的人，一目十行，把書中的意思吸收了，眼睛還不必用力。

李翱到湖南（朗州）做刺史，在當時刺史的威望，比現在的省主席還大，有生殺之權。李翱聽說藥山禪師很有道行，這天特別上山去拜訪他，站在他的身邊。老和尚卻坐在那裡看佛經，根本不理不睬，假裝不知道。下面的弟子可急煞了，連忙報告師父說刺史大人來看你了。老和尚眼睛仍盯在佛經上，「唔」了一聲，才慢吞吞地轉過頭來。這一下可把李翱給氣壞了，這位韓愈的學生，個性本來是很偏激的，學問好、本事大，脾氣可也大得很，認為老和尚看不起他，一甩袍袖回身就走。一邊走一邊說：「見面不如聞名」。這時老和尚才慢慢開口說：「刺史啊，你何必貴耳而賤目呢」，何必把自己的耳朵看得這樣貴重，而把你的眼睛，又看得如此不值錢呢？

老和尚這句話的意思就是說，我老和尚就是我老和尚，原本就是如此的，並不因為人家說我如何便是如何，也不因為你見了我如何，我又如何。刺史你說見面不如聞名也好，聞名不如見面也好，那都是你自己的耳目的作用而已，是好是壞，那是你自己耳朵和眼睛的事，與我老和尚無關啊！我老和尚還是我老和尚。

假如是現代的青年人，這一氣，走了就走了，老和尚再說什麼，也懶得去聽了。可是李翺到底與眾不同，聽了老和尚這句話，心裡一驚，馬上回頭，向老和尚認錯。接下來，藥山禪師問他，你刺史做得好好的，到山上來有什麼事？他就對和尚說，我來向你求道，什麼是道？老和尚用手向上一指，然後又向下一指。李翺看了不知道是什麼意思，就說請老和尚明示。藥山禪師說：也沒有什麼啊！「雲在青天水在瓶」。這就是說那麼寬闊，那麼靈光。

李翺聽了他這一句話，好像是言下有悟，回去之後，就寫了這一篇〈復性書〉，影響後代中國文化一千多年。這篇文章很重要的，是以佛家、儒家、道家融合在一起的一篇文章。後來宋、明理學的開創，受他這篇文章的影響非常之大。

聰明不靠耳目

現在引用禪宗這個故事，來解釋《孟子》「無責耳矣」這句話，就等於藥山禪師說的「何貴耳而賤目」。所以當一個領導人，不要亂聽是非，如果去聽的話，是非就太多了。因此想起來前天看到的兩首好詩，作者佚名：

廣知世事休開口　縱是人前只點頭
假若連頭都不點　也無煩惱也無愁

獨坐清寮絕點塵　也無嘈雜擾閒身
逢人不說人間事　便是人間無事人

這兩首詩固然是出世的，屬於修道的修養，但是對我們做入世事業的在家人，偶然引用來吃這兩味藥，則可在事業的塵勞煩惱中，得到一點清涼。所以姑且名之謂「兩味清涼劑」。

在入世的立場看起來，這個態度似乎有點消極，但是也說明耳朵聽來的是非，絕對不準確的道理。由此再回轉來看「**有不虞之譽，求全之毀**」的道理，就要注意了。

孟子為什麼說這些話？就是告訴我們臣道的道理，凡是當別人幹部的，既然答應了，就要受人之託，忠人之事，盡其責任。在處理許多問題，許多麻煩時，都要知道這些原則。

孟子當時大概感慨很多，他由君道講到臣道，由臣道講到師道。但是他講臣道「**無責耳**」的同時，也是告訴領導人要注意的地方。領導人因地位的關係，很容易聽到左右的是非；如果領導人沒有判斷的話，問題、煩惱就來了。所以對是非就要辨別清楚，那也就是「無責耳矣」的意思了。

歷史上有許多祕密的大臣，被稱做帝王的耳目，這是後世的形容辭，其實在古代好的大臣，稱為帝王的股肱，就是手足。一個人是靠足走路，靠手做事的；到後來有了耳目就糟了，那是觀察小事的，小事多了，頭腦就常被耳目騙了。所以要想幫助別人，千萬不要作人家的耳目。要想耳聰目明，須靠自己的頭腦，而不是靠人「打小報告」，否則是非就隨之而來了，反而弄混了自己的頭腦。

好為人師

孟子又說，人類有個最大的毛病，喜歡當人家的老師，所謂「帝王師」，是指導人君的師。古代政治制度有三公：周為太師、太傅、太保；漢為大司馬、大司徒、大司空。這些職位的任務幾乎是坐而論道，不擔任實際行政職務，而是思想的指導，最高政策的指導。連皇帝做錯了，他都可以說話；但到後世，三公還是聽皇帝的了。如清代的所謂太師太保，少師少保等等，到了末期，那些「保」都成了活寶，不成話了。

世界上很多人都「**好為人師**」，喜歡為別人的事情亂出主意，總覺得自己的意見比別人好，這也就是好為人師。在心理學上說，人都有領導別人的欲望，佛家說這是我慢習氣最重要的關鍵。人人都有發表欲，其實也是好為人師的一種表現。

搞宗教的人，有這種毛病的人，比世俗中還多；都是說，你拜我為師，我傳給你道，你一定會修成功。看了這個情形，只有感嘆一聲：「**人之患，好為人師**」。最好一生都站在學人的位上，我說的這個學人，不是指現代的學者或者有學問的人；過去學人是指學習的人，是謙虛之辭，表示自己還在學習之中。

所謂「**好為人師**」，不一定是去學校裡當老師才算。人有一個通病，歡喜指責別人的錯誤，總以為自己的智慧、學識比別人高明。從另一面來看，如果自己真有好的修養，喜歡幫助別人，那是人性的一個長處；如果自己沒有好的修養，而喜歡去糾正別人，就是佛家所說的「貢高、我慢」；也就是我們常說的「自以為是」。

所以這個「**好為人師**」的「**師**」字，並不一定指學校裡當老師的，而是自以為比別人高明的人。甚至一個白癡，當他被別人欺負時，也會向人瞪眼，而認為欺負他的人是大笨蛋，人就有這個毛病。

例如以我來說，大家向來稱我為老師，這是大家的客氣和禮貌，在我並不承認是老師，自認沒有資格足以為人之師，一生只有做一個學生。因此我在民國五十三年時，曾經對於被稱為老師之事，以「自訟恥為師示諸子」為題，作了幾首詩，現在錄出來給大家：

其一（儒）

微言大義有沉哀　王霸儒冠盡草萊
用舍行藏都不是　恥為師道受人推

假使有人說我是儒家的老師，例如在研究所，有些同學畢業了，送來紀念品，而稱「經師」、「人師」，我收到以後，真感到臉紅。因為儒家的「經師」，就是傳經傳道的大師，如漢代的大儒董仲舒。「人師」也是傳道授業的，其實，我一本書也沒有讀通，「人師」更談不上，不足以為人的榜樣。因此這首詩說「微言大義有沉哀」，孔子著《春秋》是微言大義，而今日的文化精神，是很令人悲哀的。「王霸儒冠盡草萊」，過去是「萬般皆下品，惟有讀書高」，現在是「萬般皆上品，惟有讀書糟」，所以王道也好，霸道也好，讀書人都不值幾文錢了。「用舍行藏都不是」，這是引用了孔子「用之則行，舍之則藏」這句話而來的。現在的讀書人，往往有「行」也不是，「藏」也不是，進退兩難的處境，而大家還推崇我，叫我老師，這是非常難為情的。

其二（道）

玄微不識有無功　致曲難全世異同
兵氣未銷丹未熟　恥為師道立鴻濛

這首是講「道」方面的，「玄微不識有無功」是指老子所說「無生於有，有生於無」的道理，我自覺對其中玄微之處，不敢自誇已經非常清楚了。「致曲難全世異同」，老子說：「曲則全，圓融無礙」，但是現今的世道，好像很少人求曲，而曲，是否必全，在表面上看來，一般人或會認為「未必」。而且，「兵氣未銷丹未熟」，再看世局，戰爭刀兵處處，急待解救；而自己學道也未成功，無法建立起道家的鴻濛境界——等於佛家的

「空」、「真如」境界，當然難為人師了。

其三（禪）

拈花微笑付何人　一會靈山跡已陳

拄杖橫挑深夜月　恥為師道頌同真

講到佛，講到禪，更不足以為人師。當年靈山會上釋迦拈花，迦葉微笑，遂以正法眼藏交付的事，都已經過去了。所以我說「拈花微笑付何人，一會靈山跡已陳」，而現在只是「拄杖橫挑深夜月」而已。請試想一下，半夜三更，將一根拄杖放在肩頭，踽踽獨行於靜寂的山間水涯，四野無人，這是一幅什麼樣的圖畫？也許是我的一種心境吧。對於佛學中的十智同真，不得為師道而與人同頌了，當然就「恥為師道頌同真」。

其四（結論）

四壁依空錐卓難　夔蚿鵬鷃總無安
時流吾猶趨溫飽　萬壑風吹隨例看

這是結論。主旨在說：大家叫我老師，是對我太客氣了，因為我「四壁依空錐卓難」，貧無立錐之地，四壁空空，袋中一毛錢也沒有。而且「夔蚿鵬鷃總無安」，這是引用《莊子》的話，在這個時代，大則如龍，如大鵬，小則如蚿蚓，如麻雀，大大小小都不能安定。大家不必以為我有學問，我在這裡講學，只是「時流吾猶趨溫飽」，要吃飯穿衣，求溫飽而已。因之「萬壑風吹隨例看」，我與世界上的人一樣，雖在這裡亂叫，也只是為了騙一口飯吃而已，不足以為人師。

樂正子從於子敖之齊。樂正子見孟子，孟子曰：「子亦來見我乎？」

曰：「先生何為出此言也？」

曰：「子來幾日矣？」

曰：「昔者。」

曰：「昔者，則我出此言也，不亦宜乎？」

曰：「舍館未定。」

曰：「子聞之也：『舍館定，然後求見長者』乎？」

曰：「克有罪。」

孟子謂樂正子曰：「子之從於子敖來，徒餔啜也。我不意子學古之道，而以餔啜也。」

人才和才人

孟子說了「人之患好為人師」之後，接著敘述他教育學生的一段故事。看了這段故事，令人想到人才與人品修養之難。

佛學上經常說到的三個觀念，就是見地、修持、行願。修持佛法首先重「見地」，就是要有遠大的眼光，普通說的要有高見；在理上清楚了，才能說到「修持」；然後才能說到起用，也就是「行願」。這三個步驟，幾乎包括了全部的佛法。

關於見地，也就是人才的人品修養，那是非常難得的。假如清楚瞭解這種修養不易的道理，則對於歷史、現代，乃至於未來的世事發展，都可以看清楚了。

常聽到人說：「人才難得」，我並不十分同意這句話。實際上處處是人才；根據邏輯來說，人人都是人才，是人就是才。縱然有的人很笨，也是

「笨才」，因為第一他是人，第二他有一個長處——很笨，就是才。假使很會繪畫，是藝壇人才；文字寫得好，是文壇人才，所以處處是人才。

然而，要想求到「才人」可就難了。過去非常注重才子，大家以為才子一定文章很好，但並不如此，才是包括多方面的，像周公、孔子，都是一代才人。所以「人才」與「才人」這兩個名辭的定義不要混為一談。人才處處有，但某行、某業，若求一個「才人」可不容易，千古以來，沒有幾個才人。

清朝一位名史學家，也是才子的趙翼，他的詩說：「到老方知非力取」，就是慨嘆才人之難得。他和袁枚齊名，又是同鄉，可是在學術上，他是反對袁枚的。據說有一次，他一張狀子告到縣裡，控告袁子才為「名教罪人」。縣長接到這張狀子，感覺十分為難，因為趙翼和袁枚，兩人都是前輩，都是名滿天下，而功名都比自己高；所以對這場官司，無法處理。最後只好出面請客，請兩位老前輩不要鬧下去了。

趙翼的詩：「到老方知非力取」，意思是說累積幾十年的經驗下來，知道不論自己多麼努力，也不能完全做到；「三分人事七分天」，要三分的努力，更要七分的天才，才能成功。所以我們希望國家多出才人才好。

現在教育普及了，大家都有了一般的基本知識，但，自己能否成為一個才人，那還要在學問、道德、修養各方面，多去培植自己，才有可能。

孟子的學生樂（音岳）正子，原來在魯國作官，有一次魯平公要去看孟子，被一個小人說得擱下來了。樂正子曾經打抱不平去質問過魯平公，並且告訴孟子魯平公不去的原因。孟子聽了就說：「吾之不遇魯侯，天也」，我和魯侯見不到面，那是天意。

子敖，就是王驩，齊王的嬖臣，為晝邑的大夫。前面說過，孟子曾為齊國卿，奉命出使滕國，擔任弔滕王喪的特使，當時也派王驩當副使。他們雖然朝夕相見，可是二人在來回的路上，孟子卻不大和他說話，很不以王驩為然的。

現在，樂正子大概也到齊國，當起子敖的「主任祕書」或「顧問」之類的職務了。有一天來拜訪老師孟子。孟子說：「**子亦來見我乎**」，就是說老弟！你也來看我呀！這句話很不是味道，聽起來很難受。他上面說過「**人之**

患，好為人師」，現在他自己也端出老師的架子來了。這裡這個「**乎**」字，深含了責備的意思，也相當於現代語言說：你不必來看我，你忙你的吧！或者說：你居然也來看我了。

樂正子聽了很不滿，於是說：老師！你怎麼這樣說呢！我可受不了啦！你老人家不要這樣說嘛！

孟子說：你來幾天了？等於有學生從國外回來，不去看老師，一直等到又要走了，臨上飛機才到老師那裡轉一下，只是敷衍，還說：老師！我這次回來實在太忙了，所以今天才來看你。老師只含蓄地說：你忙，不必來看我！就是這個情況。當學生的連普通的禮貌、作人的道理都不懂，老師又怎麼會稀罕這樣的學生是否來看自己呢！

樂正子被孟子問到來了幾天了，很不好意思，只說「**昔者**」，前些日子來的，不敢說出確切日期。

於是，孟子說：前些日子？可見你來了不止一天兩天了，已經來了很久了。我問你怎麼今日也會來看我，天地君親師，我總歸是你的長輩，你早一點來看我，並沒有錯呀！

樂正子還要辯解，並且說：不是不尊敬老師，因為那時住的地方，還沒有安頓下來，所以沒有來。反正是亂扯一通，想掩飾自己的過失。

孟子說：你一定要住定了以後才來看我嗎？樂正子最後說：老師！我錯了，請你原諒我一次。可見孔孟之道，非常講究這個「禮」字，這就是對待長者之禮。

孟子又繼續對樂正子說：你為什麼跟王驩這樣的人做事呢？為了生活？為了待遇嗎？想不到我平常那樣教你，你還是學不會。難道做學問只是為解決吃飯問題嗎？為了吃一口飯，什麼事都可以幹嗎？

孟子這是罵樂正子，他是現代所謂的古人。現代的人可就是生活第一，把孟子的這種教訓，先擱在一邊了。古人有兩句話：「命薄不如趁早死，家貧無奈作先生」，沒有辦法，只好來教書。雖然今日極力提倡尊師重道，而真正尊敬老師的，只有國民小學的學生。程度越高，尊師重道的精神就越差，到了大學哪有尊師這回事！所以，今日社會風氣，若希望尊師重道，談何容易。

在制度上，本來就是問題，老師上課拿鐘點費，規規矩矩講一個小時就走了。這是權利與義務，在法律上是買賣契約性質的。古人教育子弟，不是為了鐘點費，而是負了教育的使命，教育子弟畢生作大人、正人。古人為師的，當然不像現在這樣，一大批一大批的教，視學生如雇主，古人是視學生如子女，學生視師長亦如父母。這種精神如何恢復，是否能恢復？很難預料。因為從來未見有人挽回過歷史，所以如何挽回，該不該挽回，這是一個大問題。現在我們要新舊交流，如何交流？水摻進牛奶裡，摻多了水就不是牛奶了。

在《孟子》這裡，也可以看到師道的尊嚴，以及孟子為人師表的精神。既然為師，就不怕反對，不怕反感；如果弟子不對，就要指責他，不管他是什麼地位。這時候，樂正子的地位已經很高了，他居然還會去看孟子，已經了不起了。可是，孟子這位老師，仍然毫不客氣的教訓他，就像禪宗的教法一樣，進門就是一棒。後來他越說越不對，亂棒就打下來了，一直打到底，最後罵他：你為了吃飯，什麼事情都可以做！

從這一段，我們就看到古代師道之尊嚴。現在有的人，看到學生地位高了，自己反而哈腰求全，禮敬學生了。所以，尊師重道，不能只要求學生，為人師表的人，還要自己保持自己的尊嚴，要有師道的風範才行。

朱子的錯誤

孟子曰：「不孝有三，無後為大。舜不告而娶，為無後也，君子以為猶告也。」

孟子曰：「仁之實，事親是也。義之實，從兄是也。智之實，知斯二者弗去是也。禮之實，節文斯二者是也。樂之實，樂斯二者，樂則生矣。生則惡可已也？惡可已，則不知足之蹈之、手之舞之。」

這裡要討論另一個問題，就是要推翻幾千年前古人的論點。在我講解四書時，我常常指出古人的不對；究竟是古人不對，或者是我不對，讀者可以用自己的睿智，去思考、評斷與選擇。

「**不孝有三，無後為大**」這句話，大家都知道，在中國非常流行。一般解釋它的意思是說，為人子者，有三件事情是不孝，沒有生兒子，是最不孝的。但以現代的醫學來看，一個人天生不能生育，也許因為上代遺傳的關係。當然，當時醫學還沒有如此發達，古人也不知此理，且不去管他。

問題在於，除了無後以外，還有兩件不孝的事，在《孟子》這段原文中找不到，但朱熹卻有他的說法。這位自認是宋代大儒的朱熹怎麼說呢？大概他註解到這個地方，自己也頭大了，找不出來，於是引用古人的說法來註解另外兩件不孝：一件是「貧不仕」，家裡貧窮，不出去作官發財來養父母，另一件是「陷父母於不義」。再加上孟子說的「**無後**」，湊成「**不孝有三**」的三件事。

我大不同意朱熹這種說法，這是宋儒解釋的不當之處，這種觀念是非常不正確的。

我們應該注意「家貧不仕」這四個字的意思——父母還在，家裡貧窮，不出來作官，這就叫做「不孝」。這種觀念，害得一千多年來的中國人，都以為作官是最好的謀生與發財的途徑。

所以我常說，中國的教育錯誤了三千年，一開始就是重男輕女，生了一個兒子，就望子成龍。如何成龍呢？最好讀書。為什麼讀書最好呢？書讀好可以作官，作官的好處可以謀生和發財。「升官發財」成了中國教育思想的中心。在我們這一代，剛開始讀書的時候，也是懷著這種教育觀念。雖然後來推翻了滿清，廢除科舉，不再考功名；但也想讀書作官，升官以後，縱不發財，回鄉也很風光。所以，並沒有如古聖先賢的讀書為救國、救世、救人的心胸抱負。因此，幾千年來的中國教育，在基本思想上就是錯誤的，加上西方的教育制度一進來，這幾十年來更錯了。

不過錯得最厲害的，是宋儒以後。例如這裡說：家貧不仕為不孝。為什麼一定要仕呢？可見欲養父母、生活的出路只有作官；而作官必欲發財，那就非貪汙不可了。難道只有作官一條出路才養得起父母嗎？人生有很多的出路啊！

因此，我向來主張，讀古書不要一味迷信古人的註解。讀秦漢以上的書，不可以看秦漢以後人的註解，要自己以經註經。就是讀任何一本經書，把它熟讀一百遍，乃至一千遍，熟了以後，它本身的註解，就可以體會出來了。如跟著古人的註解，他錯了，自己也跟著他錯，這後果可不得了。須知古人也是人，我們也是人，古時有聖人，現在也可以有聖人，為什麼不立大丈夫的志向呢？

朱夫子的學問好，道德好，修養好，沒有話說。他對《四書》的見解好，也沒有話說。不過，錯誤的地方也不少。到明朝以後，一味亂捧朱夫子，把中國文化捧上了錯誤的道路，這個罪過也不輕，為害中國文化近千年。現在我們還是先就原文來討論：

這時大概有人向孟子質問：你孟老夫子，說堯舜兩個人，又忠又孝，沒有一點不好；但是舜同時娶了兩個太太——堯的兩個女兒都嫁給他，可是他事先並沒有告訴父母。在中國古代，未奉父母之命而結婚，就是不孝。孟子所以答覆他「**不孝有三，無後為大**」，延續民族的生命，為最重要。至於舜沒有先稟告父母而結婚，是因為他年齡已經到了結婚生子的時候，為了血脈能延續下去；何況，他也等於已經稟告過了父母，因為是身為君主的堯，親自將兩個女兒嫁給他的。君主時代，君第一，國家第一，所以等於他稟告了父母。其次，他並不是因為發了財，偷偷的金屋藏嬌，而是全國皆知的事，所以也等於已經稟告了父母。

其餘兩不孝呢？其實孟子在這裡已經講了，「**仁之實，事親是也。義之實，從兄是也**」，第一是事親，第二是從兄，如果沒有兄弟，則為守身。文章很清楚的擺在這裡，古人偏要亂解釋，害得中國文化思想，走了上千年的錯誤。古人也只是讀書，不要相信古人就一定是聰明的，古人笨起來，有時比我們更笨。

緊接著，孟子又說到了事親。他說「**仁之實，事親是也**」，什麼是仁？孟子的解釋好極了，仁就是愛。有些人把西方文化的愛搞錯了，西方文化中的愛，也就是我們所說的仁慈、慈悲。真正的慈悲，愛人愛物，首先就看對父母是否孝順。如果對自己的父母都不能愛，而說能愛天下人，那是騙人的話。所以仁愛的基本，要看能不能愛生養自己的兩老。這兩個老人也蠻可憐的，別說是父母，就是兩個老朋友，服侍了我們二、三十年，另外去找這樣的朋友，還真不容易。對這樣的「朋友」都不能愛，而吹大話說要愛一切人，這是做不到的。

孟子又說：「**義之實，從兄是也**」，在對人友情的道義上，負責任，守信用，講義氣，如果是對自己兄弟姊妹的感情都處不好，而說能夠對社會，對朋友有義，有友愛的，不是絕對沒有，那只好用佛學中的「緣」字來解釋了。但是孟子是不講這方面的，他只說人倫之道。說一個尚義的人，注重對朋友、社會，負責任，守信用，這樣的人，對於兄弟姊妹，也一定友愛。

而「**智之實，知斯二者弗去是也**」，一個真正有智慧，有見地，瞭解人生的人，對於這兩件事情，應有個基本上的瞭解，並且不會放棄不做，也做得到。光是瞭解而做不到，或者不去做，都不能算數。

在禮樂之教來說：「禮之實，節文斯二者是也」，中國文化禮樂之教，上古時代，不靠法制，而是以禮來維繫社會的和平，促進人與人之間的關係。換言之，上古人自然具有道德，這就是禮，並不需要特別倡導仁義。後來道德衰敗了，勉強喊出一個口號「仁義」，來糾正社會的錯誤。仁義之道又失敗了，社會人心越來越壞，只好用「法」來管理，這是人類的退化。所以站在人文文化的立場來看，人類是在退化，沒有進步。我們現在講的時代進步，是指物質文明而言；在精神文明方面，永遠是退化的，墮落的，道德越來越衰敗。過去有禮的社會，有道德；而禮沒有了，就只有仁義。當仁義沒有之後，才產生法制。到了法制都不能管理時，這批人類應該作廢了，因為人類社會已衰敗到極點。所以「禮之實」，也是為了「仁之實」，也就是事親，「義之實」就是從兄。

至於「樂之實，樂斯二者，樂則生矣」，康樂，人生的幸福，最幸福的是父母尚存，上有父母，旁有兄弟姊妹，和睦康樂，這是人生最快樂、最幸福、最健康的家庭、社會、精神的心理生活。

人生得到如此健康的精神生活，便沒有什麼事可以令人厭惡、灰心了，一切都處於這種樂觀、健康的心理狀態之中。倘使人人如此，家家如此，則天下太平，人人處在如此快樂的境界中，都會不知不覺的手舞足蹈，從內心流露出真正的快樂，而形諸於舉止之間。

儒家孔孟之道，提倡孝道的理由，就是為了建立家庭健康、社會健康、人類健康。所以孟子說，不能事親，不能從兄，是二不孝，再加上一個無後，不能延續民族的命脈，是為三不孝。對於無後這一點，在現代看來，也有問題。因為孟子以後有好些人，為了有後而多娶妻妾，可是娶得越多，越生不來孩子。

對於這一點，我稍有不同的看法。我們且讀孔子所述，曾子所著的《孝經》，對於真正後代的解釋，是指功在國家，功在社會，功在人類，垂名於萬代的，這才是有後，也是大孝。相反的來說，一個人活了一輩子，死後沒沒無聞，與草木同朽，統統是不孝。

這是我對「**無後**」的看法，是否對，大家不妨試作深入的體會。最重要的，希望不要誤解不孝有三的三件事，要「**事親**」，「**從兄**」，無兄弟姊妹則為「**守身**」。不能說，不去作官發財就是不孝。前面孟子剛說過「**事，孰為大？事親為大。守，孰為大？守身為大**」，古人偏偏要在「**不孝有三**」上去亂作解釋，害得我們的文化一千年來走錯了路。對於「**無後**」，我認為我的解釋比古人更對，試看歷史上，許多名垂萬代，功在天下國家的人，或有一句名言，留在後世被人效法的，這都是「有後」。而有些人，雖威赫一時，但到年紀老時，死前已經沒沒無聞，成為過去，那算什麼「有後」呢？

所以，我常說事業分兩種，上自皇帝下至乞丐，那是職業，而不是事業。中國文化對事業的定義，孔子已經下了，「舉而措之天下之民，謂之事業」。不管做什麼事業，在家也好，出家也好，甚至像以前山東以討飯興學的乞丐武訓也好，只要所做的事情，對國家社會有貢獻，使老百姓得到平安、益處、康樂，才叫做事業。現在一般人都弄錯了，把職業當做了事業。事業又分兩種，一是現實人生的事業；而孔孟、釋迦牟尼，乃至於西方的耶穌，所做的都是千秋萬代的事業。在太陽沒有毀滅以前，他們的文化思想，他們的行為，將永遠影響人世，這就叫做「有後」。

中國的十字架

孟子曰：「天下大悅，而將歸己，視天下悅而歸己，猶草芥也，惟舜為然。不得乎親，不可以為人；不順乎親，不可以為子。舜盡事親之道，而瞽瞍厎豫。瞽瞍厎豫，而天下化；瞽瞍厎豫，而天下之為父子者定。此之謂大孝。」

《孟子》到這裡，作一結論，也等於〈離婁〉上章的結論。

我剛才所說的關於孝的意義，在這裡，孟子也全部道出來了。所以讀古書，不要聽人胡亂註解，更千萬不要相信宋明以後理學家的分段圈斷。他們一圈，就把文意給圈斷了，我們連在一起讀，文意就聯起來，成為一貫了。

能夠做到「**事親**」，自然能夠「**從兄**」；能夠愛自己的父母兄弟，自然能夠愛朋友；能夠愛朋友，自然能夠愛社會，愛國家，愛世界。

所以我常對外國朋友說，只有中國文化，才是真正十字架的精神與型態。上至天，至父母祖先；下至後代，中間一橫為兄弟姊妹，社會國家天下。西方的十字架，只有愛下一代，中間也只有夫婦的愛，連兄弟也不管；上面只有一個上帝，可是與中間脫節。中國文化，有天地，還有祖先父母與天搭線，所以中國文化，才真正構成了十字架。

如果十字架只是放在那裡，則不起作用，十字架還要起作用，所以釋迦牟尼佛來一個「卍」字架，這就轉圓滿了。

一個人，要真正能夠成為一個「**大人**」，像前面講「**能格君心之非**」那樣的「**大人**」，一個大丈夫，必須要從這裡作人起步。

孟子這裡說：做到能領導天下的時候，「**天下大悅，而將歸己**」，天下自然高興的跟自己走；但把這種事業，又看得像撿一根草一樣容易，只有一個人做得到，那就是舜。只要效法他，以他做榜樣，也就可以成功了。

我們知道，舜的家庭背景是「父頑，母嚚，弟傲」，他的父親，既頑固，又兇狠，在社會上是個大壞蛋，驕橫跋扈，無所不為，卻有絕頂聰明的頭腦。母親呢，又兇，又潑，又辣，假如有人在她門口濺一點污水，她可能手執菜刀，站到人家門前，叫罵三天。他的弟弟名叫象，一個太保，而且受到父母的偏愛，父母不愛舜，給舜吃種種苦頭，甚至要把舜害死。

但堯將兩個女兒嫁給舜，舜的事業成功，就是這兩個好太太的參謀，在後面支持他。舜遇到種種災難的時候，也都虧她們兩人，為他預防，解救。又有一次父母與弟弟聯合起來，叫舜去挖地窖，預備挖深以後，把泥土推下去活埋了他。但是被他的兩個太太識破，就教他先挖好一條橫的隧道，通到外面出口，以防萬一。後來果然在他進入地下工作時，上面的土蓋下來，他才從橫道中逃了出來。回到家裡時，象已經侵入嫂嫂房中，逼她們改嫁給自己。象不料舜又回到家中，傻住了。而舜並沒有責備弟弟，不傷和氣，器度奇大。

舜做到了對父母弟弟的仁行義舉，對父母的孝敬、對弟弟的愛護，和平日一樣，毫不改變的來感化父母與弟弟。所以孟子說，如果能仿效舜的德行，使天下的人高高興興跟自己走，那是和撿一根草芥一樣的容易。

孟子說，學到舜那樣天下大悅而歸己，是如拾草芥一樣容易。可是要想學到像舜那樣，做起來就太難了。設身處地來想，假使自己遇到這樣的家庭，可能就背一個包袱出走，離開家庭了，不必認自己是兒子，也不認為你們是父母、兄弟，總可以吧？最有修養的人，也只能做到這樣。但舜並不如此，寧可仍對父母孝順，對弟弟友愛。因此，四方八面向堯推薦，如果找一個下一代的領導人，只有舜才能擔負起這個任務。於是堯把他找來，給他任務，考察多年後，再把女兒嫁給他。經過四十年的考察，經過多種的磨鍊，才把皇帝位置讓給他。

古代的禪讓並不是隨便的，不是想像中那麼容易，而是十分慎重，非常難辦的；那才是真正的選舉，從千萬人中，精挑細選出來的。不像如今，仿照西方民主政治的投票制度。

所以孟子說：「**不得乎親，不可以為人**」，假如連自己的父母家人都不能感動的話，不可能作一個好大臣，去格君之非，感化一個領袖。對於父母，就要逆來順受，先順著父母的意思，在不著痕跡之中，讓父母感動，而改變他們原來不正確的主意，成為純正的思想觀念。所以順受的感動很難，如果不順受的話，孟子說：「**不順乎親，不可以為子**」，就失去了兒女的立場。自己是兒女，就應該守兒女的本分。

但是，父母也有不是的時候，所謂「天下無不是的父母」，那是宋明理學家們叫出來的口號，上古時並沒有這個說法。從古書上就明明白白的看到，舜的父母，就是「不是的父母」。但為人子的，不敢、不忍心、也絕對不能講自己的父母不對，只有服從他，盡到事親之道。

所以瞽瞍，就是舜的父親，有人認為他的眼睛失明了，其實並不是如此，這是別人罵他的綽號。等於現代說：這個老頭兒，這樣虐待他的大兒子，簡直是瞎了眼睛，在那裡瞎搞；但在舜的孝道之下，把一個瞎搞的父親，感動得改變過來了。他能夠在如此困難的狀況下，把頑固的父母家人感化過來，所以他的道德能感化天下。

要特別注意的是，無論任何時代，任何環境，父母在子女心目中，始終有若干權威感。所以父母教導子女容易，而子女欲改變父母，比登天還難；更何況舜的父母是如此之頑固。舜在逆來順受之下，居然能把父母的心意改變過來，以至於整個天下的風氣，都因此而改變了，所以這是大孝。大孝的精神就在這裡，這樣也就叫做舜「有後」，他的精神、文化，傳之於千秋萬世，是非常值得效法的。

〈離婁篇〉的上章，到此為止。這篇的開始，是說什麼叫做聰明，古代所謂：「聖上聰明」，頭腦好，耳聰目明，又有仁心，是對於上面領導人的責修。現在這裡，對這點作一個初步的結論：在上的真正聰明，不但是自己有頭腦，大臣的幫忙更要有力，這一切都是以道德為中心，要做到仁，也要做到孝。

中國的地域觀念

孟子曰：「舜生於諸馮，遷於負夏，卒於鳴條，東夷之人也。文王生於岐周，卒於畢郢，西夷之人也。地之相去也，千有餘里；世之相後也，千有餘歲。得志行乎中國，若合符節。先聖後聖，其揆一也。」

這一節中提到的幾個古代地名，大致可以考證出來，但是否百分之百的正確，則不能確定。

考據家們的說法，「諸馮」是山東的諸城縣，大海環其東北，以為就是《春秋》中所寫的「城馮」這個地方，那裡有馮山、馮村這類地名，所以近似這裡文中的「諸馮」。至於「負夏」一地，夏字讀「古」字的音，也叫作「負暇」，就「曾子弔於負夏」一語，被指為是春秋時的魯國地方。在漢代時設置了瑕丘縣，故城在山東省滋陽縣之西。《史記．五帝紀》中說「舜就時於負夏」，注為「衛」地。先後所屬的衛、魯雖為兩國，但在一個地方。舜「卒於鳴條」，據〈書序〉說：「湯伐桀，升自陑，遂與桀戰於鳴條之野」。考據家說，現在山西省安邑縣北有鳴條崗，就是舜當時的鳴條，也叫高侯原。而「岐周」與「畢郢」，都在現今的陝西省境內。

中國地域廣闊，依現代的地理觀念，五族一家，都是中國的土地，都是中國人。但在春秋上古時代的地理觀念，東、南、西、北各方，界限分得很嚴格，這也是中國民族性的一個大問題。以我個人的看法，這一問題存在於過去，也存在於現在，或將更存在於未來。雖然說民族文化統一，國家統一，但是千年來發生的變亂，以及人事上的糾紛，都在這個「地域觀念」的範圍之中，沒有自覺，沒有解脫。

如果遊歷了更多的地方，生活經驗豐富，閱歷深了，尤其在政治社會中生活久了，就可以發現，在某一地區，就會因「地域觀念」遭遇到歧視。例如：當年抗戰期間，各省的人避亂而進入四川，在當地的四川人，就歧視他省人。因為在地勢上，四川在長江上游，於是四川人對於不論來自何處的他省人，一律稱之為「腳底下人」。在廣東，也稱他省人為「外江佬」；在臺灣也有外省人、本省人之分，對於一九四九年前後從大陸來台的人，統稱為「外省人」或「阿山」。在大陸的江蘇、浙江一帶，也稱他省人為「外路人」。南方人看不起北方人，稱北方人為「侉子」；北方人也看不起南方人，叫南方人為「蠻子」。

許多地方的人，也被他省人給個綽號，如稱四川人為「耗子」，湖南人為「騾子」，江西人為「老表」。其中雖然有的也並非輕視的諢稱，如「侉」的本意為華的借聲，華字也寫成荂字。河北、淮南一帶的人，也對山東人稱侉子，本有「華夏人」的意思，到後世則泛稱北方人為「侉子」，就成了歧視的諢稱。江西人對陌生人，稱「老表」，「表嫂」，正如北方人之互稱「老鄉」，原為對人的親切恭敬之稱；他省人稱之就成為含有歧視、輕視的意思了。類此歧視，各地都有，乃至一地之內，東鄉看不起西鄉，南村瞧不起北村。就臺灣人而言，也有「草地人」、「後港人」、「內山人」之稱，對於南部人，或居在山區的人，好像都不足掛齒。

但我們在國家民族遇到外力入侵的時候，卻都能夠一致禦侮，非常團結，看起來，似乎這種地域觀念，無關宏旨，不大要緊。可是，在內部求治、求建設時，就常常由於這種「地域觀念」，而鬧許多不必要的糾紛；甚至於整個國家的建設與進步，都受到非常嚴重的影響，而且改變了歷史。

現代研究政治、歷史的人，似乎還沒有正視這一問題，而古人早已經注意到了，只是沒有很顯著的題目，來具體的專門討論而已。

其實，西洋歐美各國也都存在這種地域歧視，研究西洋歐美文化，大家都忽略了這一點，好像看起來是個小事，其實是很大的問題。例如美國人，對於自己祖先，是猶太人、日爾曼人，或傑克遜人，在提到那個「根」時，對於同根與非同根的人，也有觀念上的差別。

所以，這也是人類的一種特性，這種「地域觀念」，站在宗法社會的立場來看，是一種非常好的觀念；可是站在民族國家團結的立場而言，則是一種很大的弊病。平常表現在語言、生活上，是一件非常小的事，但是小事的影響，及其所引發的問題，則非常之大。

我們覺得奇怪，為什麼孟子在這裡提出這個問題來？可能在當時，也因地域觀念發生了問題事件，而且是大事件。

關於地域問題，中國以前有兩部大書，一部是顧祖禹的《讀史方輿紀要》，另一部是顧亭林著的《天下郡國利病書》，讀者通稱之為二顧全書。在《讀史方輿紀要》中，介紹了各地方的人和民族性，及一般通性。假使國家有事，要訓練某地的人作戰時，應該如何訓練、領導及指揮，一切都需要瞭解。在唐宋的時候，山西出將，山東出相，所以將、相各有不同的產地。南方出思想家，如莊子、老子等等，北方出教主，如孔子。

地區不同，氣候、水土就不同，產品及人物更不同。「橘逾淮而枳」，淮河這邊的橘子，到對岸種下去，就變成了枳；北方的瓜到南方種，就變小一點；哈密的瓜，如今在臺灣也已種植，但是吃起來，和地道的哈密瓜，就相差很遠。所以地方性，不能說沒有關係。

如果以地方性的觀點來看歷史，中國幾千年來直到現在，由於宗法社會負面的流弊，以致地方派系的問題仍舊存在。我國近代文化，武的方面，軍人思想沒有脫離《三國演義》的範圍——縱橫天下，割據城池；文人則沒有脫離《儒林外史》中的現象範圍；社會型態沒有脫離《水滸傳》的範圍；一般人的思想，沒有脫離《西遊記》的範圍；地方性沒有脫離「他是哪裡人」的範圍。很可悲！這就是有關於「地緣政治」的大問題。

曾經有人問我是哪裡人，我告訴他，我是：「三間東倒西歪屋，一個南腔北調人」，反正是中國人。孔子說：「丘乃東西南北之人也」，不必問籍貫了。

地域觀念是個很討厭的問題，到了滿清入關，這個問題更嚴重，雖然歷史上說是種族問題，我倒覺得是個「頭髮問題」。滿清入關之初，大家投降，對於異族的統治，都很馴服似乎也並沒有多大關係。到了規定漢人要剃頭髮的時候，出了問題，「盡忠保髮」的人非常多。在前幾年所謂的青少年問題中，大家也熱烈討論青少年留長髮的問題，令人覺得奇怪不解，頭髮的長短，與他們的學問道德，到底有多大的關係？實在想不通他的道理。同是一頭毛髮，滿清入關時，許多人寧可死，不剃頭髮，不梳髮辮。可是推翻滿清以後，漢人收回了天下，要剪去髮辮時，又有許多在滿清曾經有過功名的人，寧可留著髮辮，作滿清帝國的遺民、忠臣。這多奇怪！至於現在，頭髮剪短了又說不好看，留長了又認為討厭。

像這些往事，都是大事不爭，卻為幾根頭髮，爭得如此厲害，結果小問題影響大問題，這不是很奇怪麼？滿清入關剪頭髮，遭到大家的激烈抗拒；雍正所著的《大義覺迷錄》問世，書中也引用了《孟子》這裡的一段，說明都是中國人，不必分種族。《大義覺迷錄》這本書，不能說沒有理由，因為當時為了這個頭髮問題，也犧牲了很多人的生命。

我們現在講了這許多說明，都是為了推論孟子當時，為什麼提出這個問題來。雖然事隔幾千年，但人類的思想很幼稚，幾千年前談的問題，現在還是問題。

孟子說，舜是東夷之人。夷，不是外國，所謂夷、戎、蠻、狄，按當時的分法，東方為夷，西方為戎，南方為蠻，北方為狄。這種分法，是以文化水準做標準，認為四方的邊疆為落後的民族，未受中原文化教化薰育的人。孔孟思想是不談種族思想的，而是文化水準的觀念，超越了宗法思想的地域觀念。所以當時指的東夷，是指中國東方邊區的人，並非是像後來稱日本為東夷的種族觀念。

孟子說，舜是東方邊區的人，文王是西方邊區的人。現在我們看山東到陝西，這個東方與西方，在現代化的交通工具下，可朝發夕至，幾個小時就到了，沒有什麼了不起。可是在古代，這一千多公里的距離，走路要數月之久才能到達；即使騎馬，也有個把月的路程，非常困難。舜和文王二人雖來自不同地區，相隔一千多年，但都是治理國家的大聖人。而他們的「**得志**」，不是作了官，當了皇帝，而是能實行他們救世濟人的大志，並沒有受到地理區域觀念的限制。

他們二人所處的空間、時間，既遠且久，但是他們治理中國「**若合符**

節」，都達到最光榮、最標準、最道德、最全面的理想。一如兵符，使節的相合，絲毫不差。可見中國的歷史是以文化為中心的，不管先生、後生，政治文化的大道理只是一個。

孟子為什麼說上面這些話呢？如果將戰國時代，七國分疆的戰爭，加以分析，許多仍然是基於地域觀念上的紛爭。例如大家都知道的一句成語：「楚才晉用」，直接的意思是，南方楚國的人才，給北方晉國去用了。後來，一個人為別的國家做大事業，都用「楚才晉用」來形容。深一層看，就是地域觀念，為自己的人才惋惜，而有吃醋的味道了。而楚也者，晉也者，都是尊周天子的中國人，所以孟子說這一段話，也可能是因為當時由於地域觀念而起了爭執。

子產施小惠

子產聽鄭國之政，以其乘輿，濟人於溱、洧。孟子曰：「惠而不知為政。歲，十一月徒杠成；十二月輿梁成，民未病涉也。君子平其政，行辟人可也；焉得人人而濟之？故為政者，每人而悅之，日亦不足矣。」

子產是孟子以前的人，孔子也曾稱讚過他。他是春秋時鄭國——現今河南一帶，有名的宰相。他負責鄭國政治的時候，有一天乘車馬外出，看到老百姓欲渡溱河及洧河，但缺乏過河的工具。而他身為宰相，位居一人之下，萬人之上，就用自己的車馬，把老百姓送過河去。子產的作風愛民，也很仁慈，孟子將這一件歷史上的故事，用來說明為政之道。

不過，孟子認為子產是一個大政治家，可是他這種做法，不是一個大政治家的行為，只是讓老百姓感謝的一種小恩小惠而已。如果是一個大政治家，交通不能暢通，是因河道的水利沒修好，立刻要修水利，築橋樑，暢交通。到了冬天，十一月水乾涸時，趕快建築小橋樑，使老百姓隨時都可以行走。十二月農閒的時候，再徵集民力，拓寬橋樑，使車子也能隨時往來通過，人人都享受到交通的便利，這樣才是大政治家的作法。相反的，對幾個人的幫助，只是臨時的，有限度的小恩惠，使人感大德而已。作為一個領導人，或校長，或廠長，都該具備一個大政治家的風範。譬如一個校長，對某幾個學生，特別教導，特別照顧，固然是好，到底不是一個校長的風範。如果在學校行政上，見到了差錯，就要能夠整個改變過來才對。

所以一個大政治家，如果他的施政是平等的，使大家普遍的都得到利益，當自己外出的時候，「辟人」也是可以的。所謂「辟人」，是古代國君出宮經過的地方，百姓要迴避，不許在路上。沿途百姓房屋都要關窗，不可以偷看。如被侍衛發現，一槍刺過來，死了也活該。後來縣令出來，也要鳴鑼開道，鑼聲「噹」的一響，老百姓就要讓路，或站在屋簷下，也不敢抬頭。如果官大的，老百姓還得跪在地上不敢動，這就叫「辟人」。子產用自己的車馬，去給涉水的人坐了過河，人有那麼多，哪裡渡得完？所以，一個大政治家，如果企圖讓全國人人都得到個別的小恩小惠，這是做不到的。應該注重的是謀大家普遍的福利，而不是施小恩小惠。

正如清代打太平天國的中興名臣胡林翼，有人問他為什麼這樣好殺？他說：「一路哭，不如一家哭」。一個壞人為害地方，使整個地方的人，家家受害而啼哭，不如把他殺了，讓他一家人哭，而整個地方得到安寧。也就是說，受少數人的恭維，不如得全民的愛戴。

知識與學問的區別

孟子告齊宣王曰：「君之視臣如手足，則臣視君如腹心；君之視臣如犬

馬，則臣視君如國人；君之視臣如土芥，則臣視君如寇讎。」

王曰：「禮，為舊君有服。何如斯可為服矣？」

這一段是說明，一個領導人行君道的原則。

有一次孟子對齊宣王說：在上位的人，如果對下面的人，看得像自己手腳一樣重要，那麼下面的人，也就把領導人看成是自己的心腹或主宰一樣。反之，上位的人，把部下看成犬馬，只是一種可利用的對象，出門要狗守門，要馬代步，那麼部下對於這樣的領導人，也和對普通一般人一樣，沒有真的感情、道義存在，只是利害關係而已。如果領導人把部下當做泥土草芥一樣，平常踩在腳下，部下就看領導人像仇人一樣了。這第三種情形，眼下很多，上下之間，彼此都不好，社會的事故就多了。

這一段文字很容易瞭解，而且很多人讀來，都會發生共鳴。但要注意的是，人看書時，容易將好的比成自己，看《三國演義》，每把自己比成諸葛亮，絕對不自比曹操，讀經書也是一樣。但書中的道理，是否能進入自己的心中，成為自己的精神，落實於自己的行為上，這就是真學問了。這也是大家，尤其是青年朋友們要注意的地方。讀書時，對書中的道理懂了，可是當實際的狀況臨身時，能不能依道理做到，這才是最重要的。所以讀書做學問的目的在此，不在於認識字，也不在於解釋文字。

我曾經告訴一些聽講的青年朋友，我這裡不是學校，來這裡混是不行的，我並不歡迎，我沒有精神跟大家做遊戲；如以在一般學校混文憑的態度而來，則大可不必費這個精神。對於書上的文字解釋得出來，懂得書上所說的道理，那只是「知識」，不是學問；真正的學問，是將所懂的道理，變成自己的精神、思想、行為，而且能實行，做得到，這才是真正的學問。知識處處都有，學問卻要自己去做出來。

像孟子這段文字，人人看了都會叫好，可是叫好歸叫好，必須事到臨頭，照這個道理去做才行。所以須得把這個道理，會之於心，用以作人、做事，才算是讀通了，才算有學問，才算是成功了。成功不一定是升官發財，並不是公司開得大，那與一個人完成學問無關。只有完成了自我教育，拯救了自己，才是真正的成功。

所以，青年人將來當上或大或小的領導人，或者成為人家的幹部，這方面都是要注意的。孟子這裡不止是批評領導人，也告訴大家如何做幹部，才能兩相配合。孟子等於說，第一等人如何做，第二等人如何做，第三等人如何做，都在這幾句話中。

這幾句話，是孟子對齊宣王說的，再翻過來一頁，如果瞭解戰國時期的歷史，這裡就要對齊宣王做一番研究了。

在戰國時，齊宣王這個諸侯很有福氣，他的父親齊威王，是了不起的領袖，齊國之能振作起來，成為霸主之一，是由於齊威王的威武。在齊宣王的下面，他的兒子齊湣王，雖然到晚年差一點，但起初也不差。齊宣王位於時代的中間，正是齊國的鼎盛時代，在戰國時代的諸子百家，各方面的賢能才俊之士，都曾經在齊國逗留過；孟子、荀子，這些名人也都去過。他養了那麼多的人才，自己又一輩子享福，雖然打過幾次仗，打得也不錯。

所以孟子希望這樣一個歷史上的人王，能像武王一樣成為聖人。但孟老夫子註定是要吃癟的，因為齊宣王所領導的國家，沒有憂患，不曾遭遇到多大的困難；而齊宣王本人，樣樣好，和孟子談話時，打機鋒打得很厲害。孟子要他行仁義，他說：不行呀！寡人有疾，寡人好色，最後說，你孟老夫子的話，我都懂了，不過我有大欲望呢！就和孟子猛打太極拳，打得孟子沒有辦法。

齊宣王確是一個聰明皇帝，像孟嘗君這些人，都是他的青年幹部。可是，這樣一位諸侯，有沒有缺點呢？同樣有缺點。孟子上面這些話是對齊宣王而說的，齊宣王到底是太子出身，天生有當侯王的資格，這類人，我名之為歷史上的「職業皇帝」。這種職業皇帝都有自卑感，試看歷史上，那些開國的領袖，像漢高祖、唐太宗，他們都沒有自卑感，而他們的子孫，一定有自卑感。

多數職業皇帝，對於大臣、大將，會心存畏懼；對文臣，則怕學問好過自己，而不擁護自己；對武將，怕他們仗打得好，功太高，兵權太大難於控制。所以歷史上這類「職業皇帝」的毛病很大，越到後代越不懂事，國家就常常亡在他們的手裡。他們自幼居住在深宮之中，成長於宮女、宦官之手，不知民間疾苦，齊宣王也是這樣一個皇帝。

其次，孟子也等於暗示齊宣王：你對我不重視，我也就不理你，因為「**君之視臣如手足，則臣視君如腹心**」，而「**犬馬**」與「**國人**」，「**土芥**」與「**寇讎**」，都是相對的。也許孟子心裡還有許多錦囊妙計，但都沒有告訴齊宣王。

可是，齊宣王是一個聰明人，不愧為戰國七雄中的名王之一。儘管孟子講他不好，打了一拳過來，他接住馬上反擊：「**禮，為舊君有服。何如斯可為服矣**」，他是問孟子一個禮的問題。中國文化注重禮，以法治精神來看，中國這部《禮記》，等於三千年來宮廷的憲法，是後代一切法律的母法，也包括了天文地理、生活規範。這裡，齊宣王提出有關禮的問題，來反問孟子。

齊宣王所謂的「**舊君有服**」，我們先要知道，到了戰國時代，雖有一個周天子在上，那只是一個空架子，並無實權，後來甚至弄到幾乎伙食都開不出來了。實質上，各諸侯國雄踞一方，相互侵戰，所以是地方分治的形態。

在當時，若有人在甲國作官，後來這人離開甲國到乙國去作官，甲國的國君，仍是此人的舊君；如果這位舊君死了，這個已經離開甲國而在乙國為官的人，還要為舊君戴孝，這是當時的禮制，也是非常被重視的事。

現在齊宣王就問孟子，在什麼條件下，要為舊君之喪戴孝？如果甲乙兩國是處在敵對的形勢，而敵對歸敵對，個人在禮制上還是要為舊君戴孝，這是為什麼？

從齊宣王的這一問題上，可見他又在和孟子打機鋒。孟子講了三等君臣之間的相互關係，而他不做正面的討論，提出這樣一個「**舊君有服**」的君臣關係的問題來，可謂是針鋒相對，其辭鋒也是相當犀利的。

從雙方的對話中推斷，他們這次的談話，大概孟子是在齊宣王面前為人說情；可能齊國的某一舊部，要被齊宣王幹掉，請孟子去說情。孟老夫子當然不會去替他說私情，於是對齊宣王談了三個等級的君臣相處的形態。齊宣王一聽他的話，就懂了箇中由來，所以提出古禮中這個「**舊君有服**」的問題，來和孟子談道理。於是，孟子就說：

君臣不能相處

「諫行言聽，膏澤下於民；有故而去，則君使人導之出疆，又先於其所往；去三年不反，然後收其田里。此之謂三有禮焉。如此則為之服矣。今也為臣，諫則不行，言則不聽，膏澤不下於民；有故而去，則君搏執之，又極之於其所往；去之日，遂收其田里。此之謂寇讎。寇讎何服之有？」

孟子說：我們中國文化的精神，對於「舊君有服」的禮制，有一個禮法：凡是作部下的，對上面諫勸、建議，被採用實行了，則所施行的政治，功在國家，利在社會，人人都能夠獲益。但是如果因故必須離開這個國家，到別的地方去，儘管這個「故」，是與國君之間不合的原故，也是「諷而去之」。

這個「諷」字，並不是挖苦，而是「微辭託意」，以婉轉的話，輕描淡寫的態度和方法，使對方明白自己的意見和觀點；近似現代所說的「點他一下」的意思。例如，過去歷代的名王，與大臣的意見不合，相處不好的時候，他們很懂禮貌，會婉轉的對這個大臣說：我看你多年來，也很疲倦了，是否需要休息休息？這也就是諷字的內涵。為大臣的聽了這句話，明天就趕快打報告辭職。如果對大臣說：你明天寫辭職報告來，那就不叫作諷了，而是「瘋」了。

古代當君臣不能繼續相處時，有道的名王們，便「**使人導之出疆**」，不是由自己告訴他，而是由他人轉告，要他休息一些時候，或出國考察，遊歷一段時間再回來；如果留在別國做事也是可以的。

「**又先於其所往**」，同時對於這位大臣要前往的地方，先為他做好生活上的安排，使他生活沒有問題。

「**去三年不反，然後收其田里**」，這位大臣出國以後，超過三年還不回來，然後才把他的功績官位，以及所封贈的財產收回來。例如現代由政府供給的官舍、車輛等等，不是這位大臣的財產，所以應該收回。

這是上面對下面，要三度有禮，給了三次反省、改變態度的機會。首次派人告訴他，第二次他真的離開了，還安頓他在外面的生活，如果他住在外面三年，還是沒有改變，不回國來，這才取消他的職位待遇。「**如此則為之服矣**」，在上面的君王，做到了這樣，君臣之間的感情就如父子一樣，無微不至，雖然政治的關係不存在了，而這份感情還是存在的。所以舊君死了，自然應該服喪的。

接下來，孟子對齊宣王說的話很不客氣了，他說：「**今也為臣，諫則不行，言則不聽，膏澤不下於民**」，現在就不是這樣了，部下好的建議，君主不採納；陳述的理由，也不接受，以至於他很好的理想，不能實現，老百姓得不到利益，而對國家的政治，也就無法有所貢獻了。

「**有故而去，則君搏執之，又極之於其所往；去之日，遂收其田里**」，萬一意見不合想離開，就要被抓起來，關起來，乃至被殺。如果到了別的地方，君王也會去想辦法讓他無法生存；而且當他一離開的時候，就立刻沒收他的財產。

「此之謂寇讎。寇讎何服之有」，像這個樣子，就不是君臣之間的相處了，而是冤家，像對待強盜、仇人一樣。在這種情況下，這個為部下的，離開了就離開了，已沒有真感情存在，舊君死了就死了，又何必為他戴孝呢？

名臣的言行

孟子曰：「無罪而殺士，則大夫可以去；無罪而戮民，則士可以徙。」

孟子曰：「君仁莫不仁，君義莫不義。」

孟子曰：「非禮之禮，非義之義，大人弗為。」

這幾段應該是相連的，與上面一段也是相連的，可是又被宋儒給圈斷了。我們還是應該一貫的討論下去。

孟子說明瞭「**舊君有服**」的問題以後，再鄭重的告訴齊宣王另一個相關的道理。

在中國古代專制時期，無所謂憲法，也無所謂「罪刑法定主義」，因為掌握生死大權的是皇帝。只憑他一句話，要某人死，某人就得死；所謂「君要臣死，臣不得不死」，被處死的時候，還要「謝主隆恩」；「父要子亡，子不得不亡」，這種由宗法社會形成的觀念，無罪而被殺的情形非常普遍。

可是後世一般人，把中國文化中醜陋的一面，都加到孔、孟身上；這是不對的，孔、孟不應該負這個責任。我們在這裡就找到了明證，孟子對齊宣王提出來說：「**無罪而殺士，則大夫可以去**」，如果一個「士」無罪而被殺，也就是隨便殺了中下級幹部，那麼高級幹部，做大官大夫級的人們，都可以離開這個國家。「**無罪而戮民，士可徙**」，如果隨便殺了無罪的老百姓，則幹部們都可以離開這樣的國家。這種情形，在我國歷史上，乃至西方的歷史上，多得是，可以寫成一部可歌可泣的書。

看這段書，可見孟子正在為齊國某一人說話，可能是齊宣王準備做隨便殺人的事，所以孟子站在師道的立場，和他力爭，因之繼續說：「**君仁莫不仁，君義莫不義**」，一切後果都要歸之於上面的領導人。

元朝的張光祖，寫了一本《言行龜鑑》，列舉了歷代名臣的言行。後來到清朝朱桓又編了一套《歷代名臣言行錄》，也是依據《言行龜鑑》精神寫的，其中就有不少地方說，一切好壞皆歸之於領導人的道理。在《言行龜鑑》中，引用宋代學者劉皋的幾句話：「毋以嗜欲殺身，毋以政事殺人，毋以貨財殺子孫，毋以學術殺天下後世」。

這也是秉承孔子著《春秋》，責備賢者的精神，對領導人所講的話，也是規勸領導人，不要放任自己的愛憎欲，以免害了自己。像吃、喝、嫖、賭一類的事，乃至功名富貴，都是欲望；不要為了滿足欲望，最後把自己的命送掉。

什麼是「不要以政事殺人」？作官的有權力在手，假如做事不用智慧，做了錯誤的事，等於無形中殺了天下人，那就是以政事殺人。集聚財產給自己的兒女，實際是害了兒女，這就是「以貨財殺子孫」。最後一句，也是最重要的：「毋以學術殺天下後世」，例如十九世紀西方傳過來的一些新學說，大家不加深思熟慮，隨便信奉、學習，並把它們變成了學術思想和政法社會的最高指導。這就是以學術殺了天下後世，因為不知道為害天下多少年，殺了天下多少人。

這就極力說明，凡是一個領導人，有地位，有權威的人，即使是一位學校的教師，至少在上課的時候，就是權威的，學生再不聽話，也是要受教師影響的。這就是「**君仁莫不仁，君義莫不義**」。

劉皐所說的話，實為千古名言。尤其在政治上、學術上居領導地位的人，以政事殺人，以學術殺天下人，貽害後世極為深遠。

因之，孟子接著說：「**非禮之禮，非義之義，大人弗為**」，這句話，文字上非常簡單，都可看得懂。但年輕朋友注意，什麼叫做「**非禮之禮**」？就是不合理的禮，但在表面上看起來似乎有禮，這就是非禮之禮。「**非義之義**」就是本來絕對不合理的作為，在表面上看來似乎又是一種道德的作為。

像這樣的事情，具有大智慧、大仁慈的大人君子絕不會幹的。不但是政治方面，天下很多事，即使是普通人所做的，看來是在做好事，實際上並不是好事。表面上做了善事，再深入的分析，正是一件壞事，而且影響很大。所以儒家主張智、仁、勇三者並重，做一件善事，要有大智慧去做，不是簡單的，千萬不要做似是而非的事，不要以善因而得惡果。

這個道理，引證起來資料很多。例如諸葛亮的前後〈出師表〉，是大家最熟知的兩篇文章，都知道這兩篇文章寫得好；可是往往忘記了這兩篇文章，都是針對劉禪——阿斗的毛病而發的。古人說讀了前後〈出師表〉，感於諸葛亮的忠貞，眼淚鼻涕都掉下來。我覺得這樣只讀到了外表，還沒有真的讀懂〈出師表〉；它的深度內涵，是指出劉禪的許多缺點。

一般人罵劉禪是扶不起來的，其實是扶得起來的。他後來之所以投降，是因為他很明白，諸葛亮已經死了，再沒有扶助他的人了，只有投降，才能安享天年，這是絕頂聰明的做法。他如果像李後主一樣：「想得玉樓瑤殿影，空照秦淮」的話，那麼這個頭一定會掉下來了。

由〈出師表〉可以看到，劉禪萬事不管，在〈出師表〉中有一句話說：

「宮中府中，俱為一體」，這句話的後面，包涵了什麼呢？它指出來，阿斗在宮中自己有一個小圈子，在他小圈子中的人，待遇特別好，而他與小圈子以外政府的人，卻隔開有距離了。當然有人為此而抱怨、說閒話，諸葛亮就訓導他，宮中和外面政府各部門的人，是一體的，待遇、人事要平等；自己搞一個小圈子，待遇不公，弄得一塌糊塗是不對的，就會被人批評。這是諸葛亮文章的高明，只要求阿斗做到一體，可見他沒有做到一體，所以諸葛亮才有此要求。

在表面上，阿斗做得非常好，一切都拜託「乾爹」諸葛亮丞相，要打仗，也由你去打；不打仗，也由你決定。他這種作為，應該說是一個好領袖，但是犯了一個「**非禮之禮，非義之義**」的大錯誤，所以阿斗始終是一個小孩，不能成為大人，後世因此叫劉禪是扶不起的阿斗。

這是在上者的例子，等而下之的，在我們幾千年的歷史中，就太多了，有許多大臣，也同樣犯這種錯誤。

我們看宋史，韓琦的曾孫韓侂冑，歷史上一直說他是一個奸臣；但是我看歷史上所記載他的行事，應該是個忠臣，但為什麼說他是奸臣呢？當時他主張要對金人反攻，和岳飛一樣，希望收回失地；不過在政治上，有些措施是錯誤的，確實屬於「**非禮之禮，非義之義**」的行為。所以他上臺做宰相的時候，有人送他一首詩：

收拾乾坤一擔擔　上肩容易下肩難
勸君高舉擎天手　多少旁人冷眼看

這首詩很值得大家注意，可以說是人一生作人做事的道理。也有人說，這首詩是送給賈似道的，不管送給誰，在人生哲學上是無關宏旨的，這個問題，就讓考據家們去研究吧。不過，主要的是，詩中的道理是人生最高的哲學，尤其是青年人，應以這種人生哲學修養為基礎；做生意也如此，開張固然很難，但搞垮了，收拾善後更不簡單。

上面這些話，當然不是孟子一次對齊宣王說的，如果他一口氣說上這許多刺耳的話，齊宣王一定受不了，不把他燉了吃掉才怪。在古代的帝王，烹人是常有的事情。孟子雖然不是在見齊宣王時一次說了這麼多，不過寫文章的人，把孟子的這些思想編集在一起，的確是安排得很妙。

有能力的人該如何

孟子曰：「中也養不中，才也養不才，故人樂有賢父兄也。如中也棄不中，才也棄不才，則賢不肖之相去，其間不能以寸。」

孟子繼續上面的精神，延伸下去講。

這裡「中也養不中」的幾個「中」字，應該唸「中了目標」、「中了狀元」的中字音。「其間不能以寸」的「間」字與「間」通。這幾句話，文字很容易懂，仔細一想，孟子文章的邏輯分明，既慎重又恰當。

「中也養不中」這個「中」字，應作「行」字解釋。「中」、「不中」，就是「行」、「不行」——能做不能做。在我國河南一帶，對於有本領的人，能夠把事做得好的人，平常用語就說：「他中」，或者只一個「中」字。如果，我們不瞭解中國古代中原的言語文字，那麼《孟子》這部書，很多地方就很難讀明白，要用紅筆改做「行也養不行」了。可是這只是現代語，如果在幾十年前，把「行也養不行」的話，拿到中原去說，中原的人也要聽不懂了。例如，我們問河南的人、「這事行不行？」他說：「中」，意思就是行了，也是可以的意思。這是「中」在這裡的含義。

「中也養不中」就是說，行的人要養不行的人，也就是能力強的人，養能力差的人。

好了，從這句話，青年人可以做歪曲的解釋：老師！您不要罵我，你行，就要養我這個不行的。或者說：董事長，你行嘛！我不行才當小工囉，這是孟子講的，行的該養不行的，那你養我是應該的呀。這種想法似乎不錯，那麼「**才也養不才**」——有才能的該養我們這些沒才能的，所以一般人希望「**有賢父兄**」，有好的爸爸、好的哥哥，因為他們行嘛，可以養我這個無用之徒嘛，所以儘管享受，這就成了好吃懶做的最好藉口了。

孟子還說：「**如中也棄不中，才也棄不才，則賢不肖之相去，其閒不能以寸**」，假使行的人，拋棄不行的人不養，那麼行的也等於不行，好的也等於不好；這樣行與不行的人，好與不好的人，都差不多了，沒有多大的分別。其實，這幾句話的精神，並不是鼓勵青年人依賴別人，變成好吃懶做，反而正是孟子秉承孔子責備賢者的《春秋》精神。也就是說，國家、社會、歷史、政治的責任，是屬於少數有能力、有學問、有思想、有權力的賢者。上天給了你聰明能力，就該替大家做事，不是讓你去玩的。當然，四肢健全，五官俱備的人，也應該為社會上殘障的人服務，幫助孤、寡、鰥、獨的人，去解決問題。如果認為那些失明的、跛腿的是活該，不去幫忙他們，那就不合乎人道的原則了。連人道都做不到，還談什麼仁義之道呢。

這一段話，孟子也是有所感而發的。如果我們把它和前面對齊宣王所說

「**君之視臣如手足**」那段連起來看，就很有意思了。由手足與腹心，犬馬與國人，土芥與寇讎，三個等級的君臣關係，一路看下來，連接起來研究，就會發現，孟子這時對齊宣王說的話，意思就是你有這個責任，有這個能力，應該為天下老百姓解決問題。所以說，一個負責任的國家領導人，不能放棄任何一個貧而無告的子民，不能拋棄任何一個愚蠢而孤獨的人。

因此，就這一點來說，我們每個自認聰明的人，就要反思自省了。有能力的人幫助沒有能力的人是應該的，這就是儒家的思想。有才能、有學問、有聰明、有權力，不是用來對別人驕慢的，是應該用來為別人服務的；幫助那些「不行」的人解決問題，是人生的責任，尤其是知識分子的責任。如果不負起這個責任，而拋棄那些不行的人，那麼好人與壞人之間，行與不行的人之間，就沒有差別了。你有能力，而對沒有能力的人說：誰叫你不行呢！死了也活該；這樣就是拋棄了他，你雖有能力，也是不行，也是一個壞蛋。他雖不是被你殺死，而你見死不救，也等於間接殺人；所以你與他之間，就沒有多大的差別了。

宗教家的精神

孟子曰：「人有不為也，而後可以有為」。

這是講人格的修養，一個人應該有所為有所不為，有些事是不屑為的。現代流行的觀念認為，每個人都應該有宗教家的修養，也就是有出世修養的意思。對於世界上的功名富貴，權力地位，一切都要看得很平淡，都不重要了，這就是出世宗教家的修養。這並不是說，天天上教堂禱告，或者天天燒香拜菩薩；因為那樣還是有所求，如同信上帝、信佛的婆婆媽媽而已。所謂宗教家，是對於世界一切都無所求；以佛家而言，是對萬事都空掉了，萬事對於自己沒有意義了，這就是「**有不為也**」，一切都不在乎，並不執著。

個人的修養到了這個程度，然後才可以「**有為**」，可以入世做事了。做事的時候，也是大公無私，自己沒有私欲，一切都是為人；所作所為，「達則兼善天下，窮則獨善其身」，都不是為己，只是為人，這就是「**有不為也，而後可以有為**」的道理。

一般解釋這兩句話，認為是一種人格的修養，有些事該做的才做，不該做的則絕對不去做。例如，個人工作辛苦換來的酬勞、薪金，是自己分內應該得的錢，分毫必取；而那些貪汙贓款，不是應該得到的，雖億萬黃金、美鈔也不收受，就叫作「**有為**」、「**有不為**」。這是屬於狹義的解釋，擴大的含義，就是一個人先具備宗教家的出世精神，世上一切，自己都不在乎；然後入世所做的，是為別人、為天下而做事。

留寬前面路

孟子曰：「言人之不善，當如後患何？」

孟子曰：「仲尼不為已甚者。」

孟子指出來，中國文化力誡的事。他說「言人之不善，當如後患何」，一個人隨便批評別人不對的地方，有沒有想到後果？這是告誡我們注意個人的基本修養。我們人常常喜歡批評他人的不善，就是背後說人，那是很平常的事；似乎生了一張嘴，背後不說人的短處，就要生銹似的。所以古諺說：「誰人背後無人說，哪個人前不說人」，兩人相遇，必定說到第三人，如不說到第三人，好像是無話可說，這是人類的普遍心理。但是，最壞的是，只說別人不好的一面，絕對不說別人好的一面。所以中國文化的課外讀物，例如〈太上感應篇〉等等，都主張應該「隱惡揚善」，那是自幼至老，畢生奉行的修養。當然，如果過分了，也容易發生弊端，要做得恰當。

孟子在這裡提出來，說人家的不善，要考慮到說這話的後果。他只說了一個大原則，此之謂聖人之言，這個原則就如聖經一樣，可以從各方面去看，各方面去解釋，都有理，都可發揮。例如在背後隨便說別人一句話，有時候會影響那個人一生前途，而說話的人，造了莫大的惡業仍不自知。當然未來的報應，也是不可思議的，這是後患。

唐代的武則天，不幸當了皇帝，她用的宰相非常好，連她自己也怕那些宰相。武則天在私生活方面，有許多人攻訐她，且不去管是非真相如何，可是在公的方面，大的方面，以及政治上，她卻有很多好的作為。

她的宰相狄仁傑，就是一個很好的人；另外還有一個大臣婁師德，被人稱為是「唾面自乾」的人，由於他這種修養精神，和西方宗教耶穌說的：「有人打你的右臉，連左臉也轉過來由他打」是一樣的。

在狄仁傑當宰相的時候，有一天武則天召見他，商談完政事以後，問道：「現在朝廷中，哪一個算得是最好的人才」？狄仁傑說：「我一時還想不出來，誰堪稱最好的人才」。武則天說：「婁師德是人才，他最有眼光，能夠識人」。

狄仁傑與婁師德曾經同在一個衙門共事，就看不慣婁師德那種唾面自乾的作風，所以他對武則天說：「婁師德怎麼夠得上識人？」狄仁傑表示反對之後，武則天說：「他怎麼還不能識人？你當宰相，就是他推薦的啊。」這一下，狄仁傑的臉色都青了，受了人家的大度包容，自己還不知道。婁師德不但從來沒有對他表示過，而且他當了宰相以後，婁師德成了他的部下，看到他還要行禮。現在自己反而說婁師德不識人；真正不識人的，卻正是他狄仁傑自己。所以在武則天面前，怎麼能臉色不發青啊！此外，宋代的王旦與寇準之間，也有類似的故事，於此不贅。

所以說：「**言人之不善，當如後患何**」，歷史上類似狄仁傑的故事相當多，讀到武則天與狄仁傑的這段對話，突然想到《孟子》中的這句話，不禁為狄仁傑流一身冷汗，心裡有說不出的難過。

因此，我主張今日的青年，欲讀古書，談修養，必須經史合參，四書五經之外還要讀史書。如果只讀經不讀史，就會迂闊得不能再迂；倘使只讀史而不讀經，那就根本讀不懂歷史。歷史上這些事蹟，給我們太多的經驗和教訓了。

孟子接著再表達孔子的修養，孔子總是留一點路給人家走的，凡事不會做絕。

大家都知道，宋朝的吳大有，程頤、程顥兄弟，以及周濂溪等理學家，還有研究《易經》有成就的邵康節。其實邵康節和蘇東坡兄弟是好朋友，和程氏兄弟也是好朋友，而且是表兄弟。

可是程氏兄弟以及那些講理學的迂夫子們，與蘇東坡之間，相互都感到頭痛，不甚融洽。當邵康節臨終快斷氣的時候，程氏兄弟去探病；此時蘇東坡也突然來了，而程氏兄弟卻吩咐家人，不讓他進去。當時程氏兄弟問邵康節有什麼遺言，邵康節見程氏兄弟學問修養如此好，而度量還是狹隘，由於邵康節已不能說話了，只舉起雙手來，而掌心遙遙隔空相對的比了比。可是程氏兄弟還不懂他比手勢的意思，問邵康節可不可以說明白一點。邵康節到底是有修養的人，提起元氣來，對他們兄弟說：「前面的路，留寬一點給別人走」，這就是人生的道理。

孟子也是以同樣的道理，說了「**言人之不善，當如後患何**」後，接著說：「**仲尼不為已甚者**」，孔子對人的做法，總是留給別人一個轉圜的餘地，絕不把人家逼到牆角，轉不了身。孔子教人不做絕，不過份，凡事都有所謂「有餘不盡」之意。

以「義」為準

孟子曰：「大人者，言不必信，行不必果，惟義所在。」

這一節，大家先記住，後面孟子有相反的話。這裡他說，一個人說過的話，不一定要遵守，不一定要守信；在行為上，不一定要有始有終，而要惟義所在。所以，並不是像戰國時那個尾生一樣，為守信而死。尾生為了等愛人，約好在橋下見面，大水淹來了，為了不失信，也不離開，寧願抱著橋柱被淹死；尾生的「守信」不是惟義所在，只是戀愛圈子裡的聖人罷了。在做大事的時候，有的地方並不一定要言必信，行必果。例如曾經答應一個朋友，幫他做事，後來發現他是壞人；這時如果說「言必信」，那就不是學聖人，而是學「活該受刑」。所以遇到這類情形，就是「**惟義所在**」，「**言不必信**」了，不必去守那個信諾了。

所以「言必信，行必果」，要在道義上衡量，應該不應該？合理不合理？做大事的人，言信、行果，不是沒有標準，而應該是「**惟義所在**」。佛家也是如此，名為「方便善巧」、「方便妄語」。為了救一個人，撒謊也沒有關係，不犯妄語的戒，因為這妄語的目的，是為了救人。例如看見某甲將要去殺乙，而你對某甲說，我昨日剛遇見某乙，說你如何如何好。這分明是撒謊，但是為了消除甲對乙的忿恨而不去殺乙，這是救了一個人，乃是功德，這就是善巧方便。孟子的這段話，就是這個道理。

研究到這裡，我們不妨就〈離婁〉篇作一全盤的討論。

〈離婁〉下篇，孟子首先提出舜與周文王，都是生在偏遠地區，但得志而行於中國；他們行仁政，平天下，仁義道德，都是一貫的。也就是說，千古以來，欲想齊家、治國、平天下，都是一貫的以行仁政為中心，並不因時間、空間的不同，而有所改變。

其次，他又討論到鄭國的子產，這位輔弼之臣，身為高級幹部，究竟如何才是他應該有的作法與作風。

再進一步，又說明君臣之間，老闆與夥計之間，大家相處關係的重要性。一直討論下來，以「**仲尼不為已甚者**」作為結論，也就是說，作人不宜過份，不可逼人走上絕路。接下來便是「**言不必信，行不必果，惟義所在**」，這是首尾互相關照到全篇的文章。如果把宋代人那些分段的圈圈去掉，一直讀下來，脈絡相連，文氣一貫，運用得非常巧妙。如果與後世的禪宗相比擬，這篇文章處處是機鋒，處處點出了重點。

說到這裡，要作一個小小的討論。首先說明：孟子在這裡指出，人類社會中，人與人的相處是非常難的。尤其是在政治上，君臣之間的相處，在權力方面，幾乎沒有全始全終的；開始如何好，最後也同樣好，是很難找到實例的。這就使人瞭解到，人的修養極為不易，舉例來說，明朝的馬皇后曾說過：「夫婦相保易，君臣相保難」。

君臣相處難

在這二十世紀到二十一世紀之間，與以往的人類社會比較，女權似乎是最高漲、最吃香的時代。可是，在我國歷史上，早就有一位最了不起的女性，也就是明朝開國皇帝朱元璋的太太馬皇后。

朱元璋當和尚時，很窮，連飯都沒得吃，想不到後來當了皇帝。馬皇后和朱元璋一樣平民，是養女出身，嫁給了朱元璋，也沒有想到自己會當皇后，並且還是一個歷史上有名，最了不起，達到了女性道德最高標準的仁慈皇后。

當朱元璋封她為皇后的時候，照理她應該很高興，可是她並沒有高興的表示。當朱元璋問她時，她說並不高興，因為「夫婦相保易，君臣相保難」。蒙封為皇后，就有了君臣關係，所以有了憂慮。如果作為平民，夫婦相守白頭到老，並不太困難；而今成了君臣，自古以來的君臣之間，能相保而全始全終的，非常少見。

孟子在這裡，把君臣之間的相處關係，我借用馬皇后這兩句話，全部點穿了。

唐人元稹的詩中曾嘆道：「貧賤夫妻百事哀」，其實，就是夫婦之間，相保也有困難。我們民間有兩句俗語說：「妻共貧賤難，夫共富貴難」，一個女人如果嫁一個窮丈夫，是很難和這位窮丈夫共患難的。相反的，一個男人到了中年以上，發財以後，一有功名富貴成就，就會打主意娶小老婆，或者金屋藏嬌了。現代還有所謂「午妻」出現，都是「夫共富貴難」的現象，這也是人之常情。再由人情而關聯到政治權力上，就成了利害禍患問題。感情、道義，一走到權力利害的關鍵點，往往感情與道義都崩潰了，歷史上這種事例非常之多。

所以《孟子》這一篇，一路說下來，它的要點就在這種地方。假如我們依宋儒的方法，把它圈斷來看，就失去一貫的重心，沒有多大的道理，而只是一些零零碎碎的格言而已，沒有什麼了不起。其實，孟子文章的編排，是含有深意的，所以我們讀書，要能深入加以瞭解才行。

清人舒鐵雲，有《讀論語詩六十首》，其中的兩首抄錄如下：

其一：

管子天下方　春秋無與比　惜遇齊桓公　不過中主耳
赫赫開霸圖　厥功偉且駛　若欲王齊國　將奪周天子
賴其載虛文　遷移八百祀　所以拜胙生　終勝請隧死
此豈桓能為　必是仲所使　大醇而小疵　器小不知禮
孟子論過高　五尺稱羞恥　豈知微管歎　孔門有深旨
魏徵田舍翁　亦類管仲似　乃百齊桓公　敵一唐太宗

其二：

書社封孔子　有人詛之竟　不應君子交　做此小人行
乃悟齊景公　委靡由天性　偶動浮慕耳　未必心尊聖
試觀避席前　不過待季孟　若竟舉國從　何以處崔慶
君臣父子間　難與共為政　凶終有遠慮　慎始無後病
嬰也再躊躇　譎諫本擅勝　陰實全所交　陽乃奪其柄
果然齊景公　傾耳能相聽　有粟不得食　接淅看破甑
想當臨別時　定有數語贈　平生知己言　太息久而敬
口稱平仲諡　蓋棺以論定

我們說到孔孟之道，再來看孔子自己所遭遇的故事。大家都知道孔子做過魯國的宰相——我這裡所說的宰相，自然不是後世官職中的宰相。在當時，孔子擔任魯國的司寇，勉強與現代我國官職比，相似現在的司法部長，而權力則較大。那時像部長級的官，都稱相；而相的意思是輔助，是幫忙君王的人。在家庭中，女德的所謂「相夫教子」，也是這個相。今天臺灣有一個名稱，太太叫做「牽手」，也就是相的意思。在春秋時代，相就是輔弼之臣，國君的助手。

但是，孔子在魯國只做了三個月的相，就離開了，這也說明君臣相處之難了。

後來，齊景公也曾經想請孔子為相，可是孔子的一個好朋友，齊國有名的賢相矮子晏嬰，是反對孔子到齊國為相的，因此齊景公後來果然沒有用孔子為相。

以晏嬰的學問道德，以及和孔子的深厚交情，為什麼會反對孔子當齊國的相？這成為一則歷史疑案。其實我們仔細看《史記》，晏子反對孔子當齊國的宰相，是出於非常好的心意。他是孔子的好朋友，也非常瞭解孔子；由於太瞭解齊景公的為人，深恐孔子到了齊國以後，與齊景公相處會有問題，最後雙方鬧得沒有好下場，不如不來。可是這種情形，在他當時的立場，又不便明說，所以只有冒了反對孔子的罵名，使孔子當不成齊國的宰相。

此外，如管鮑之交，管仲與鮑叔牙兩人的深篤友誼，是大家都曉得的，實際上孔子與晏嬰之間的交情，也是一樣的了不起，甚至於有過之而無不及。所以在《論語》中，還可以看到孔子讚美晏嬰：「晏平仲（晏嬰的號）善與人交，久而敬之」的話。說晏嬰與人交朋友，彼此的道義都很堅固，而且越久越令人尊敬。

孔子下這個評語的道理，在前面所引舒鐵雲的詩中，已經完全說出來了。為了節省篇幅，這裡就不再為這兩首詩作文字上的解釋了。但可以在這裡順便說明一下的是，中國有許多好的思想，好的觀念，並不一定記載在學術方面的著作上，而每每在詩、詞、歌、賦等等文學作品中出現。像舒鐵雲的兩首詩，對於孔子與晏嬰的事，以及管仲相齊桓公的事，就有很好的見地，說得很清楚了。

再舉一個例子，說明君臣相處難全終始。范蠡說：「越王之為人，長頸鳥喙，可以共患難，不可以共安樂」。范蠡幫助越王復國，將吳國打敗了以後，自己走了，而且還勸同事文種也該走。這也是道家老子的思想，「功成，名遂，身退，天之道也」。一個人事業成功，歷史留了名，應該自己走了，不要再佔住那個位置。以一般人最通俗的話來說：「大便好了不要占茅坑」是一樣的道理，免得別人討厭。

范蠡勸文種的時候，就是說上面幾句話：「越王這個人，頸子特別長，嘴巴有如老鴉嘴特別光；只可以和他共患難，在他困難當中幫助他，他會對你很好，是共度難關的好領袖；但是在國家安定時，欲和他共享太平，這就很難了。」可是文種不聽，范蠡就自己走了。

後來，漢高祖平定天下以後，蒯徹也用幾句話勸韓信：「飛鳥盡，良弓藏；狡兔死，走狗烹；敵國破，謀臣亡」。這幾句話，也成了後世的名言，他也是告訴韓信，天下太平了，再也用不著我們了。如果幫忙別人完成了事業，像泥水木匠，替業主蓋好了房子，卻仍然不走，翹起二郎腿，坐在太平梯上抽香煙，悠哉遊哉，這成什麼話？再不走，就被業主來攆了，走吧！

自春秋戰國以下，後世的歷史，所記載的君臣利害之間的相處，幾乎沒有離開過這個原則的。所以，孔孟之學，聖人之言，始終成為帝王、英雄所懼怕的言語學問；因為，聖人們將人類的弱點，說得既明白又透澈。事實看到的是，越王勾踐確實如此，後來文種果然沒有好的下場；到漢朝，漢高祖也是殺掉了功臣韓信。這些史跡都是一樣的，甚至於唐太宗，那麼英明的皇帝，到後來年老，要把帝位傳給兒子高宗時，對於老臣大將李勣還不放心，怕老臣不會服從繼位的少主。於是做一個試探，考驗李勣，下一個命令，把這位大元帥調到一個邊遠地方，做一個城防官，等於警察局長。李勣在半路接到這個命令，連家都不回去，立刻高高興興，直奔新的任所而去。唐太宗接到情報，這才告訴高宗放心，李勣還是會擁護他的。幸虧李勣深知箇中奧妙，否則也是要落到「飛鳥盡，良弓藏；狡兔死，走狗烹；敵國破，謀臣亡」的下場了。

不管是「家天下」的帝王政體，還是現在人所稱的民主政體，其實原理都是一樣的。為君王的這樣做，有時也是不得已的。漢高祖的殺功臣，也是不得已的，所以他殺韓信的時候，自己下不了手，只好藉故避開，自己不在首都，由呂后去動手。所以宋初錢昆，有詩題淮陰廟說：

登壇拜將恩雖重　躡足封時慮已深
隆準由來同鳥喙　將軍應起五湖心

我們讀一首詩，一篇文章，一本著作，不只要瞭解文章的文義，還要瞭解所述事情的時代背景，地域情況，以及作者的身世，寫作的立場，才能真正瞭解作者的深義。

這首詩的作者錢昆，是五代十國之一的吳越王錢鏐的曾孫。在宋朝趙匡胤起來時，錢鏐的孫子錢俶首向宋朝投降，所以還保留了一時的榮華；到了曾孫這一代，再也沒有昔日的風光了。所以當他到了淮陰侯韓信的廟中，未免有所感慨，因而有了這樣一首詩。他說韓信當年，從一個老百姓提升為大元帥，在登壇拜相的時候，恩惠是多麼的厚！可是在擁有重兵，要封三齊王的時候，劉邦的憂慮就已經深了。

關於這一件事，後世往往只看到一面，以為韓信此時是挾重兵向劉邦要脅。所以，讀歷史殊不容易，要讀得細，讀得深，才能瞭解到真相。事實上，因為韓信所指揮的部隊，已有相當力量，項羽曾經派人去遊說韓信，建議項羽、劉邦、韓信三人，各自稱帝，瓜分中國。可是韓信回答說，漢王對我有恩，我不能這樣做。可見韓信並無背叛劉邦之心，否則他答應下來，劉邦及項羽對他也沒有辦法。他之所以請劉邦封他為三齊王，而且只要一個假王，是由於謀略上的原因，便於指揮友軍，對付項羽的。可是，劉邦一聽到韓信派人來請封王，大為震怒，開口就要罵；這時候張良在桌底下輕踢他一腳，劉邦到底聰明，立即把話轉過來：「要當就當真王，何必當什麼假王」，於是就封韓信為三齊王。所以這首詩裡說「躡足封時慮已深」，在他請封為王的時候，已經種下了禍根，埋伏了殺機。如果知道劉邦的豐滿鼻樑，並非平常人的相貌，也和越王勾踐的尖嘴一樣，只可以共患難，不能共富貴，那就早該和范蠡一樣，趕快辭職，退下來歸隱去了。

我們轉過頭來，應多看《春秋》，多看《戰國策》，尤其處身在這個世界紛擾的時代，國家前途多難，大家應該坐下來，多讀這兩部書。至少對於楚漢之間的歷史，多讀多用心去想，將啟發很多的道理。

大少爺功業難成

再看項羽這位大少爺，起來圖謀霸業，處處表現出他的公子少爺脾氣；正如小姐們有小姐脾氣一樣。這類公子少爺脾氣，永遠不能成事；縱然偶爾開花，但也無法結果。

所謂公子少爺脾氣，並不一定易怒，而是衝動，沒有中心思想，性格不穩定，可是有時又很仁慈。項羽在鴻門宴上，不殺劉邦，表示自己是大丈夫，這樣做是他的仁慈，這也是公子少爺脾氣。

項羽這種脾氣，當他從事於大功業用人時，就會產生問題。他的軍師是范增，年紀六七十歲，也是項羽的老師，項羽尊稱他為亞父。後來范增被項羽的少爺脾氣氣得離他而去，背上長一個癰——等於現代醫學說癌症，結果在路上死了。

曾經在臺北市延平北路看到一座廟，門口的匾額是「福佑宮」，裡面供了一尊神，鬢髮皆白，這個老頭子就是范增。范增為什麼成了福佑宮的神？據中國研究宗教思想的說法之一，是說一個人是會突然變成神的。這是中國民間文化，民間的哲學思想，其中有很多奇妙的故事，表現了民間的一種觀念，一種感情或一種期望。

在湖北還有一個地方，有一座項羽的廟，船隻經過廟前時，一定要燒紙錢祝拜，否則船會被浪打翻。後來有一個讀書人經過那裡，作了一首詩，詩中說，天下都被你丟掉了，你現在卻在這裡與可憐的船家們計較幾張紙錢。這一說把項羽說得再也不興風作浪了。

范增居然也做了神，在廟裡受香火了，在讀書人看來覺得很有趣，所以就作起詩來，評論一番。宋代王淮的詩說：

關中失鹿人爭逐　一去鴻門不可尋
千古英雄死遺恨　封侯廟食更何心

楚漢相爭，正在緊要關頭，你和項羽君臣兩個人，沒有好好配合，失去了殺劉邦的機會，以致落得全部失敗。這種事情過去就算了，到今日你還有什麼心情，在這裡為神為鬼，受人間的香火供養？這首詩就把范增這樣說了一頓。

宋元之間，像趙孟頫之流，還有一個人叫錢選（錢舜舉），他也有一首說項羽、范增的詩：

暴羽天資本不仁　豈堪亞父作謀臣
鴻門若遂尊前計　又一商君又一秦

這首詩說：項羽本來就是一個喜怒無常的傢伙，怎麼可以再加上你這老奸巨滑的老頭子作他的軍師？假使你鴻門宴上刺殺劉邦的計謀實行了，劉邦被刺死了，歷史就不是如今這樣的寫法。只不過，如果項羽成為帝王，那是消滅了一個秦國，又產生了一個新的秦始皇，你范增也不過是商鞅之流。另有元代詩人陳孚的詩中則說：

七十衰翁兩鬢霜　西來一火笑咸陽
生平奇計無他事　只勸鴻門殺漢王

范增這個頭髮都白了的糟老頭兒，人家都說你學問好，可是翻遍了歷史，都看不見你曾經有過什麼好的計謀。充其量在鴻門宴上，你老頭兒在旁邊拿著一把鎖鑰做切菜狀，暗地裡告訴項羽去殺掉劉邦，偏偏項羽又裝做看不見，不理睬你。更可笑的，你老頭兒的餿主意，趕到西邊把劉邦已經拿下來的咸陽，放上一把火，使得許多文化典籍，都被燒光了。

從歷代類似的許多史跡上，我們就看到君臣之間相處之難。還有，如宋朝那個不得志的石曼卿的詩：

南朝人物盡清賢　不是風流即放言

三百年間卻堪笑　絕無人可定中原

這詩罵盡了唐末以後，五代十國二三百年裡的那些讀書人。他們考取功名，作官以後，放言高論亂批評；如果不批評的，就像唐代的杜牧一樣的：「十年一覺揚州夢，贏得青樓薄倖名」，就去風流了。三百年中的文臣武將，沒有一個人能夠定下中原，成為一個歷史人物的。

所以同是宋代的歐陽修，寫唐代送公主和番的詩也說：「玉顏自古為身累，肉食何曾為國謀」，一個女孩子容貌美麗，就被送去和番，美麗反而是一種身累，紅顏薄命，為自己找來麻煩。但就此也可看到，那些作大臣的肉食者流，並沒有幾個人真正為天下國家的興旺而計劃的。這是他對唐末五代人物的看法。

現在，看過了古人這些前言後語的資料，我們再研究，孟子在對齊宣王說到君臣之間、手足與心腹、犬馬與國人、土芥與寇讎的關係以後，為什麼接上去就是孟子「**無罪而殺士**」及「**無罪而戮民**」的一段話呢？

這先要瞭解，漢代以下，直到清末，中國帝王歷史，幾乎都是在仁慈寬厚的一代之後，下一代必然就是利用法治，嚴飭肅整的一代。形勢上也非如此不可，是一種必然的，過渡的法則。政治就是如此，要鬆一段，緊一段，否則，空談政治理論，都是徒然，社會一定會紊亂，乃至於滅亡。

歷史上在嚴謹的一段時期，起用了法治人才，而這類人才，被人給了一個專稱，名為「酷吏」。他們言行殘酷，用法定罪則周文深納。政策的趨向，多半形成苛嚴的程度，這也是中國政治哲學史上的一個大祕密。

所以孟子說「**無罪而殺士，則大夫可以去；無罪而戮民，則士可以徙**」，正是看到戰國時代，各國諸侯在自然的政治趨勢之下，漸漸走上了「酷吏」的路子。因此，許多通儒達士，看通了這個道理，多半掛冠而去，飄然遠引的事例也很多。

例如，元朝有一位廉訪使密蘭沙，他是一個蒙古人。元代的廉訪使，不只是現代的監察委員而已，其權力相當於清代的欽差大臣，手執尚方寶劍，先斬後奏，包括了對官吏以及民間的偵查、審理、判罪，乃至於執行生死大權。這位廉訪使，有一次到了福建，穿便衣深入民間調查，走進一個廟裡，看見裡面正在扶乩。

當時降到乩壇的神為紫姑神，所謂紫姑神，就是管廁所的一位女神。過去中國信仰多神的，灶有灶神，床有床神，有米桶神，有酒窨神。以前結婚時，新郎新娘就寢前還要先拜床神。這位紫姑神很受婦女們的崇敬，舅姑、姨媽、表姊妹們，在打牌押花金賭博時，拜拜紫姑神，就往往會贏錢，好像頗為靈驗。現在賭博的人，每逢輸了，就往廁所轉一下，再坐下來賭，便認為會轉輸為贏，這都是由以前拜紫姑神演變下來的。

這位廉訪使，看到扶乩，聽人說靈驗，於是也上去請這位紫姑神，對他的前程做一個指示。在乩筆下，竟寫出以下一首詩：

刀筆相從四十年　非非是是萬千千
一家富貴千家怨　半世功名百世愆
牙笏紫袍今已矣　芒鞋竹杖任悠然

有人問我蓬萊事　雲在青山水在天

這個紫姑神，似乎已經知道這位廉訪使的心事了，他不想作官，因為他權力太大，接觸的事情也太多，覺得人生的一切太可怕了。可是他這番心事，並沒有講出來，不料紫姑神很妙，就作這樣一首詩，指明他的心事，也成為中國通俗文學史中一首名詩了。在元代很多讀書人的家庭中，都把這首詩，做為教導子弟作官的格言了。

在講君臣關係後，孟子又說到「**非禮之禮，非義之義，大人弗為**」，以及「**中也養不中，才也養不才**」這些道理，也是說明君臣之間政治運用的重要。其中的道理，蘇東坡有一篇〈戰國任俠論〉，將幾千年歷史上的這個問題，說得很清楚，也是人才分類的問題。在他看來，社會上有智、勇、辨、力四種人，這些人都靠別人養，自己不大肯努力。也就是說，有頭腦的人很懶，多半希望別人來養他，如果到機構裡上班，最好一天只工作一兩小時，待遇優厚；以現在來說，十萬元的月薪，還有車子用。但他有多大本事呢？

其實一無所長，只是會亂想。所以人，天然靠人養，不願養人。有力的人也如此，不一定願意去碼頭當勞工。這四類的人，一定要由社會國家去養，用得恰當，是國家社會的人才；如果用得不恰當，搗亂的也是他們。

所以蘇東坡這篇文章，把千古以來的社會問題重點，都說出來了。他這篇文章，如以現代的寫作方法來處理，又可以成為一部巨著了。不過，千古文章一大偷，他也是根據《孟子》這裡「**中也養不中，才也養不才**」的觀念而來的，因為他讀懂了《孟子》這一段，所以才能加以發揮，這也可以說，蘇東坡的這篇文章，是學孟子學通了。事實上，蘇東坡對《孟子》一書最熟，他的文章是學《孟子》《莊子》的。

赤子之心

孟子曰：「大人者，不失其赤子之心者也。」

這是孟子提出來的另一個重點。

大人不一定是皇帝，也不一定是大臣；大人可以當皇帝，可以作大臣，也可以作一個最平凡的老百姓，大人是超然的。唯大人可以入聖境，當皇帝則是入聖境為聖王，作宰相則為良相，作老百姓則是一個規規矩矩的聖人。所謂「**赤子**」，在前面已經解說過，就是嬰兒，「**赤子之心**」，一般人說是童心，但不是幼稚，是形容人的天真、天良之心。

曾子著《大學》，就是所謂的大人之學，最後才止於至善，首在「明德」、「親民」，然後「止於至善」。而普通一個人，能夠永遠保持他的天真童心，沒有機心，就是至善，就是「**赤子之心**」。明人洪自誠的《菜根譚》中說：「涉世淺，點染亦淺；歷世深，機械亦深。故君子與其練達，不若朴魯；與其曲謹，不若疏狂」。

他這幾句話很有道理，一個人對人情世故知道得少，自己心理上的污染也比較淺。所以年輕人做事，看來是個冒失鬼，但他心理染汙少，不知道別人可能心存不正。年紀大了，經歷的事情也太多了，看人就不同，辦法也多了。因此他主張「故君子與其練達，不若朴魯」，似乎一個人深通人情世故，面面圓融，處處通達；倒不如老實一點，笨一點，保持那分天真比較好。人純厚，則能保持天真。

《紅樓夢》中的賈寶玉，最不願看的一副對聯是，「世事洞明皆學問，人情練達即文章」，雖然賈寶玉走的路子不同，也不一定對，但在這一點上，他還是保持了赤子之心。

如果以現代的觀念來看，「**大人者，不失其赤子之心者也**」，似乎講這個人永遠長不大，什麼事都不懂，等於半個白癡，像這樣的人還有什麼用？事實上，所謂「**赤子之心**」並不是指長得大或長不大，而是指永遠保持乾淨、純潔、誠懇、少愛憎、少恩怨、仁慈、愛物的心理。

真正修養的境界，如學佛學道，明心見性，初步都是為了恢復赤子之心。古代有一位女神仙曹文逸，她的兩句話說得很好：「無心心即是真心，動靜兩忘為離欲」，這就是赤子之心的境界。孟子說，只有這樣的人，才夠得上中國文化所標榜的「**大人**」，可以作聖君、賢相。

養生送死

孟子曰：「養生者，不足以當大事，惟送死可以當大事。」

孟子說，人活著，並不是人生的一件大事；只有「**送死**」這件事——如長輩、祖父母、父母逝世的時候，才是一件大事。

這是中國幾千年來的文化，過去家裡有人去世時，在門口貼上「當大事」三個黑字的大白紙，就是根據《孟子》這句話來的。

他為什麼說生不足以當大事，死了才是一件大事呢？如果以佛家禪宗的觀點來看，這的確是一件大事。禪宗有一個話頭：「生從何處來，死向何處去」；莊子也說：「生死事大」，這是說我在未生以前，是在什麼地方？死了以後，又到哪裡去？死了以後，究竟另外有沒有一個生命？人到現在還沒有弄清楚。

那麼孟子這裡所說：「**惟送死可以當大事**」，是不是和佛家禪宗及莊子的觀念相同呢？我想這是不相同的，而是與孝道有關。一個人，如果他的長輩或父母過世了，不當做大事去辦，這個人已喪失了赤子之心。

這是什麼道理呢？大家知道，只有小孩子，看見一個人或者動物死了，容易掉眼淚。問他為什麼哭，也說不出理由，這就是他仁慈、悲憫心理的表現，也是人性的當然現象。而一般年紀大的人，看見別人死亡，哭也哭不出，有時候雖哭，也就一半哭死者，一半哭自己，因為有許多複雜的心理。

我這樣解釋養生送死，或者有故意將孟子這一句話，提高其含義的嫌疑。也許真是那麼回事吧。近兩年來，做過幾件有趣的事，講一部《論語》，替孔子當了一次辯護律師；為《關帝大傳》寫了一篇序，又替關羽當了一次辯護律師；現在討論《孟子》，又在替他辯護了。

但是，有一點須要強調的，就是養生不是大事。一個人的出生，世界上又多了一個人，固然是一件可喜的事，但這個人將來如何，都是未知數，所以「**不足以當大事**」。但是一個人死後，所謂蓋棺論定時，才可以當大事。因此，我們想到《論語》中的記載，曾子在臨終手足已不能動的時候，告訴他的學生：「啟予手，啟予足。《詩》云：戰戰兢兢，如臨深淵，如履薄冰。而今而後，吾知免夫。小子」。曾子這些話是說，替我把手足放好，我這一生，凡事都小心翼翼的，但從今以後，我不再虧欠這個世界了，很對得起這個世界了。年輕人，你們一生為人處世要注意呀！

所以送死可以當大事，道理是蓋棺論定了。

由博而約的教育

孟子曰：「君子深造之以道，欲其自得之也。自得之則居之安，居之安則資之深，資之深則取之左右逢其原。故君子欲其自得之也。」

孟子曰：「博學而詳說之，將以反說約也。」

孟子說，人的修養，是要恢復到「**赤子之心**」的境界，要怎樣才能達到呢？不能以填鴨式的教育硬塞，要以啟發式的教育，使其自得，這和後世禪宗的教育相同。我們知道，禪宗祖師的教育方法，所走的路線都是這樣，也就是「**深造之以道**」，才能達到「**道**」的境界。

什麼是道的境界？在這裡暫以孟子的觀念來解釋，就是恢復到「**赤子之心**」的境界，也就是由後天修養，回復到先天的境界。

要怎樣才做得到呢？要他「**自得**」，也就是自悟。假使不是「**自得**」而是被教的，就不能活用。例如現在有許多人學修道，學打坐，一開口就說：老師教我這樣打坐的，好像是為老師而修道、打坐的。老師教了重點，教了方法，自己就要能夠活用；自己不去體會，不去活用，這就是不能夠自得，而是拿到雞毛當令箭了。

禪宗有一句非常有意思的話：「懸崖撒手自肯承當，絕後再蘇欺君不得」，意思就是學問修養要自得，自己啟發自己的靈智，就是道的境界；不是從老師那裡填塞進來的，也不是接受的。否則就變成了宗教的教條式信仰，那並不是道。

只有自得的，則能「**居之安**」；而「**居之安**」並不是指房子住得好，是指平常都在自己所得的本位中。「**居之安則資之深**」，這個「**資之深**」，不是現代語老資格的意思，「**資**」是資用，也就是說，平常處世可以應用你的道。因此出世、入世都在道中行，則「**取之左右逢其原**」，出家也好，隱居也好，不出家也好，為官也好，都處在道中。所以學問之道要「**自得**」。

過去聖人的言教，都是要我們能夠求其自得，這也是從「**赤子之心**」

來的。學問的修養，道的修養，都是這個原則，要「**自得**」。而學問以外的培養，則要學識。嚴格說來，學問就是道，而其它各方面的知識，寫文章等等，那只是學識。

孟子說：「**博學而詳說之，將以反說約也**」，學問之道，必須知識淵博，不走淵博的路線不行。要在淵博以後，再求專精；就是各種知識都懂了，然後再在專門的學識上，作深入的研究。

現在醫學院的教育方式很不錯，最初一兩年，對於醫學上每一科，每一部門，都要學習；最後才專門深研一科，或內科，或外科，或牙科，或耳鼻喉科等等，分科越來越細，越專門。但社會上一般教育很糟，越專門則越不通。現代的「博士」，實際上並不博，只是專家的代號。現在所謂的專家，是獨門深入到牛角尖中的學問，除了他所專的以外，對於別的知識，就完全茫然。這種只求專門的求學方式，在目前這個時代，也許覺得是好的；但可以預見的是，五十年後將成為人類的大害，到時可能後悔，才要改變目前的教育方式。

過去中國教育，學生並不是專學作文；現代的青年誤認為過去的讀書人只是讀國文而已，這真是笑話。我國古代的教育，當然是以國文為主，但是僅以一部《禮記》來說，幾乎天文、地理無所不談，熟讀了這些書之後，樣樣都通達了，那是從博而後約的。現代的教育，目的在求專，開始那一點點的博，只是做為陪襯。這種情形，將來會使人類文化出大問題，這又是一個專題，牽涉太大，只好暫且不談。這裡我們只瞭解孟子的主張，是由「**博學而詳說之，將以反說約也**」，最後歸納而進入專。

這一段談博與專，上一段談自得，兩段聯起來看，自得的是「**道**」，恢復「**赤子之心**」，就是人類天然本性的修養，不被後天物慾環境所污染。對於知識，則先求淵博，再求專門，與道的修養，並不違背。

根本智與差別智

孟子曰：「以善服人者，未有能服人者也。以善養人，然後能服天下。天下不心服而王者，未之有也。」

孟子曰：「言無實不祥。不祥之實，蔽賢者當之。」

這一段，還是根據「赤子之心」的中心思想而來，還在講君與相的問題，就是帝王與宰相之學。孟子這個政治哲學的理論，我們要特別注意了。歷史上的聖君賢相，才夠得上稱為大人；在道家來講，稱這種人為「真人」。由道家這一名稱看，我們這些沒有得道的，都是假人；要得了道的，才是真人。莊子的觀念，有道的是真人；儒家觀念中的大人，就是道家觀念中的真人。古代拍馬屁也稱皇帝為真人，其實皇帝不一定是「真人」，能夠稱得上真人的皇帝很少。

《孟子》中講君相之學的政治哲學，以赤子之心為中心思想。但是，赤子之心如何得到？只有自悟、自肯、自得，也才是真正得了道。但是得了道以後如何？答案最好借用佛學來解釋。

佛學對於得道，名為「根本智」，明心見性所獲得的「**赤子之心**」，就是根本智。但得道以後，並不就是一通百通，也就是說，不是只要打坐一悟了道，什麼都會知道——電機工程也懂了，或者製造原子彈也懂了，一切就像製造鹹鴨蛋一樣製造出來。事實並非如此。

這些人世間的各門各類知識，名為「差別智」。不過得到了根本智，學起差別智來，會更快學會，可以說能到達一聞千悟。對同一件事，普通人要聽一百句話才能懂的，而有了根本智的人，只要聽一句話，就全部懂了。如果說連一句話也不聽就懂，是不可能的。但在宗教界，往往產生這種錯誤的觀念，尤其學佛學道的年輕人，常會有這種幻想，以為打坐悟了道，宇宙間的任何事都會知道。其實一切仍然是要學的，孟子後來講的「**博學而詳說之**」，就是指差別智而言。

這裡又回來說到政治哲學上，聖君賢相的大原則。大家平日講孔孟之學，講中國政治哲學思想史，但在這方面的許多著作，都忘記了《孟子》這裡所說的聖君賢相的大原則。

「**以善服人者，未有能服人者也**」，縱然是再仁慈、再行仁政，以一個「**善**」去服人，已經是第二流，差一級了。因為你是以仁慈做為手段，這善就不是真善。要「**以善養人**」，就是自己心中，沒有存一個為「**善**」的觀念，而是自然而然的去養人。或者，我們將這個抽象的「**善**」字，改用一個具體的名辭，就容易瞭解了。例如說：「以米飽人者，未能飽之」，用米去給人吃，人不但吃不飽，反而會生病；「以飯飽人者，然後而能飽人也」，用飯去給人吃，人家自然吃飽了。

善行而沒有善的形跡，也就是《莊子》「不落形跡」的觀念。不落形跡的行仁政，「**然後能服天下**」，所以天下心悅而誠服，然後王天下。王道的政治就在這裡，後世都以仁慈、仁義做手段，那就更糟糕了，就不是中國文化中王道政治哲學的道理。

所以孟子接著說：「言無實不祥。不祥之實，蔽賢者當之」，這也是後世王陽明所主張「知行合一」的道理，任何理論，假如沒有真實的內容，說出來的話是不吉利的。這種不吉利的空談、吹牛、亂說的話，「蔽賢者」，只有冒充的賢者，才會去說。

水的哲學

徐子曰：「仲尼亟稱於水曰：『水哉！水哉！』何取於水也？」

孟子曰：「原泉混混，不舍晝夜，盈科而後進，放乎四海；有本者如是，是之取爾。苟為無本，七、八月之間雨集，溝澮皆盈；其涸也，可立而待也。故聲聞過情，君子恥之。」

徐子，也可以說是孟子的一個學生，有一次問孟子說：孔子經常讚嘆水：水呀水呀的！水有什麼了不起？為什麼孔子這麼喜歡說水？

其實不但孔子喜歡水，老子也喜歡水。如果澈底研究起水與哲人聖人來，也是一個專題。佛也喜歡水，經常以大海來比喻。中國的諸子百家，也有很多人都喜歡水，把古今中外的人，對水的觀念集合起來，大可以寫一本「水的哲學」。

於是孟子替孔子做了解釋：水從源頭不絕地滾滾而來，白天也流，夜晚也流，永遠不斷的流，千秋流到萬世，永遠都在流。他流呀流，流到了一處窪地，成潭，成澤，成湖，流滿了以後，才又會向下沖過去。正如人之求學，慢慢的學，在學的時候，不要出鋒頭，等到力量充實了，一沖就過去了，這就是水的哲學。

沖出去了，放之於四海，成為浩瀚的局面，淵遠而流長。所以人要效法水的淵遠流長，有所本，有根源，永遠用不完，取之不盡，用之不竭，這就是孔子讚賞水的精神所在。

這是孟子替孔子做的解說。實際上，孟子說了這許多話，文章也寫得好，話也講得厲害。俗話說：「滿罐水都不響，半罐水響叮噹」，孟子接下去也是說半罐水響叮噹的人和事。他說，孔子喜歡水，是教我們要有本，「**有本者如是**」，要淵遠而流長。人如無本，就如夏季七八月間，乾旱得厲害，但一會兒下一陣大雨，水便來得很多，連水溝裡都滿了；可是沒有多久，水就乾了。所以一個人，沒有很好的學問，虛名超過了真本事，那就是半罐水響叮噹了。就如一個人不是百萬富翁，而一般人卻說他是千萬富翁，虛名超過了他實有的財富。當他虧本，要向人借錢時，借不到就倒閉了。這就是「**聲聞過情**」，虛名超過了常情或實情，也是上面說過的「**不虞之譽**」。

有時別人所恭維出來的「名」是假的，恭維你的人，常會突然之間，說出來連影子也沒有的恭維話。但是到了自己倒楣的時候，恭維你的人，也會連影子也沒有的事，都罵了出來。所以一般的人都是聲聞過人。古諺說：「一犬吠影，百犬吠聲」，在鄉下就可看到這種情形。村子裡有一條狗，看到一個小小的影子，就叫了起來；村子裡其他的狗，連影子也沒有看見，只聽到一聲狗叫，於是都跟著亂叫起來，結果全村的狗，都在亂吠。

所以社會群眾心理，有時候也是盲目的，只有大智慧，大修養的人，才看透了這些人生的道理，他們會像孟子說的「**聲聞過情，君子恥之**」那樣，不會虛而不實。

說到這裡，想起幾十年前，我在四川大學哲學研討會上課，講佛學的時候。那時的大學生，和現在的不同，他們很會問難。那一次是在成都的望江樓，和那些年輕學生們一起談禪宗的問題，我告訴他們，如果真瞭解禪宗的道理，「別無一法」。其中有一位同學問「一即一切，一切即一」的道理。我說：「當然，任何一法，都可以說盡三藏十二部」。那位同學一指望江樓外的水說：「你說此法」。我說：「水也包括了小乘道、大乘道、三藏十二部、六度」。他說：「請詳述之」。

幾十年前的大學生，穿一件長袍，冬天頸上圍一條圍巾，手往口袋裡一放，說起話來，偶爾還會搖頭晃腦一下；所用的語彙，往往離不開「之乎也者」。他們高興的時候，會大叫「快哉快哉」，不像現在的大學生說：「好棒啊」。

我說：你看那個流水，「到江送客棹，出嶽潤民田」，這就是布施波羅密；流水不受死屍，不接受髒的東西，死貓，死狗，死老鼠，丟到流水中，一定把它浮起來，就是持戒波羅密；放一塊石頭在流水中間，水不生氣，只轉一個彎，還是往前流去，這是忍辱波羅密；水永遠不斷的向前流，是精進波羅密；流水到一個地方，清澈見底，此為禪定波羅密；但每一個浪頭，每一分鐘，每一秒鐘，卻不同的，不斷不常，就是般若（智慧）波羅密。所以當然具足六德。他們聽了，熱烈鼓掌。

我這是用佛法來解釋孔子為什麼欣賞水，其實用道家或其他各家都可以來解釋。孟子替孔子解釋水，是站在孔子的立場，說水是仁慈的、正義的這個觀點。

如果站在道家的立場，老子的解釋又不一樣。老子教我們學水，他教我們學下流。怎麼個學下流？就是學大海一樣，一切水流下來進入大海，海也就容納一切；能容納一切，才能成其偉大。所以老子教我們學下流，不要學上流，上流源頭最高處，只有一滴水；學下流即是謙虛，人一謙虛，就越來越偉大。如果站在高處，就好比只是一滴水，很容易就乾涸了。所以老子講水又不同。

誰是萬物之靈

孟子曰：「人之所以異於禽獸者幾希，庶民去之，君子存之。舜明於庶物，察於人倫；由仁義行，非行仁義也。」

這一段，孟子又回過頭來說人性了。對於最後兩句話「**由仁義行，非行仁義也**」要特別注意。所以讀《孟子》不能馬虎，因為孟子的文章寫得好，有許多人，包括我的老師們，那些前清的進士、舉人、翰林公，在欣賞美好的文學境界中，都被騙了過去，把書理解錯了。不過，我們對老師們還是很恭敬的，發現老師讀錯時，不像現在的同學不敢講，也不敢問；而是用方法，輕輕的點醒他一下，他就懂了。這裡的兩句話，過去的老先生們，往往有讀錯的。

大家讀這節書，會覺得奇怪。孟子說「**人之所以異於禽獸者幾希**」，人就是禽獸之一種，現在說得好聽一點，人也是動物之一種，所以我們不必看不起禽獸。以哲學的眼光看，對中國文化中的一句話「人為萬物之靈」，我第一個反對，不承認人為萬物之靈。站在萬物公平的立場上看，人類是萬物之中，最壞最壞的一種動物，什麼東西都吃，什麼東西都殺，什麼東西都用。假使站在豬、牛的地位看人類，若說人為萬物之靈，那就更是奇怪了。我覺得牛才是萬物之靈。世界上的人，搞什麼動物保護會，但除了印度人和中國人重視牛之外，沒有人去建一所牛廟，對牛表示恭敬。而牛對於人類的貢獻，是多麼了不起啊！牠活著的時候，吃的是青草，又替人耕田、拉車、推磨，做最苦的工，還供給人們營養豐富的牛奶，從不偷懶，毫無怨尤。一旦老了，力弱難為，人又把它殺了，牛毛可以織氈，供人或穿或用；牛角為裝飾品，或做印章材料；皮的用途更廣，皮帽、皮衣、皮鞋、皮帶、皮包，簡直處處都用得著牛皮。而牛肉、內臟、脂肪，乃至骨髓、腦子，都被人視作補品，大吃特吃。牛骨也可以作飾品用具，熬膠做黏劑，乃至於磨粉當肥料用，絲毫沒有浪費，全部貢獻出來。萬古千秋，世界上沒有任何一種動物像牛這樣偉大的。所以孟子說：「**人之所以異於禽獸者幾希**」，幾希就是「太少了」，這還是客氣話。

其實中國文化，儒道不分，在上古時期的文化，非常清楚，人與禽獸是不分的。那時人的名稱為「倮蟲」，就是一隻蟲，現在我們叫老虎為大蟲，人也是一個大蟲。而且人這個蟲，還不如別的蟲，是光光而來的，什麼都沒有，靠殺別的生物，以其皮為衣，吃別的生物的肉為食。所以人的本身，的確是一個「倮蟲」，為萬千生物中之一而已。所謂「萬物之靈」只是人類的自我標榜罷了。

孟子接著說：「**庶民去之，君子存之**」，對於這兩句話，千古以來，大家的解釋都是說，一般人，對於人性，越離越遠了，「**庶民**」就是一般人。「**君子**」，只有受過好的教育，講究修養的人，才能保存人性的仁慈。

對不起，這種解釋，我表示反對，這種解釋，未免牽強附會。我們看《四庫全書》，讀《十三經》，看到古人那些解釋，令人頭腦發脹。就只這兩句話，幾千年之中，就有許多人的註解，越看越傷心，越看越心煩，覺得浪費了許多紙張。

其實本文就很明白，是與一般註解相反的觀念。上面說，人與禽獸差不多是一樣的，倒是一般人，向一般生物的路上發展去了，是隨自然的天性發展。「**君子存之**」，存些什麼呢？我認為孟子在罵人，他說假君子比一般人更不好；真君子，還保持天機的自然。這是什麼道理呢？答案就在本經的下一句中，不必像古人那樣做牽強附會的解釋了。下面就說得很明白。

「**舜明於庶物，察於人倫；由仁義行，非行仁義也**」，舜是聖人，他的思想、修養的來由，是隨時隨地留意萬物，去瞭解宇宙萬物的物理原則，然後回轉來觀察人道。換言之，他先瞭解了人性與鳥獸的心理，發現有許多地方都是一樣的；待觀察清楚了，再回頭來觀察建立人倫的社會文化。人倫是人為的，不是由天性而來的；人類的天性，幾乎與禽獸一樣。

堯舜時代，建立了人文文化的人倫以後，一直到孟子的時代，才有孟子「**由仁義行，非行仁義也**」這句話，這也就是孟子的大心得。所以儘管講究仁義，我們學會了「**仁義**」這個觀念；教育思想接受了仁義，而去行仁義；但這種仁義是假的，因為本性上並無仁義，而只是一種形式主義的仁義。真正的仁義，是仁義心，是自然而有的，也就是赤子之心。這個就是「**由仁義行**」。

我們再看禽獸，禽獸有時的確有仁慈之心。禽獸除了要吃飽以外，沒有什麼大的壞心腸；人可不然，除了求得吃飽以外，壞心眼很多。人與禽獸不同的是，饑餓時反而馴良，吃飽後，壞心眼特別多。所謂「飽暖思淫慾」這是一定的；而「饑寒起盜心」，但有的人在饑寒時，未必敢發盜心，只是自怨命苦而已。

師道是什麼

孟子曰：「禹惡旨酒而好善言。湯執中，立賢無方。文王視民如傷，望道而未之見。武王不泄邇，不忘遠。周公思兼三王，以施四事。其有不合者，仰而思之，夜以繼日；幸而得之，坐以待旦。」

前面所講的是「君道」和「臣道」，現在講到「師道」了。依照中國文化，人生的大路，差不多就是這三種。第一種，是領導社會、領導國家的「君道」。第二種，是認清自己不是坐轎子的，只好抬別人的轎子，乾脆走「臣道」的路。如何幫助別人，把社會國家領導得好，也就是「臣道」。第三種，既不走君道，也不走臣道，而走「師道」的路，以傳承文化的精神為任務。大而言之，即所謂「王者之師」；小而言之，可以當學校老師，都屬於師道。

師道也包括了人生哲學中的友道之義。古代對於老師與學生之間的關係，常稱做師友之間，是以朋友相處的。可是，現代的年輕人，對於師生的關係，大多弄不清楚。例如有同學寫信給我時，就寫一個「南老師或南老：」，在禮貌上，對平輩以上的人，是不可以直稱其姓的，應稱師長的「字」。同時，姓南而教書的不只我一人，怎麼知道這信是寫給我的？後面跟著再點上兩點，說不定會錯認為是寫給「南老二」的。所以這種來信不必回。又如有人在信末自稱「愚生」兩個字，看來好像謙虛，殊不知長輩對晚輩謙稱才用這個「愚」字，像母舅給外甥寫信，才自稱「愚舅」。另有一型恰恰相反，例如有人寫道：「南公懷瑾夫子大人老師尊鑒」，疊床架屋的來一大堆，我稱他是「墓誌銘」的寫法。

古時一個有過功名的人死了，像前清的墓碑上，每有「某科兩榜進士出身翰林院編修庶起士大司馬……」什麼什麼的，官職官銜一路寫下來，有的長達五六十個字，然後才是某公某某老大人之墓。實在太過！有些人將「老師」等等銜頭，寫在信封上，其實大可不必。因為信封上的字，是告訴郵差的，你寫信給你的老師，可是郵差不必也稱你的老師為老師。反過來，父親寫信給兒子，信封上也只是寫某某先生收，這是對郵差說的，可不能寫某某兒子收，這樣就成大笑話了。

這是講到師生之間的關係，順便一提現代社會上所常見的一些不合禮現象，希望有所改正。

《孟子》這一段，闡述師道與友道之間，同時也討論到君道、臣道，以及師道、友道之間的關係；是告訴大家，師生之間，情如父子，亦如手足。在五六十年前，老師寫給學生的信，往往自稱「愚兄」；許多人因為對於這種謙稱不懂，反而誤認有所開罪於老師，致使老師有意「衝」自己一下。

我們中華民族，自稱禮義之邦，可是演變到這個時代，「禮」也成了問題，「義」也成了問題。

孟子這裡說，禹王不喜歡喝好酒，但是卻特別喜歡聽「善言」，聽見別人說一句話有道理，他就非常崇拜。表面看來，這種精神，對於一個聖人，似乎沒有什麼了不起，因為現在也有很多青年同學，既不喝酒，又喜歡聽別人的善言。

然而，此中另有深意。我們從宗教方面去看，大部分的宗教，對於殺、盜、淫、妄、酒，都列入戒條，在禁止之列。佛家原來並不戒酒，在釋迦牟尼佛時代，因為發生了問題才戒酒。當時有一個弟子喝酒醉了，看見一隻雞就抓來煮了吃，醉後又非禮一個女子，最後殺、盜、淫的戒都犯了。因此釋迦牟尼佛宣佈戒酒，這是佛家戒酒的由來。

「**禹惡旨酒**」，因為酒容易使人迷醉，而夏禹不嗜酒，所以他頭腦不昏憒。人生如果不夠明朗清醒，常常都會如在醉夢中。

不過有一點，我卻喜歡鄭板橋的路線。他說：「酒能亂性，故佛家戒之」；道家和密宗則主張喝酒，喝到微醺的時候，正是養生之道。所以他又說：「酒能養性，仙家飲之」，而他說他自己：「有酒則學仙，無酒則學佛」，這個態度也算很灑脫了。

「**惡旨酒而好善言**」，這是禹一生行為最重要處，不好飲酒，但喜聽善言；至於湯，有兩點：「**執中**」與「**立賢無方**」。

「**湯執中**」，執一個什麼中？這很難做確切而具體的形容。以哲學觀點而論，世界上沒有「中」，以兩端而論，在兩端之間的一半處是中間，但這只是相對的中，不是絕對的中。如果把執一端的手，移到中點，中又成了邊。上下、縱橫、內外的中，都是假設的中。內外之中的中心點，則是虛位，在中處加上一物，則中又成為邊際了。這是哲學的、邏輯的關於中的觀念，可以說永遠不會有一個絕對的，真實的中。只有佛家的《中論》，儒家的《中庸》，全世界只有這兩部討論「中」的書。但內涵太精密，暫不多作討論。

那個湯，執的是什麼中？是中庸之道嗎？而《中庸》這本書裡，對中並未作具體的解釋，只解釋到一個人心修養上的「中和」境界。所謂：「喜怒哀樂之未發，謂之中；發而皆中節，謂之和。中也者，天下之大本也；和也者，天下之達道也。致中和，天地位焉，萬物育焉」，《中庸》裡只有這麼幾句話而已。

後世宋代的理學家解釋《中庸》說：「不偏之謂中，不易之謂庸」，但什麼叫做不偏呢？在哲學觀點上，世界上沒有一個偏與不偏的分別；「不易之謂庸」，而這個世界上也找不出不變易的東西，所以宋儒的這些話，都成問題。

那麼，這裡對於「湯執中」這句話，我們只能解釋說，湯是當皇帝的，在他左右的人，對事情每每有不同的意見，而他能夠「執中」，也就是調和，致其中庸而用之。

這句話，看起來很容易，但凡是當過主管的人就會知道，聽別人不同的意見，而從中去調和，是一件很痛苦也很困難的事。即使是放棄自己的意見，改聽部下的意見，「照你的辦」這句話，也是很難講出來的。尤其放棄自己的意見，又要調和各方意見，這正是民主政治最高的精神，也是一個明君最重要的原則。中國從前的帝王制度，不一定就是專制；一個高明的帝王，他就常常是以「執中」這種精神來領導的，這也就是真正的民主。不過，這也是很難做到的，所以後世的歷史恭維唐太宗，說他在歷史上比較算得上是個明君了。

當然，唐太宗也剛好有一個好宰相魏徵。像有一次，魏徵幾次上同一個奏議給唐太宗，主張某一件事，要怎樣去辦。有一次，唐太宗看了，大為生氣，把他的報告撕成碎片，丟到地上，不予採用，並且大罵一頓。魏徵挨了罵，一聲不響，將那些碎片拾起來，回去再補貼起來，又向唐太宗提出。唐太宗一看，又罵：「你這個老頭兒，一定要這樣才行嗎」？魏徵說：「這也不是為我，是為了朝廷，為了天下」。唐太宗被感動了，說：「照辦，照辦」。他的這個批准，是非常非常難得的。

這種事情，我們讀歷史時，幾十個字的記載，很容易就讀過去了。但是，把書合起來想一想，要將自己的意見取消，而去聽取一個部下的意見，付諸實行，當你身為一個主管時，為了顏面，為了威信，為了自認高明以及許多觀念上的、感情上的原因，這的確是很難辦到的。

又有一次，唐太宗和魏徵激烈的爭辯，待魏徵離開時，唐太宗對著魏徵的背影說：「我非要殺了你不可」，然後悻悻然回到後宮。皇后見他臉色不對，尚有怒容，問起原因，唐太宗說：「又是那個田舍翁（鄉巴佬）給我氣受。」幸而這位賢德的長孫皇后，聽了以後，回到房裡穿上皇后的官服出來，跪下對唐太宗行君臣之禮說：「恭喜陛下」。唐太宗問她什麼事情，值得她如此穿起大禮服來道喜的？皇后說：「有你這樣英明睿智、器量寬宏的好皇帝，才有魏徵這樣一個忠貞愛國的好大臣；這是堯舜禹湯文武以後，所未曾有的盛事，正是天下國家之福，所以我向陛下道賀。」

這一來，唐太宗也不生氣了，不殺魏徵了，叫皇后趕快去換便服吧！當然，他內心還是有過不去之處。

所以，年輕朋友們要注意，當你作主管的時候，你的部下就是大臣；乃至於你是一家之長的時候，你的太太就是你的大臣。如果意見不合的時候，恐怕大家只會吵架，所以，作為一個明君是非常難的，因為「**執中**」這兩個字，的確是很不容易做到的。

才德學兼備

湯的另一個長處是「立賢無方」，他左右所用的人，都是賢能的人，這不只是指人才，最重要的是道德。古代的賢才，包括了「才、德、學」三樣具備，三者不能缺一。但有才不一定有德，聰明的人才高，但因為他聰明，什麼人都見過，也許在言辭、態度上表現得很謙虛，實際上內心看不起人；所以在德的方面，就大有缺欠了，品性就差了。有才又有德，才是第一等人，但是還要加上學，如果沒有學問還是不行。有才德的人如果沒有學問，等於樹根缺乏肥料，無從長成巨木。所以古代的賢者，是具備了「才、德、學」三項德性的。

而湯是「立賢無方」，這「無方」兩個字，曾有多種的解釋，有的說是方位，有的說是崗位，有的認為，湯距離孟子，已經有數百年之久，在湯那個時候，各地是分封的，而各地區言語不統一，文字不統一，經濟型態不統一，甚至政令也不統一。這時仍有濃厚的區域觀念，而這個「**方**」就是區域的觀念，也就是說，湯的用人，無區域、方所的觀念。

另一種解釋「**方**」是方法，說湯用人沒有固定的方法。這個說法有歷史證明，湯當時有一位「師相」名叫傅說，所謂「師相」就是老師，也是宰相。傅說這個人的出身，以現代名辭來說，好聽一點是土木工程，說得不好聽則是木匠水泥匠。他為了建築房子，有一個機會和湯接近，湯發現他是人才，便平步登天，請他當首衛，就是首府之衛。所以說，湯不是用呆板的方法，制定程式、制度；不像現代一定要什麼學歷，任命什麼官階，然後一步步上升。因為普通的人才，可以依呆板的制度升遷，真正的人才，並不一定要走呆定的路線。

孟子緊接著說到歷史上的第三個聖王，就是文王，他看到國內的老百姓都「**如傷**」，依照字面解釋，好像是負傷，或者傷心，其實都不是。這是說，看每個老百姓都有困難，都有傷痛不快樂的地方，所以要替老百姓解決傷痛，解決困難，解決痛苦。套用佛家的觀念，這是大慈悲，看一切眾生都很可憐，所以他時時想到，要去解除老百姓的困苦，因為那是他的責任。

其次「望道而未之見」，照古人對這句話的解釋，因為文王得了道，這個道當然不是學佛得定，參禪開悟的道。所以文王能夠註解《易經》，由於《易經》是闡述形而上學與形而下學，可以彌綸天地的大道。但是他自己不認為得了道，好像沒有道一樣。這是古人對這句話的解釋。

我們仍然依照古人的解釋，來做一箇簡單明瞭的說明，就是說，文王愛民如子，他自己很有道德，別人問到他時，他非常謙虛，自己覺得並沒有什麼了不起。

孟子又提到武王「不泄邇，不忘遠」，就是說不輕視淺近的事，淺近的話；對於很平常的事，他都在做，同時更不忘記高深遠大的見解和計劃。例如我們常說的為政之道——訂一個施政計劃，要為國家老百姓著想，訂百年大計，眼光要看到一百年以後的發展，因為一個政策付諸實施，對國家、對百姓能有五十年的利益，還只算是馬馬虎虎的。古代認為，對於長遠以後的利弊，都要看得很清楚，不像現在，往往一個計劃，在兩三年以後，又須改變了。

最後，孟子說到周公，他是文王的兒子，武王的弟弟，成王的叔父，是一個不得了的人。

周公在道德、學問、修養方面，想兼具三王之所長，三王的好處、善行，他都想做到。因此，周公很用心，很辛苦，如果做出來，不能與三王所做的相符合時，他就「仰而思之」，就是躺著去尋思。人躺下去，全身放鬆，思想就靈光；低頭沉思太久了，眼睛易成近視，思路愈加遲滯。

古人的教育，看書不低頭，看書的姿勢，頗似關羽讀《春秋》的繪像，人端坐，直腰，挺胸，頭也是正直的。以書本就目，從不低頭看書，更沒有躺在床上，歪著身子看書的姿勢。看任何書都如此，寫字也是如此，一定要「端容正坐」，不但是儀表風度的問題，更有其生理上維護健康的原因。千萬不可如現在一般人，寫起字來，紙一定要放得歪歪的，坐得也歪，身體如蝦子，頭又偏又斜又歪，扭曲得像一個被孩子弄壞了的洋娃娃。這也許就是現代的藝術化，可惜很不衛生。

周公的研究精神，更是可佩，對於一個問題，「**夜以繼日**」，白天想了一天，如果還沒有想到答案，晚上繼續的想，晝夜都在研究、尋思。「**幸而得之，坐以待旦**」，如果想到半夜，得到了答案，他就不睡覺，坐在那裡等待天亮，立刻付諸實行，這是周公的精神。

孟子所以會寫文章，說了半天，道出四個帝王的長處，捧了一個周公；當然不是捧周公去睡覺，那是誤解了「孔子夢周公」這個典故。現在年輕人說見周公，認為就是睡覺，那真是大錯特錯了。

《孟子》這裡闡揚了周公的偉大，事實上，三千年來的中國文化，整理的人就是周公，而編釋的人則是孔子。孔子是效法周公的，所以他才處處夢見周公。孔子以前的聖人就是周公；孔子以後，大家才又推崇孔子為聖人。周公的偉大，是他兼備了歷代聖王之長，而他賢相輔政的精神，正是最高尚的師道精神。

孟子是以暗示的手法，點出他是繼承周公、孔子的文化精神，也就是一脈相承了中國文化。

中國歷史的公平精神

孟子曰：「王者之跡熄而《詩》亡，《詩》亡然後《春秋》作。晉之《乘》、楚之《檮杌》、魯之《春秋》，一也。其事則齊桓、晉文，其文則史。孔子曰：其義則丘竊取之矣。」

這一段，其實是與上面意旨相聯貫的。

孟子說，中國文化的王道精神，到了戰國孟子的時候，只像炭火所剩的一點餘燼一樣，快要完了；「詩」的教化精神，已經沒有了。此處所說的「詩」，不是後世的詩，而是《詩經》。所謂「詩禮傳家」，這是文學的、文化的、歷史的、生活的、社會的、經濟的，是最高藝術的詩歌。《論語》中曾討論過，《詩經》之前也有詩，詩以聲音語言表達就是歌，文字簡單而有韻律。就像來自印度的佛經，其原文的梵文，都是可以唱的歌。佛家有

「讚歎」一辭，在佛的面前要「讚歎」就是唱，唱詩歌一樣。當一個人看到美麗的風景時，禁不住會喊「啊！好漂亮的景緻」；看到美好的事物，也都會有這種「美的呼喚」，這就是讚歎。人一高興，一喜悅就讚歎歌詠，那就是詩。所以中國古代有「詩教」，文化以詩來傳播、延續。其實，每一個民族的文學起源，都是以詩歌為首，然後才演變為文。

孟子說，現在詩教的精神，已經過去了，歷史文化，是由《春秋》延續下來。孔子著了《春秋》，左丘明著《左傳》，敘述《春秋》的內容；《春秋》像是報紙上的新聞標題，而《左傳》則是新聞的內容。還有《穀梁傳》《公羊傳》，並稱春秋三傳。

《春秋》是中國歷史學的一個代名辭。為什麼不名為「冬夏」？印度的夏季，出家人有結夏安居，因為印度夏天太熱，沒有辦法做工夫、化緣，因此結夏避暑，大家集中在一起，過了這個階段，才出來活動。在北印度又不同。在中國的氣候，二月中旬與八月中旬，是春、秋兩季的中間，晝夜的時間是一樣長的。而夏天白晝長，夜晚短；冬天白晝短，黑夜長。在氣候上，春秋兩季是溫和的，既不如夏天的炎熱，也不像冬天的酷寒。所以《春秋》的精神就表示了「平」、「平衡」。歷史的記載就是要求平；而歷史的事跡，都是不平的多。但是歷史文化的記載，就等於一個天秤，一定在精神上求其平。對就是對，不對的就是不對，並不因權勢威力而有所改變；儘管貴為皇帝，有不對時，歷史上就記載他的不對。一個做得不對的皇帝，在世的時候，有他的權勢，可逞一時的威風，可是在歷史上，則永遠留下一個汙點。只有中國歷史，才有這種求平的歷史精神，這是中華文化可貴之處。

中國的歷史發源得最早，印度也是一個歷史悠久的民族，可是直到西元十七世紀以後，才靠別人寫下印度的歷史。其他各國的歷史，也都是後來才有的。

中國歷史的記載，是公平精神的表現，即使後世，也是儘量保持這種精神。如晉國的「董狐筆」，董狐是史官，負責記載歷史，皇帝要他改，他寧被殺也不改；有些史官，在被殺以後，由其弟繼承職位，也是和哥哥一樣，照樣是以真實來記載。

晉國的歷史名為「**乘**」，所以後世稱史書為「史乘」，家譜也名為「家乘」。楚國的史書名為「**檮杌**」。書的名稱雖各國不同，而記載歷史的公平精神，則是一樣的。

這是孟子討論中國文化的演變史，感嘆詩教的時代已經過去，而以歷史的著作來擔任文化興亡盛衰的責任。但是孔子所著的《春秋》，內容所述的事實，已經沒有王道的精神，只是霸道的精神，如齊桓公、晉文公這些霸主的事蹟。但孔子的立場和原則，則表達了歷史的持平精神。

嚴格的說，孔子所著的《春秋》，應該稱作「孔氏春秋」。在孔子以前，晏嬰也作了《晏氏春秋》，是史論，不記史實。孔子《春秋》，則有左丘明的《左傳》記實。有人說他是孔子的學生，有的說是師友之間的關係。左丘明眼睛失明以後，是口述由學生記錄而成《左傳》。孔子說，《春秋》的歷史持平精神，就是所謂的「義」，這是我（孔子）內心著作這部《春秋》的原意。

這裡引用孔子的話，他自稱自己的名字為「**丘**」，可是以前讀書人，為了尊敬聖人，讀到這裡的時候，不可以讀作「丘」，只可以讀「某」，因為直呼聖人的名字，就是不敬聖人，要被老師責打的。後來在演義之類的書中，對關羽也只可以稱「關某」了。這是以前尊敬聖人的誠懇，也是崇尚道德的一種精神。

中國紀年的算法

孟子曰：「君子之澤，五世而斬；小人之澤，五世而斬。予未得為孔子徒也，予私淑諸人也。」

我們看了《孟子》這一段，如果回頭再看前面，會感覺十分有趣。孟子開頭說了堯舜，又說到夏禹商湯，然後是讚歎文王、武王、周公，最後捧了孔子。到了這裡，他說到自己了。

他說：「君子之澤，五世而斬；小人之澤，五世而斬」，這是名言，卻無法做定論。我國過去十二年為一紀，三十年為一世，十二萬年為一大紀，一百二十萬年也是一紀。後來西方的計算法，一百年為一世紀。一般人每說，活了六十年算是活了一世的人了，如果按古代的計算法，六十歲的人，應該算是活了兩世。

「君子之澤，五世而斬」，他說一個君子，就是一個最了不起的人，他的崇高精神，留給後世的，最長也只有五世，就是一百五十年就斷了，這是天經地義的事。同樣的，「小人之澤」也是一樣，好的壞的，完全平等。但我們幾十年的人生經驗，看了許多人，不管好的壞的，他的遺澤最多三世就斷了。從前有一個人，白手起家，一毛錢不浪費，很節儉甚至很慳吝，臨死時拖著總不咽氣。家人覺得奇怪，直到看見燈盞裡有兩根燈草，才明白過來，趕緊剔下一根，這個人才放心死去。他省下的錢給了兒女，可是兒女已經在過著年年換新車的生活了。到了孫子的手裡，更是奢侈，結果三代都不到，家就敗完了。等到曾孫一代，又是赤手空拳，從頭再來。人生就是這樣的輪迴，除了文化思想可以延續千秋萬世之外，其他一切都沒有永遠的。

孟子感嘆了人生的無常，然後他說，可惜自己沒有生在孔子那個時代，未能親自從學孔子，直接接受孔子的教化，「予私淑諸人也」，只是讀了他們的書，私底下敬佩他們，而繼承了這個學問的。

後世的私淑弟子，就是從《孟子》這句「私淑諸人」而來的。就是說，並沒有見過這個人，親受他的教育，只讀過他的書，而產生了敬仰，並且為人處世，處處都學他的榜樣，照他的話去做，這就是私淑弟子。換言之，雖然沒有當面受教，可是內心認他為師，就是他的私淑弟子了。但凡是當面受過教，聽過課的，則不能稱為私淑弟子。有的對授課老師，自己稱「晚」，這也不妥；稱「晚」只有對老師的同輩，關係較疏遠一點的自稱晚生或者後學，以表示謙虛。

說到孟子的私淑孔子諸人，大家都知道，孟子是子思的學生，而子思為孔子的孫子。但依據孟子本身所講，好像他也不完全是跟子思學的，而是私淑孔子的。有一本《孟子外書》，再加上《韓詩外傳》等等名家子書的記載，則有各種的說法。有一說：子思與孟子的年齡，相差很遠，在孟子十一二歲的時候，曾經與子思見過面。子思看見孟子這個童子時，就站起來請孟子坐，對孟子很客氣。當時子思的地位已經很高了，居魯國君師之位，他對孟子如此客氣，眾人也表示反對。子思告訴眾人，不必輕視這一童子，他正是未來的聖人。這是傳說之一。另外一說，孟子在小的時候，曾經跟子思學過一段很短的時間，所以也算得上是子思的弟子。而在這裡，他是感嘆未見過前輩的聖人，只是私淑而已。

我們看到孟子寫文章的高明。他從堯、舜、禹、湯、文、武、周公、孔子一直說到自己，在字裡行間，文章背面，等於在說：我孟軻是今日唯一繼承這個道統的人。我們將這幾節文章聯貫的讀下來，就自然會有這種體會。不過可是他並沒有正面的說出來，假如他正面說出來，就不成其為孟子了。不過後世的學者們，從宋儒開始，包括現代的在內，就往往是：「堯、舜、禹、湯、文、武、周公、孔子、孟子、我」了。這一個「我」，問題可真嚴重了，人人皆「我」一下，中國文化的道統，將來可不知會被「我」到哪裡去了。

其實，聖人之道，並不是自求為聖人的，聖人是後世的崇敬封號，自己是否是聖人，未來的歷史文化，自有其公正的評斷。聖人自己，並不自認有什麼了不起，只是自求一生事事都能對自己有所交待而已。這是學聖人之道應該有的態度。假如讀了幾句書，就自認為有學問，因此而傲慢，那就很不敢領教了。

取與之道

孟子曰：「可以取，可以無取，取，傷廉。可以與，可以無與，與，傷惠。可以死，可以無死，死，傷勇。」

孟子講師道，也講一個人立身處世的道理，到這裡孟子在說他自己了。研究孟子的一生，這些地方可不要忘記，他現在是在為自己辯護。

宋朝有好幾個名學者都反對孟子，明朝開國皇帝朱元璋，最初更反對孟子，甚至把孔孟廟裡頭亞聖的牌位拿掉，到後來又佩服他，重新立起亞聖的牌位來。反對孟子的人說，孟子私淑孔子之道，又到處勸諸侯作文王，他心目中根本沒有周朝的天下。又有說孟子既然想出來，卻又「猶抱琵琶半遮面」，千呼萬喚「不」出來。可能當時的人，對他也有這類批評，他在這裡為自己做辯護。他說：

處世作人，「**可以取，可以無取，取，傷廉**」。例如錢，該拿的才拿，如果路上看到遺失的錢，等了半天沒人來找，似乎可以撿起來；但在理論上，這錢還是別人的，不可以拿。照佛家的戒律，這種錢也是不可以拿的。因為佛家的戒律有「不與取」，就是別人沒有給你而你自己去拿的，這就是盜，就犯了盜戒。假如另有第三者前來，告訴第三者並問他要不要，他如說不要，並同意你取去，這才不犯盜戒。所以，依照佛家的戒律，我們幾乎每人都犯了盜戒。

道家說得好，「道者盜也」，修道就是盜，人就是天地萬物之盜。我們吃的青菜、蘿蔔，都是偷來的；空氣、日光、水，也都是偷來的。道家《陰符經》裡說：「天地，萬物之盜；萬物，人之盜；人，萬物之盜也」，彼此都在互偷。所以「道者盜也」這句話，有它的道理。人生什麼不偷啊，即使是江上之清風，山間之明月，你在欣賞時，依道家的說法，這種美麗的景色，被你偷取了。

儒家則說法不同，孔孟之道是說，一件東西，可以拿，也可以不拿的，有時是在兩可之間。如果不應該拿而去拿，就是「**傷廉**」。東漢時，有管寧與華歆割蓆斷交的故事，他們兩個本來是關係很好的同學，有一次在園子裡鋤草，土裡有一塊金子。管寧視黃金如泥土，完全置之不理；華歆拿起來看了一眼才丟掉。當他看一眼時，就有了貪心，管寧因此和他斷交。在道家、佛家看來，他兩人在這件事上的差別，的確很大。

「**取**」是如此，在「**與**」的方面也相似。孟子說，「**可以與，可以無**

與，與，傷惠」，一件事，可以幫別人忙，也可以不必幫，如果因人情而幫忙，則「傷惠」，這種恩惠是多餘的，並不是應該的。

在重要的事情上，遇到可以為此事而死，也可以不為此事而死的時候，那就不必去死。否則的話，就「傷勇」，算不得真正的勇敢了。

例如明末的張居仁與張雄，在明朝大勢已去的時候，他本可以不死的，但張雄對他說，社稷將傾，大丈夫死了就死了，何必那個猶豫的樣子。張居仁說：我並不是不敢死，所以不死，是尚有所圖，希望反攻復國的；現在你既然這樣說，死則死矣。於是兩人一同殉國了。

又如文天祥，可以死，可以不死的時候，他並不死，並不曾自殺；在非死不可的時候，也就從容就義了。所以在可以不死的時候，不應該以死來表示自己的忠誠，應該是一息尚存，作戰到底。從歷史上看，那些不死而為忠臣的人，比那些死而盡忠的人，更加困難，更加痛苦，甚至被後世誤解，在歷史上留下一個罵名。這種精神，實在比以死殉國更偉大，那是真正了不起的人。

孟子的這三段話，也是為他自己做說明。在那個戰國末期時代，他本來也可以投身於時代中，但是他考慮的結果，倘使投身進去，也無法挽救這個時代，也無法幫忙任何一個國家，因此決定不投身進去，還是走他個人的路線，做自己的千秋文化事業。

我們對於孟子這三段話的結論是：「夫子自訴也」，是他為自己所做的辯護狀。

傳非其人　交非其友

逄蒙學射於羿，盡羿之道，思天下惟羿為愈己，於是殺羿。孟子曰：「是亦羿有罪焉。」

公明儀曰：「宜若無罪焉？」

曰：「薄乎云爾，惡得無罪？鄭人使子濯孺子侵衛，衛使庾公之斯追之。子濯孺子曰：『今日我疾作，不可以執弓，吾死矣夫！』問其僕曰：『追我者誰也？』其僕曰：『庾公之斯也。』曰：『吾生矣。』其僕曰：『庾公之斯，衛之善射者也，夫子曰「吾生」，何謂也？』曰：『庾公之斯學射於尹公之他，尹公之他學射於我。夫尹公之他，端人也，其取友必端矣。』庾公之斯至，曰：『夫子何為不執弓？』曰：『今日我疾作，不可以執弓。』曰：『小人學射於尹公之他，尹公之他學射於夫子。我不忍以夫子之道，反害夫子。雖然，今日之事，君事也，我不敢廢。』抽矢叩輪去其金，發乘矢而後反。」

這一段是說師道與友道之間的精神。他在這裡說了一個上古的故事：夏朝的時候，有位名叫「逢蒙」的人，拜后羿為師，學習射箭。當時的后羿，是最著名、最好的射箭手。後來他把后羿的本領都學到了，就認為除了老師后羿射箭比他高明之外，全天下就以他的射術為第一了。於是便從背後，偷偷射了一箭，把后羿射死了。不過后羿也是曾經叛變過的人，也不是好人，現在被學生逢蒙殺掉，完全是因果報應。

孟子對這個故事評論說，這件事情單純的來看，逢蒙叛逆射殺老師，固然有罪，是不應該的；但是后羿自己也有他的過錯，可以說是自食其果。

孟子的學生公明儀說：話不能這樣說吧！后羿並沒有對不起這個學生的地方，而且他毫不藏私，把射箭的本領都教給了逢蒙，他似乎沒有什麼錯處吧！

孟子說：你對這個問題的看法，只有輕重、深淺、遠近上的差別而已。從遠從深處看，第一、后羿本身就是一個叛逆，所謂上樑不正下樑歪。第二、他選弟子眼光不夠，為什麼選逢蒙這樣的人呢？而且教給他殺人的方法，自己就犯了錯誤。從佛道兩家來說，如果傳一個徒弟，而不考察其品性，就是「非其人而傳之」，也是犯戒的。所以怎麼可以說后羿是無罪呢？

孟子接著又用另外一個相反的故事來做說明：

鄭國人派了「**子濯孺子**」，帶兵去攻打衛國，打敗了，衛國派了一個名叫「**庾公之斯**」的將領去追擊他。在這個時候，子濯孺子大概風濕之類的病發作了，兩臂痠痛無力，不能拉弓，他說：我今日病發了，不可以拉弓，這一次死定了。於是問左右的人，衛國追兵中的將領是誰。在古代，雙方交戰是互相可以看見的。於是左右的人告訴他是庾公之斯，子濯孺子聽到是他，就說：我可以活了。左右的人很奇怪，因為庾公之斯，是衛國最了不起的箭手，厲害得很，為什麼說可以活了？子濯孺子說：庾公之斯，是跟尹公之他學射箭的；而尹公之他是跟我學的。尹公之他是一個很方正的人，他收的弟子也一定是個正人君子，不會乘我有病的時候殺我，不會做出這種不合武德的非勇之事，所以我今天不會死了。

果然，庾公之斯追到面前來了，看見子濯孺子沒有拿起弓箭來和他戰鬥，就問道：先生你是什麼意思，為什麼還不拿起弓來戰鬥呢？子濯孺子說：我今天有病，兩臂拿不起弓來，你要殺就殺吧！庾公之斯便說：我這個年輕的小輩，是從師尹公之他學射箭的；而我的老師又是跟你學的。我不忍心以你所教的射箭技藝射殺你，尤其你今日有病不能執弓；只不過今日交鋒，是兩國之間的大事，我也不能因此放棄自己的責任，廢了公事。於是抽出箭來，拔去箭桿上鋒利的金屬箭頭，射了四箭，就回身走了。

「乘矢」的「乘」，是古代的名數，就是四，「乘矢」就是四箭。他這是公義，還是要射，使子濯孺子受傷，但不射死。他這樣做，正是公義與私情兩皆不廢。

孟子用這個故事，說明后羿傳人的不對。他這裡說的這一段話，是因為他的弟子之中，也和孔子的弟子一樣，有些地方做得不對。像他前文所批評的樂正子就是一例，所以他教育弟子為人處世之道，也說明教授學生選擇人品的重要性。

孟子曰：「西子蒙不潔，則人皆掩鼻而過之。雖有惡人，齊戒沐浴，則可以祀上帝。」

孟子在這裡又用另一個比喻，來說明人品選擇的道理，他說，假如像西施那樣漂亮的人，如果蓬頭垢面髒兮兮的不打扮，人們走過她的面前，也會捂起鼻子不看她一眼。所以一個人的人格，一點一滴都不能馬虎，有一點點錯事，都會被人看不起。但是相反的，即使是一個大壞蛋，如果能洗心革面，也可以到祭祀大典上，去面對神明的。

這是孟子的感慨，也是教育年輕人，不要犯過錯，有了過錯則要趕快澈底的改過自新。

聖人能征服自己

孟子曰：「天下之言性也，則故而已矣。故者以利為本。所惡於智者，為其鑿也。如智者若禹之行水也，則無惡於智矣。禹之行水也，行其所無事也。如智者亦行其所無事，則智亦大矣。天之高也，星辰之遠也，苟求其故，千歲之日至，可坐而致也。」

孟子說，現在的人講人性，都是「故而已矣」，就是只依照故有的現象來講。以我們現在的說法，這個道理等於現代西方的心理學，只講形而下的現狀；對於形而上的道理，沒有涉及，還談不上。儘管講的是人性的現狀，也只講了心態上的利弊、善惡，而且只選擇好的一面來談人性。

所以，那些小聰明而又有些知識的人可厭，因為他們「鑿也」，過於裝飾外表，人工雕鑿，用意識分別心，自己刻畫出一個偽善的形象，已經失去了本來面目，而變得虛情假意、刁鑽古怪、尖酸刻薄。

他說，真正的大智慧是大禹，他治理好天下的水患，為千秋萬代建立了水利，這是多麼大的功德；但是大禹不居功，不自詡，這就是大智慧。玩弄聰明的人，常常刁鑽古怪，那不是真智慧。凡是一個真正有大智慧的人，所做的是利國家、利天下，利後世千秋萬代的事業；雖完成一件大事，卻不居功，不表功，那才是真正的大智慧。

有大智慧的人，儘管宇宙如此遼闊，星辰如此遙遠，都可運用智慧，找出它的來源。所以人的智慧，如能好好的運用，對一切事情都可以明瞭。今天科學發展到征服了星球，也並不希奇，最難的是人類如何能征服自己。人類可以征服宇宙，可是大科學家、大哲學家、大思想家，卻沒有辦法征服自己。

我常說，征服天下的是英雄，不是聖人。英雄能征服天下，不能征服自己；而聖人不想征服天下，而能征服自己。征服自己比征服天下更難，所以征服自己的是聖人。我這個道理，與孟子這裡所說的道理，有相同之處。

新娘為大

公行子有子之喪，右師往弔。入門，有進而與右師言者，有就右師之位而與右師言者。孟子不與右師言，右師不悅曰：「諸君子皆與驩言，孟子獨不與驩言，是簡驩也。」

孟子聞之，曰：「禮，朝庭不歷位而相與言，不踰階而相揖也。我欲行禮，子敖以我為簡，不亦異乎？」

當孟子仍在齊國的時候，齊國有一位大臣公行子的兒子死了，齊國的右師王驩去弔喪。王驩就是子敖，曾隨孟子出使滕國弔喪，為副使；孟子也曾批評樂正子，因為他從王驩任職。當王驩擔任孟子的副使時，在往返的路上，孟子不和他說話，因為他是一個壞人，也是齊王的寵臣。這時他當了齊王的右師，官位很大了，他去弔喪時，所有在場的大小官員，都去和他打招呼，站到他旁邊去了。孟子也去弔喪，根本不理他。王驩就不高興，私下對人說：今日大家都跟我打個招呼，只有孟子直進直出，向靈堂行個禮就走了，理也不理我，他是看不起我。王驩這些話，傳到了孟子耳裡，孟子說：好奇怪！王驩身為右師，他還不懂禮啊？在公家辦事，是不能越級做事的。

政府的官階是有次序的，進退應對要按次序，不能超過位置。雖然在私底下是朋友，在公共的場合，還是應該按照公家的規矩行禮。今天是去弔喪的，喪禮上是死者為大，誰管右師不右師。

我們的歷史幾千年來，尤其是從宋朝起到滿清，在婚禮上，以新郎新娘為大，尤其是新娘。如果縣長鳴鑼開道，走到市街時，路上其他人的轎、馬、車輛，都要繞道而行，不敢在路上和縣太爺的儀隊坐轎交錯而過，行人也要避在路旁，站住不動。只有遇到迎親的花轎時，縣太爺卻要下轎，站在路邊讓花轎先行，之後才能回轎繼續前進。這就是母性的權威，因為這位新娘，說不定將來生一個狀元、宰相。當然，這只是笑話，真正的道理，因為婚禮是《詩經》的第一篇，所詠歎的是「人倫之道的開始」。《易經》中也講，「人倫肇端乎夫婦」，這是對人倫大事表示恭敬，是古代的禮節，也就是我們中國文化的精神。在喪禮上，則以死者為大。

所以孟子說，我是去行喪禮的，並不需要與其他來弔喪者打招呼寒暄，而王驩認為我看不起他，這不是很奇怪嗎？

實際上，孟老夫子這句：「**不亦異乎**」，就等於說，他們這樣不懂道理，對我誤解，不是很奇怪嗎？這是最後點出一個道理，藉喪禮的場合交際應酬，是不應該的。

可是，現在我們常在殯儀館中看到，靈堂上死者的遺屬正在哭哭啼啼，極為哀痛時，弔客卻在堂下大談昨天晚上的麻將經。所謂弔喪，已經流於形式，相近於雞尾酒會的會場，變成了交際應酬的場所，簡直讓人看不下去。這也可以借用孟子所說的話：「在殯儀館談麻將經，不亦異乎」，這不是奇怪嗎！

孟子這一件事，是以行為說明，處於臣道之位，對於公義與私情不能用一貫的處理方法。這也與古人庾公之斯的「去金而射」，是同一個原理，不同的表現型態而已。

關於處身臣道之位者，有關處理「公義與私情」的問題，下面再做一個簡單的研究。

公義　私情

這是東漢時楊震的故事，楊姓後世的堂名為「四知堂」，就是表揚他們楊家祖先楊震的德行，要後人仿行。

有一次，有人在深夜找楊震，去講私情，送了一個很大的紅包，被他拒絕了。楊震說，所請託的事，只要在公事上依法過得去的，他絕對照辦。送紅包的人便對他說：現在夜深了，你收下這筆錢，不會有任何人知道。楊震說：你怎麼說沒有人知道？天知、地知、你知、我知，至少就有四方面知道了。那位送紅包的人聽了，非常慚愧，只好向他道歉。這就是處理公義與私情，應有的態度。

又如漢末魏初的時期，蜀漢向魏投降以後，東吳尚憑藉長江之險，和魏對峙。到了晉朝大元帥為羊祜，東吳的大元帥為陸遜之子陸抗。他們兩人，在公義上是敵對的；在私交上，則所謂「棋逢對手，將遇良才」，雙方相互敬重，相互愛惜，英雄惜英雄，因此經常會互送禮物。羊祜有一次送食物給陸抗，陸抗拿了就吃。左右的人見了建議說，還是先檢查一下吧，如果下了毒，那可不得了。陸抗說：「豈有鴆人羊叔子」——羊祜字叔子，他哪裡是一個偷偷摸摸，暗中下毒害人的小人呢？陸抗照樣吃下去，果然沒有事。

他們在私交上雖然如此之好，如此之相互信任，可是在公義上，敵人就絕對是敵人。

唐人劉禹錫的詩上說：「王濬樓船下益州，金陵王氣黯然收」，羊祜年紀大時，將要退休之前，向朝廷上一個報告，指出對東吳的仗不能打，原因是東吳還有人才。等到陸抗死後，羊祜所推薦的下一任將領，才發動戰爭，把東吳滅掉。

再說，宋朝的名相王曾，凡是有人向他請託，要求為官、升遷，他都毫不客氣的當面拒絕；實際上朝中的許多大員，都是他暗中向朝廷推薦的。所以有很多不知道的人罵他，這也是人性脆弱的一面，對人有所要求而不遂時，就怨恨別人。他的後輩范仲淹瞭解實際情形，就對他說：「選賢任能是你為相的職責，為什麼你對推薦提拔人才這件事，不加宣揚呢？」王曾告訴范仲淹說：「夫執政者，恩欲歸己，怨使誰歸」，作為一個國家的官員，不可以把完名美節皆歸己。一個做大事業的人，如果對於天下的好名聲，完整的節操都歸於自己，那麼，那些責備、抱怨，又有誰去負擔呢？我是為國家培養人才，不是為我自己培養人才，要他對朝廷感恩圖報就好了，為什麼要他來感謝我？如果讓他們來感謝我，那是授恩私事，等於我拿國家的名器，為自己作人情。這種事我不會做的。范仲淹聽了，立即跪下來，表示慚愧與敬佩。歷史上還有許多這樣的名臣，尤其到了崇高的地位時，都會無怨無悔的去擔當別人一切的不佳影響，這就是公義。

現代來說，一個主管，都會遇到公道私情的問題。一個人有了地位，有了權力，還要去攬一切完名美節為己有，天下哪有那麼便宜的事啊。

從另一個方面研究，例如文天祥這位忠臣，那真是千秋萬世的氣節，非常了不起；文天祥的兄弟，也是宋朝的狀元，而與哥哥恰恰相反。哥哥文天祥，是為盡忠宋朝而死；他卻在元朝當「承旨」，等於皇帝的祕書長，類似有副宰相的權力。有兩首詩講：

兄也為難弟也難　嶺雲出岫不同觀
同根若自分枝葉　一樹梅花有兩般
南枝向暖北枝寒　一樹梅花有兩般
誰知北去留承旨　也是南朝一狀元

第一首的意思是，兄弟兩人都很為難，哥哥盡忠，須犧牲死難；弟弟投降負辱，也是一難。他們雖是親兄弟，卻和山嶺間的雲氣一樣，一同自谷底升起，出岫以後就不一樣了。雖然是同根的一株梅花樹，待枝葉一分，卻是截然不同的情形。因為他們是江西人，江西在梅嶺之北，即大庾嶺之北，又名嶺北。梅嶺以梅花得名，故詩人就地取材，以梅來比喻，顯示這兩兄弟的不同境況。「一樹梅花有兩般」，這句詩常被後人借用。

第二首，「南枝向暖北枝寒，一樹梅花有兩般」，大庾嶺為江西廣東的分界嶺，嶺南和嶺北的氣候，截然不同。所以在嶺頭的梅花，同是一樹，向南枝的，冬天就開花了，要等到南枝的花將謝時，北枝才開花。所以詩人以此嶺頭之梅來比喻，指文天祥的弟弟，在南宋派他到北方為大使時，被元世祖扣留，最後投降，作了元世祖的「承旨」。

這些都是公義私情不一致的現象，歷史給予了評論。

張弘範與范文程

此外，中國五千年歷史，在公義私情與民族觀念的關係方面，也非常講究。尤其在唐宋以後，如宋之於元，明之於清，這兩個朝代，對於民族的氣節，非常重視。

我們知道，宋末文天祥被元朝俘虜以後，陸秀夫抱著趙匡胤最後一代的孫子，在廣東跳下崖門（又稱為崖山）投海，宋朝的三百年天下，才算是真正完全結束，陸秀夫也是宋朝一位以身殉國的忠臣。

因為當時元朝的一個將領張弘範，追擊陸秀夫到崖門，他也是俘虜文天祥的人，陸秀夫抱了宋朝最後一代的皇帝在此跳海，於是元朝就在崖門立了一塊石碑，上面鑄了七個大字：「張弘範滅宋於此」。八十年後，明朝建立起來了，就有人在這方碑上加了一個「宋」字，而成為「宋張弘範滅宋於此」，因為張弘範不是蒙古人，而是漢人，所以加上了這樣一個字。這就是《春秋》筆法，只用一個字，就論斷了他千古的罪過，說明他只是一個大漢奸，一名漢賊。更有詩罵他：「鑄功奇石張弘範，不是胡兒是漢兒」。

假定推開狹隘的種族觀念，來看歷史背景，張弘範的祖先，兩三百年都在北方。宋朝趙匡胤統一天下，事實上只統一了一半，他的政權僅僅行於從中原以南。假如研究歷史，很嚴格的以政治地理，版圖疆域而論，似乎宋朝還不夠成為一個完整的朝代。北宋趙匡胤當了皇帝以後，黃河以北的燕雲十六州，已經畫出版圖以外了。北方金、遼、元與宋朝南北並立，北方的老百姓，這三百年來，在政治的管轄上，已經不是宋朝的子民了。張弘範的父親，本來就是元朝的武將，威震河朔。

對於南方的雲南，宋朝也沒有統一過來，雲南自唐朝末年，就有一個「大理」國，國王姓段。有宋一代，這個國家始終存在的，本來是邊陲少數民族哀牢夷族，唐時稱「南詔」國；後歸唐，因擊吐蕃有功，又封為南詔王，改國號為「大理」。五代石晉時，為段氏所據，稱大理國，直到元朝時才被消滅。

清代《一統志》的記載說，迦葉尊者入寂於雲南的雞足山，就是大理國境內，一般人卻不大相信。如果詳細研究，就可發現，在釋迦牟尼佛的時代，雲南西部一帶地方，是在印度的範圍中。只是那個時代，還沒有畫分嚴格的界線而已。而且大理國以前的南詔國，在幾百年中，曾經換過好幾個國王，阿育王的後代也曾經作過國王。

又如滿清入關時，最有名的軍師范文程，他是宋朝范仲淹的十七代世孫。滿清入關以後，文武制度的建立，與范文程的建議大有關係。但是仔細一查他的歷史，他的祖先，在明朝的中葉已經出關了。所以，談到歷史上臣道的公義私情問題的處理時，如果以姓氏種族的角度為準繩，有時未免太過苛刻了。

這裡特別研究這個問題，是與後面〈萬章〉篇的內容有關，因為在公義私情的問題上，孟子已經被人批評了。

施琅的故事

我到臺灣以後，曾經特別注意一個史料，就是鄭成功來臺建立了基地，始終抗拒滿清這樁事。鄭成功死後，康熙時代第一個替滿清統一臺灣的，也是一個漢人，名叫施琅。

我以前讀歷史，受了傳統觀念的影響，對於施琅這一類的人，都非常痛恨，因此就讀施琅傳，研究施琅為什麼要做這樣的罪人。從心理學的立場去研究，是不是他心理上有問題。當然從歷史的觀點，站在民族的立場看，施琅是一個漢奸，對此，施琅自己固然要負百分之八九十的責任，但鄭成功也有百分之一二十的責任。

施琅本來是鄭成功的部下，聰明，能幹，很得鄭成功的喜愛，他一家都是跟隨鄭成功的。可是因為一件事，施琅的父親及哥哥犯了錯誤，被鄭成功一怒之下殺掉了。鄭成功派人去追捕施琅時，施琅已經逃走了。這一來施琅對鄭成功的仇恨可就深了，和戰國時代，伍子胥對楚國的仇恨，同出一轍。

伍子胥全家被楚王殺了，逃出來到了吳國，在吳國幾十年的辛苦，最後硬是打垮了楚國，將楚王的屍首挖出來鞭屍，後世都批評他做得過分了。

所以當一個領導人，無論在政治、軍事、社會上，對部下或寬厚仁慈，或嚴厲管束，處理起來，都要做得恰當。像施琅受此刺激，心理發生了變態，他反了鄭成功，投向滿清，目的是要打垮鄭成功。後來鄭成功死了，在鄭成功孫子的時代，他打進了臺灣，自己身上也負了好幾處傷，年紀也有五六十歲了。他到了臺南，一般人當時的想法，認為他一定會和伍子胥一樣，把鄭成功的廟拆掉，說不定也來一個鞭屍。但事實並不如此，他卻到鄭成功廟去祭奠。讀他的傳記，其中對鄭成功的那篇祭文，令人落淚，覺得施琅對於鄭成功能夠祭奠時，仍視鄭成功如長官，還是不容易的。這篇祭文的文章也寫得很好，可能不是由幕僚代筆，而是施琅親撰的，否則不會有如此真切的感情。現在引述如下：

「自同安侯入臺，臺地始有居民。逮賜姓啟土，世為巖疆，莫可誰何。今琅賴天子之靈，將帥之方，克有茲土，不辭滅國之罪，所以忠朝廷而報父兄之職分也。但琅起卒伍，於賜姓有魚水之歡，中間微嫌，釀成大戾，琅與賜姓，剪為仇敵，情猶臣主。蘆中窮士，義所不為，公義私恩，如是而已」。

同安侯鄭芝龍是鄭成功的父親，明朝封他為同安侯。施琅父子，也是鄭成功兩代的部下。他這裡是說，臺灣本來是一個荒島，自從你的父親來臺開發以後，臺灣才開始有老百姓，在你父子的經營下，逐漸繁榮。

「賜姓」即指明朝賜鄭成功姓朱，明代的皇帝姓朱，朱也即國姓，所以後世尊稱鄭成功為「國姓爺」，對姓鄭的人也稱為國姓。這裡施琅稱他為賜姓，也是一種崇敬的意思。等到賜姓統治了臺灣，成為最重要的邊疆要地，當時在你的統治之下，誰也沒有辦法對付你。我現在賴天子之靈（這句話是故意給滿州人聽的），將帥之力，今日總算把你打垮了，拿下這塊土地了。「不辭滅國之罪，所以忠朝廷而報父兄之職分也」，他自己也知道，這樣做將來在歷史上的罪名很大，私仇上固然打垮了鄭成功，但在公義而言，卻滅掉了漢人的最後一塊土地。我為什麼冒這個歷史大罪名？因為是忠於朝廷——滿清，這是官面文章。下面一句話是真的，他說假公濟私，今日我到底報了父兄之仇，當時你實在做得太絕了，我不得已而如此，才有今日。

上面說到公義，下面說到私情了，「但琅起卒伍，於賜姓有魚水之歡」，他說，我是行伍出身，是你的老部下，在當時，我們的感情如魚得水一樣，你的確對我很好，很愛護我，很信任我。可是「中間微嫌，釀成大戾，琅與賜姓，剪為仇敵，情猶臣主」，而你中了左右的人的挑撥，把我的父兄殺了，因此我們之間情誼，像是被剪刀剪斷，而成為仇人。雖然如此，我個人對你的感情還是好的，你還是我最好的長官，我仍然是你的部下。所以「蘆中窮士，義所不為，公義私恩，如是而已」。這裡說的蘆中窮士，就是伍子胥。

當伍子胥逃離楚國，奔到江邊的時候，為了躲避後面的追兵，藏到了蘆葦叢中。饑困交加之時，遇到一個漁夫划船而來。漁夫見他面有饑色，大概猜到他是何許人也，就停船上岸去了。伍子胥以為漁夫去告密，又躲回蘆葦叢中。漁夫回來，手裡拿著米飯魚羹，不見伍子胥人影，便呼喚說：蘆中人，蘆中人，豈非窮士乎？伍子胥這才走出來。吃飽肚子之後，為表示感謝，伍子胥欲以佩劍相贈，漁夫不肯收，讓他快走。伍子胥囑咐漁夫，把剩下的飯菜碗筷藏好，不要暴露了他的行蹤。待得伍子胥走出幾步路，再回頭看時，漁夫已經覆船自沉於江水了。這就是蘆中人的故事。

施琅的經歷和伍子胥一樣，所以他這兩句話的意思就是說，今天我本來也可以像伍子胥一樣，把你的屍體拖出來鞭打一番，可是我絕不能這樣做。公義也好，私仇也好，到此結束了。他讀完了祭文，跪下去拜鄭成功時，眼淚也掉下來了。

我們讀到這最後的一段，不禁也要掉下眼淚來，也發現鄭成功脾氣不小，尤其在他快死的時候，也許有肝病或者其他什麼病，他的情緒很不正常。所以，大家也許可以對歷代領導人的心理，加以研究，而建立一種領導心理學。如朱元璋也是一樣，他當了皇帝，到了晚年，心理也是很不正常。以現代的醫學觀念研究，他可能血壓高，還有肝炎，也很可能有精神分裂，情緒很不穩定，喜歡殺人，他自己都控制不了。

看了歷史上這許多人的作為，可見修養之難，也惟有真修養，才能祛病延年，才能克制病痛。許多古代英雄，因為身心的不健康，心理的不正常，不但當時毀滅了自己的事業，並且在歷史上，留下了很難堪的記錄。

所以，施琅對鄭成功的這篇祭文中，以如此至誠真情，說出「蘆中窮士，義所不為」這八個字，還是了不起的。正如孟子說孔子的「**仲尼不為已甚者**」，不做太過分的事。假如施琅像伍子胥那樣做，也只是過分而已，不能說他錯，但是施琅絕不那樣做。所以他的後人也非常好，小說《施公案》中的那個施公施世綸，就是施琅的兒子，可見他的家庭教育也很好。

年輕人讀歷史，不要只是為了聯考，而是要學習歷史經驗。古今中外的歷史，大事小事，都是經驗啊！把這許多經驗綜合起來，就知道公義私情之間，處理的分寸和方式，有太多的不同，又是多麼的重要了。

孟子曰：「君子所以異於人者，以其存心也。君子以仁存心，以禮存心。仁者愛人，有禮者敬人。愛人者，人恆愛之；敬人者，人恆敬之。

有人於此，其待我以橫逆，則君子必自反也：『我必不仁也，必無禮也，此物奚宜至哉？』其自反而仁矣，自反而有禮矣。其橫逆由是也，君子必自反也：『我必不忠。』自反而忠矣。其橫逆由是也，君子曰：『此亦妄

人也已矣。如此則與禽獸奚擇哉？於禽獸又何難焉！』是故君子有終身之憂，無一朝之患也。乃若所憂則有之。舜，人也；我，亦人也。舜為法於天下，可傳於後世，我由未免為鄉人也，是則可憂也。憂之如何？如舜而已矣。

若夫君子所患則亡矣。非仁無為也，非禮無行也；如有一朝之患，則君子不患矣。」

人緣不好　自我反省

在古代，對於受過良好教育，有學問、有修養、有德行的，稱為君子，沒有受過良好教育的，就叫做小人。

古代的教育不像現在普及，知識分子的家庭，代代讀書，所謂世代書香；而不讀書家庭的子弟，若想讀書，確是很困難的。五六十年前，不識字的文盲很多，他們拿到一枝筆，似乎比一把鋤頭還要重。他們可以用一根扁擔，挑起五六十公斤的糧食，在山路上奔走如飛；如果要他拿一枝筆在紙上畫押，寫一個「十」字，等於現在的簽字，就像要他舉個千斤鐵棒似的，額角沁汗，兩手發抖，寫不下去，只好讓他蓋手印了。

所以，在古代，有君子小人之分，並不是對小人輕視，而只是兩種不同類型人物的代名辭而已。

孟子說，一個知識分子、士大夫，既然受了教育，有了學問修養，就要與一般人不同；自己要在思想、觀念、志向上與人不同，要以仁存心，以禮存心。這也是中國文化仁道的中心。所謂仁就是要處處愛人，要慈愛，以慈悲待人；禮則是以禮待人，從內心對人恭敬，尊重別人。譬如前面所說施琅與鄭成功之間的故事，在過程中，因為越出了禮的範圍，便產生了歷史上如此重大的事故。所以「**仁者愛人，有禮者敬人**」，一個人一方面愛人，同時也要敬人，對人有禮。

那麼，「愛人者，人恆愛之；敬人者，人恆敬之」，自己愛別人多少，別人也愛你多少，這也是物理的道理。但要注意這個「恆」字的含義，這種仁愛、恭敬的相互往來，並不是指個別的人而言，你愛張三愛得入骨，說不定張三反而恨你恨到入骨。這種因果關係很複雜，可能你對張三好，而張三對你的好回應，是由李四那裡轉過來的。所以李四對你好，也與你對張三好是一樣的。這樣的情形，在佛家來說，就是因緣，敬人也是如此。所以不必對人做個別的要求：我對你這樣好，你為什麼對我不好？而是一個知識分子，要有這樣的存心，若希望獲得別人對你仁慈、恭敬，必先對人仁慈、恭敬，這樣才會得到別人的敬愛。

有的年輕人每每感嘆：我原來對人都很好，可是所遇到的人對我都不好；我感覺現在時代變了，人心不同了，所以我也改變了。

但是，對這類事情，孟子的看法則不一樣。他說：假使有人對人慈愛，也有禮貌，可是別人卻「待我以橫逆」。例如：我坐計程車，付了錢下車時，對司機說一聲：謝謝！司機反而瞪我一眼。也許他心裡在想，你給我錢，我沒有說謝謝，你卻說謝謝，「**不亦異乎**」，難道你在挖苦我嗎！他那麼一想歪，便成了「敬人者人恆瞪之」了。作為一個君子，自己就要想一想，是否自己有不對的地方，否則為什麼會遭遇這樣的對待呢？這中間是否有雙重因果，另外的道理？如果反省一下，自己對人又仁慈，又恭敬，一切都對了，仍然遭遇到這種不合理的反應，是否因為我的行為不夠忠實呢？我心裡雖然想做到愛人、敬人，是否沒有真正的盡心呢？如果再三反省，自己的確愛人，非常有禮敬人，而且已經盡心做到了，還是遭到橫逆；經過了這三次反覆的自省，可以確定錯並不在自己，而因對方是一個「**妄人**」。孟子的文章，很文雅的說是一個「**妄人**」，以現代一般人罵人的話來說，就是一個混蛋。

說到「**妄人**」，想起清代的王壬秋（王湘綺），他的學問非常好，是曾國藩的幕賓，深得曾國藩的敬重。在與太平天國作戰時，有一天深夜兩人單獨談話，王壬秋便勸曾國藩乘機推翻滿清。曾國藩也不說對，也不說不對，一面對王壬秋哼哼哈哈，唯唯否否，一面習慣的用手指蘸了茶，在桌面上畫來畫去練字。談完了話以後，曾國藩的桌面上，寫滿了「**妄人**」兩個字。

現在回到《孟子》的本文。

孟子說：我們既然再三反省，錯處在於對方是一個妄人，那麼再三愛之以仁，敬之以禮，也感化不了他，這樣的人，「**與禽獸奚擇哉**」，又怎能從一般的動物中區分出來呢？可見這樣的人，和禽獸沒有什麼分別了。不過如果自己不加反省，只認為別人錯，自己對，又與禽獸有什麼差別呢？既知他與禽獸沒有分別，對於禽獸，有什麼好責難的，又何必去和他計較呢？

所以「**君子有終身之憂，無一朝之患也**」，這是孟子的兩句名言，我們立身處世，談修養，目光要看得遠大。禪宗的說法，就是要有見地，要有正見，要考慮一輩子的事。如前面談到「**惟送死可以當大事**」，要想到將來蓋棺時的那個定論，是好是壞，人的一生幾十年，在歷史上成為一個什麼樣的人？所以自己要確定人生觀，有一個典型。這個典型，在一個知識分子所謂君子而言，是以存心為本；而存心在仁義，就是立志於仁義。如果有一點做不到，就是「**終身之憂**」；「**無一朝之患**」，不計較目前的一切，目前一年半載，乃至於幾十年被人誤解，都沒關係，不算數，要看一生成就在什麼地方。一個人一生或富或貧，有否地位、聲望，都沒有關係，這不是憂患，主要是以自己的學問道德修養為根本。

因此，君子有這樣的憂慮。舜也是一個人，我自己也是一個人，同樣是人，舜可以成為聖人，為千秋萬世立功業，使天下後世效法他；而我自己呢，卻沒有任何可留給後世的，毫無建樹，不過是一個普通人罷了。一個普通人有什麼用？我們經常看到，有人在幾十年當中，表面的聲名功業，威赫一時，但死後十年二十年，他的名字也被人遺忘了，更無人知道他曾經做了些什麼。試看歷史上有多少人，現代又有多少人，就如司馬遷寫《史記》的感嘆一樣，「與草木同朽」，花也好，葉也好，花開葉綠時，大家都欣賞，等到花謝葉枯的時候，掉在地上，變成了泥土，誰還記得他？所以，一個君子所憂患的，就是自己人生的價值。

「**憂之如何？如舜而已矣**」，一個君子，有了這樣的終身之憂以後，該怎麼辦呢？那就要效法舜。

接著孟子感嘆：「**若夫君子所患則亡矣。非仁無為也，非禮無行也。如有一朝之患，則君子不患矣**」，他說，現在時代不同了，我所看到的君子，一般自以為是的知識分子，沒有顧慮到千秋萬代自己是否功在人間，他所顧慮的，只有目前。

孟子在兩千多年前，就有這樣的感嘆，以現在時代的趨勢看，這樣發展下去，不知最後成什麼樣的世界了。兩千多年，一代一代下來，每一代的老年人，都有這種感嘆。

孟子說：在這樣的時代裡，仁與禮，已經沒有用了。但並不是仁與禮的價值喪失了，精神不應該存在，而是大家事事只顧目前，太現實了。因此有心的知識分子感到，像這樣的社會，是歷史的一個大毛病，因而深覺悲痛。

這種文章，須要朗誦的。在朗誦時，鏗鏘有聲，如果稍稍唸得不對，在音節韻律上就聽得出來，而唸不下去了。固然，音韻旋律好，文字暢利，虛字多，可以拉長聲音來揚聲吟讀；可是沉醉於旋律之中，則對內容的邏輯，反而交待不清。

這段文字，就是這種型態。當然，談到學寫古文，無不效法《孟子》《莊子》的筆法；唐宋八大家的文章、寫作技巧，也無不脫胎於《孟子》《莊子》。所以他們儘管是唐宋八大家，如果有人開了文章醫院的話，他們八大家有些文章，照樣可以送進去治療一下。不過，醫生有時候也會生病的，批評他人容易，自己作起來可就難了。

聖人的用心

禹、稷當平世，三過其門而不入，孔子賢之。顏子當亂世，居於陋巷，一簞食，一瓢飲，人不堪其憂，顏子不改其樂，孔子賢之。

孟子曰：「禹、稷、顏回同道。禹思天下有溺者，由己溺之也；稷思天下有飢者，由己飢之也；是以如是其急也。禹、稷、顏子，易地則皆然。

今有同室之人鬬者，救之，雖被髮纓冠而救之，可也。鄉鄰有鬬者，被髮纓冠而往救之，則惑也，雖閉戶可也。」

孟子這裡說到上古的歷史，又提出一種人格的典型，掀起一個新高潮：「**禹、稷當平世，三過其門而不入，孔子賢之**」，對於上古的歷史，孔、孟只提堯舜，很少提及大禹；孔子對於大禹，只說：「禹，吾無間然矣」，對於大禹，我沒有話講。假如沒有大禹治水，終止全國的水患，興修全國水利的話，後代子孫幾千年文化統一的歷史光輝，就會是另外一種情形；至於情況究竟如何，可就不得而知了。所以大禹的功勞最大。

稷，是堯舜時代管農業的大臣，也就是周朝的祖先后稷，我國農業社會基礎的奠定，是后稷的功勞。孟子說：禹和稷這兩個人，是在太平的時代，沒有戰爭；禹治水，九年在外面，跑遍全國。

我們不知道他是如何治水，能把全國黃河、長江、大小河川的水利都修好。不過有後世學者懷疑，大禹治水的地方，並不是整個黃河或長江，只是其中的一段而已。一段也好，半段也好，在當時就算是走路，一段也走不完。所以在野史中，說大禹會畫符唸咒，使喚鬼神；這種道家所描述的大禹，完全是一種神話。據說長江中游淮河流域一帶，都還有大禹當年驅使鬼神留下的古代之寶，後世的神話小說也是這樣的敘述。

但據正史記載，禹治水九年，三次走過自己家門，都沒有進去看看太太、孩子，匆匆忙忙的走了。后稷在管理農事的時候，也是這樣忙。他們只有公義，忘了私情，所以孔子對於大禹，只說「吾無間然」，對於這樣的人，無話可說，功德太大了，沒有辦法下一個評論。

禹及稷，是一種入世的典型，下面孟子所說的，是出世的典型人物：

「**顏子當亂世，居於陋巷，一簞食，一瓢飲，人不堪其憂，顏子不改其樂，孔子賢之**」。顏回生的時代不好，是亂世，一輩子沒有出來做事，住在貧民區裡，下雨天水高三尺，走不進去，也髒得很。他每天吃的是糙米飯，用竹篾或蒲草編的小飯包裝著，再有一瓢鹽開水。在別的人眼裡，這種生活連看也看不下去，看了要發愁，可是顏回照樣很快樂；孔子也讚美他，說他不得了。不過，後人說顏回四十來歲就死了，就是因為營養不良，也成為民國初年「打倒孔家店」的一個口號；把顏回之死的責任，歸到孔子身上，說他這麼喜歡顏回，卻對顏回的生活沒有照顧好，以致早死。這當然是笑話。

孟子為什麼舉出這兩種不同的典型來呢？他說：「**禹、稷、顏回同道**」，在人格的修養，入世與出世的精神方面，禹、稷、顏回三個人，是功德相同，精神相同的。因為：「**禹思天下有溺者，由己溺之也；稷思天下有飢者，由己飢之也。是以如是其急也**」，禹和稷的存心、立志，像佛家說的發願、發心，救世救人。禹看到全國的洪水，天下人被淹，等於自己被淹死一樣的痛苦。所以他忙於救水災，救世救人，忘記了自己。當后稷負責管理天下農業的時候，看到天下人沒有飯吃，也等於自己在挨餓，因此急急忙忙的去工作，沒有考慮自己本身的問題。「**禹、稷、顏子，易地則皆然**」。顏回處在亂世，他出來救不了那個時代，「中流砥柱」抵不住，營養不良，健康也不佳，就只好居陋室，一簞食，一瓢飲了。

這也就是說，在不同的時間，不同的空間，人要知道自處。但是，知道自處，雖然生活的型態不同，存心則不變，不能沒有救世救人的存心。也許客觀的因素，做不到一絲一毫，那也是命也！時也！時空的問題，不是自己不做的問題。所以孟子說，顏回如果換了一個時代，一定和禹、稷的作為一樣。他認為顏回已經達到中國文化安貧樂道的標準了。

孟子接下來講，是否可救的兩種不同的「鬬者」。這裡可以看到孟子當時的心情，是在講他自己了。這個文章寫得很巧妙，後世許多人寫給皇帝的高明奏議，都是已經深懂《孟子》這一段的寫作方法；沒有替自己辯護，沒有罵所處的時代，可是字裡行間，也表達了自己的心情，就等於罵了他所處的時代。

孟子說：「**今有同室之人鬬者，救之，雖被髮纓冠而救之，可也**」。假定同住在一個房子的人在打架，當然要救他。在這個時候，來不及紮好頭髮，穿好衣服，就趕去排難解紛，這是應該的。如果是鄰居在打架，以目前國際問題為例而言，假使埃及與以色列打起來了，而我們急忙包一架飛機去勸架，這是我們做不了的事，如果去救就是糊塗。

或者，有人批評孟子說，你老先生，滿口仁義道德，一天到晚說要救世救人，現在各國都在戰爭，你老先生出來，鵝毛扇子一搖，當當軍師，天下不就太平了嗎？你自己怎麼不出來呢？所以孟子就說了這段話，表明他自己是持這樣的態度。這也給了後世的我們，一個處世作人的法則。救世救人是大事業之心，不能沒有，不過要知道時間、空間、位置的問題，才能夠自處，這也就是知道處世了。

不孝有五

公都子曰：「匡章，通國皆稱不孝焉。夫子與之遊，又從而禮貌之，敢問何也？」

孟子曰：「世俗所謂不孝者五：惰其四肢，不顧父母之養，一不孝也；

博弈、好飲酒，不顧父母之養，二不孝也；好貨財，私妻子，不顧父母之養，三不孝也；從耳目之欲，以為父母戮，四不孝也；好勇鬬很，以危父母，五不孝也。章子有一於是乎？

夫章子，子父責善而不相遇也。責善，朋友之道也；父子責善，賊恩之大者。夫章子豈不欲有夫妻子母之屬哉？為得罪於父，不得近；出妻，屏子，終身不養焉。其設心以為不若是，是則罪之大者。是則章子已矣。」

前面討論到《孟子》「不孝有三，無後為大」的問題時，我曾指出古人的註解錯了，應該以經註經。在《孟子》的本經中，已經有了說明，「不作官而養父母」並不是大不孝。現在我們讀了這段文章，更可以證明我的主張沒有錯。

孟子有一個朋友，名叫匡章。有一天孟子的學生公都子，對孟子說：全國的人都在罵匡章是壞蛋，是一個不孝的人，可是，老師你卻跟他做朋友，而且對他非常有禮貌，客氣得很。你是提倡孝道的人，可為什麼和這樣的人作朋友呢？

孟子說：世界上一般的人，在習俗上說人不孝，有五個理由：第一，懶惰，不去做工，不去謀生，不養父母，是第一個不孝。不過這是世俗普通的不孝，並不是不作官養父母為不孝的意思。第二，賭錢、喝酒，錢不夠用了就去標會、借錢，只顧自己吃喝玩樂，不顧父母的孝養。第三，貪財私妻，只管賺錢，只管養老婆，老婆要什麼就給什麼；父母要什麼，則做不到，乃至父母的生活成問題也不管。這都是社會上的通常現象，世俗中這種人很多。第四，喜歡聲色之樂，上歌廳，看跳大腿舞，進舞廳，逛夜總會，交女朋友，到處玩。沒有錢就去偷去搶，為非作歹犯法，連累到父母。第五，喜歡打架，動不動拿起刀來傷人殺人，結果被判刑，而使父母受到危害，無望無依。這種人在社會上也有好多，這是五不孝。

於是孟子反問：你們大家都罵匡章不孝，那麼你們拿出證據來，指出事實來，這五種不孝之中，匡章有哪一種不孝？他們當然拿不出來。現在社會上常有這種事，在背後批評人，罵人什麼什麼不好，可是既拿不出證據，也舉不出事實。

孟子說：匡章為什麼被人說不孝？事實上是父母對他的要求太過分了。前面孟子也說了，父子之間不責善，為父母的，對子女要求得太過分，也是不對的。常看到一些宗教界的朋友，自己信佛教的，兒子不信佛教，就罵兒子要下地獄；信基督教的，兒子不信就是魔鬼。這就是責善，過分了。匡章也因此而避開了父母，逃避了那種過分的責難，所以一看到父母就躲開，免得又引起父母生氣，反而不好。

孟子說：「**責善，朋友之道也**」，責善是朋友之間的相處之道；我也經常說，中國社會講五倫——君臣、父子、夫婦、兄弟、朋友，前面的四倫，是國家體制、血脈骨肉之間的關係，當然在人倫之列。但最後加上朋友這一倫，是為了什麼？有什麼理由？其實，朋友這一倫，比前面四倫都更重要。人生有許多事情，上不可以對父母講，下不可以對妻子、兄弟講，至於君臣之間，更不敢講了。

如果自己做錯了事，或做了壞事，簡直沒有人可講可商量的時候，只有在知己朋友之間可談。所以朋友之道可責善，何以故？中國朋友之道的定義，在「規過勸善」，也有「通財之義」，所以師生也包括在朋友這一倫之內。古人寫信給學生，每稱「友生」，包括了師生、朋友的關係。父子之間若責善，骨肉之間的感情就受到傷害了。所以古人易子而教，自己的子女，請別人想辦法教才比較好。

於是，孟子又替匡章解說道：匡章很可憐的，他自己難道不想有個完美的好家庭嗎？他也想夫妻、母子、家屬都在一起，享受完美的家庭樂趣，只因為父親的要求太過分了，只好善意的逃出來，而變成了無家可歸的人。夫妻也離婚了，對自己的兒子也照顧不到了，只能在外面流浪。他的存心，是認為如果不如此做，父親看到自己，反而生氣、痛苦，這罪就大了，只有逃開。這就是匡章內心的思想，也表明了他的個性與人格，而一般人哪裡知道呢？你們認為他不孝，我覺得他是個孝子，所以我和他交往。

這一節書，是孟子的聖人之道，在處於師友之間的觀念上，與普通人不同，是責其大義所在，而擱開世俗的誤解。假如我處於孟子的地位，也很難做到如孟子那樣，雖然社會上的人都在罵匡章，但孟子不僅跟他是朋友，而且很有禮貌，一定還會有生活上的接濟。連學生看到這種情形都在反對，而孟子處在友道的立場，仍堅持這個態度，也為後世樹立了一個榜樣。

曾子與子思

曾子居武城，有越寇。或曰：「寇至，盍去諸？」曰：「無寓人於我室，毀傷其薪木。」寇退，則曰：「修我墻屋，我將反。」寇退，曾子反。左右曰：「待先生如此其忠且敬也，寇至則先去以為民望，寇退則反，殆於不可。」沈猶行曰：「是非汝所知也。昔沈猶有負芻之禍，從先生者七十人，未有與焉。」

子思居於衛，有齊寇。或曰：「寇至，盍去諸？」子思曰：「如伋去，君誰與守？」

孟子曰：「曾子、子思同道。曾子，師也，父兄也；子思，臣也，微也。曾子、子思易地則皆然。」

這是說到在公義私情之間，友道的處理態度，又是一個高潮所在。孟子討論了匡章的問題，與學生們繼續討論友道，又舉出古人的例子。他說：

曾子當年在魯國武城的時候，南方的越寇來犯了（這段歷史，在《吳越春秋》，有詳細的記載。吳越之戰，與魯國、齊國都有關係）。有人告訴曾子，敵人來了，快逃吧！曾子告訴學生說：好！逃吧！但是你們要注意，敵人來了，不要讓壞蛋住在我的房子裡，那會把我的東西和庭院樹木弄壞的。戰爭結束，敵人退了以後，他對學生說，把我的房子先修理好，我要回來了。他回來之後，就有人議論說：魯國的國君，對我們的老師不錯，很恭敬；這次敵人來了，他卻腳底下抹油，先溜走了，未免令人失望。而且敵人一走他先回來，這樣是聖賢的做法嗎？恐怕不大對吧！其中有一個學生沈猶行，聽見這樣的話，就說：胡鬧，你們不懂這個道理，不要亂講。從前我家裡被土匪搶了，負芻這個土匪率眾來了。當時，跟先生求學的學生，有七十多個，但就沒有看見一個人來幫幫忙的。你知道嗎？這又是什麼道理？

古人處世處事，是有一套章法的。可以說，對於生活的觀點，社會的行跡，道德的價值，和現代不同。

孟子所舉例的曾子，是他所崇拜的前人，頗似現代青年口中喜說胡適之、梁啟超這種推崇的樣子。然後他又舉子思為例：

子思在衛國的時候，遇到齊國來犯，有人對子思說：敵人來了，趕快先逃吧！子思說：我不走，衛國的國君，誰來保護呢？誰和他共同守國家，守土地呢？守土有責，所以他不走。

孟子舉例以後，作結論發表他自己的意見說：曾子與子思同道，他們兩人在型態上不同，敵人來了，一個走，一個不走，是各有不同的立足點；但在中國文化的道理上，是同一個道，同一個理由。在仁、義、忠、信的基本道德上，完全相同，並無差別。因為曾子在武城的時候，是在師位上，當一個閒顧問，國君雖然表面恭敬他，可是顧而不問。並且魯國國君對曾子，是對父兄一樣，曾子年紀大，是前輩，卻沒有實權，對於政治無法有所建議；即使建議，也未必採納。

子思在衛國就完全不同了，是被衛國國君聘去，從事實際政務工作的，屬於高級顧問，處身在臣的位置，這就是另外一個微妙的道理了。其實，曾子與子思兩個人，如果易地而處，也會是同樣的做法。所以，時位不同，做法就不一樣。試以較擴大的觀點來說，假如印度的釋迦牟尼生在中國的春秋時代，他也可能也不會出家，也許會同孔子一樣的作為。如果孔子出生在印度，也可能出家成為釋迦牟尼一樣的人。

孟子的這段話，也等於為他自己說明。你們認為我應該出來挽救這個時代，可是這個時代我也沒有辦法；因為當局者不聽我的，我也無可奈何；齊宣王、梁惠王只是把我擺在客卿的位置而已，我又有什麼辦法？

儲子曰：「王使人瞯夫子，果有以異於人乎？」

孟子曰：「何以異於人哉？堯舜與人同耳。」

另外一個學生儲子，齊國人，他告訴孟子說：齊王派人偷偷來看你，對你祕密調查，因為你是大儒，看看你到底有什麼祕密法門，在生活言行上，與一般人有什麼不同的地方。孟子說：你告訴他們，不要浪費精神做這種事，聖人與一般人沒有什麼兩樣，堯舜也是人，與普通人一樣。

齊人的故事

齊人有一妻一妾而處室者。其良人出，則必饜酒肉而後反。其妻問所與飲食者，則盡富貴也。其妻告其妾曰：「良人出，則必饜酒肉而後反；問其與飲食者，盡富貴也，而未嘗有顯者來。吾將瞯良人之所之也。」

蚤起，施從良人之所之，徧國中無與立談者。卒之東郭墦間之祭者，乞其餘，不足，又顧而之他，此其為饜足之道也。

其妻歸，告其妾曰：「良人者，所仰望而終身也，今若此！」與其妾訕其良人，而相泣於中庭。而良人未之知也，施施從外來，驕其妻妾。

由君子觀之，則人之所以求富貴利達者，其妻妾不羞也而不相泣者，幾希矣！

這是一個非常有趣的故事。孟子用這個故事，來作〈離婁〉上下兩章的結論，故事趣味化，而具有深意。

孔子和孟子，大家都以為他們永遠是板起面孔，一天到晚仁呀義呀的說教，正如那個畫像上的樣子，令人望之生畏，不敢看。子夏形容孔子，「望之儼然，即之也溫」，看起來威嚴得很，接近他時，卻覺得很親切。顏淵也說：「仰之彌高」，孔子看起來像一座山一樣的偉大，巍巍峨峨；「夫子循循然善誘人」，如果一接近他，談起話來，那真是談笑風生，和藹可親得很。孟子也是這個樣子，親切又幽默。這裡，〈離婁〉上下章的結論，他就來一個大幽默，也說明他一生的出處，不肯隨俗浮沉。孟子說的這個齊人的故事，實在是絕妙的比喻，寓意深遠，不同一般。他說：

齊國有一個人，與一妻一妾共同生活，似乎蠻風光的。他每天從外面回來時，都是喝得醉醺醺的，肚子吃得飽飽的，還包一些滷肉、滷豬肚什麼的，帶回來給妻妾兩個吃。

妻子有時問起他，又是在哪裡喝得這樣醉？怎麼天天都是這樣酒醉肉飽的？這個齊人今天說是某將軍請吃飯，昨天又是某大夫請吃飯，明天還有某司徒請吃飯，後天還有某國來的使臣請吃飯，都是一些達官貴人，天天請他吃飯。

近代也有這樣的人，抗戰時期，在重慶有一個人，喜歡吹牛，當有人說到某某要人，某某大官的時候，他必定說某部長是我的同學，某院長是我的同鄉，某大使是我的表兄，某將軍是我的老同事；似乎所有的大人物，都和他有關。有一次在宴會上，某友人看不慣他總是吹牛，於是問他：「斯福兄最近有沒有請你吃飯？」他說：「哪一位斯福兄？」朋友說：「羅斯福呀！」原來這位朋友用當時世界風雲人物之一的美國總統——一個絕對搭不上關係的外國要人，來諷刺他一下，使他難堪。他一時腦子轉不過來，乃有「哪一位斯福兄」的一問，而引得鬨堂大笑。

這位齊國人也是這樣。可是，他的太太相當聰明，動了疑心，便對姨太太說：我們的丈夫，每天都有人請客，吃得酒醉肉飽，還帶了那麼許多東西回來，說起來都是當今大富大貴的人請他，可是我們從來就沒有看見有一個富貴中人上過門。明天，我要暗暗盯他的梢，調查一下看看。

於是，第二天一大早起來，這位太太便祕密地跟在丈夫的後面，看丈夫到哪裡去。可是跟蹤了半天，走遍了許多大街小巷，並無任何人跟他打招呼，可見根本沒有人認識他。跟蹤到最後，他到了東門外的墳場中去了。他在那裡，看見人家上墳祭祖，把祭過預備丟掉的雞鴨魚肉等祭品，向人討來，包好放到袋中。一個地方討得還不夠，又到別的墳上去討。

他的太太看到這種情形，大為傷感，回來告訴姨太太說：我們為了一生的幸福，希望嫁一個好丈夫，想不到嫁了一個這樣的人，當叫化子來養活我們。這也可以，可是他還要騙人，而且所乞討的都是祭奠死人的東西，這怎麼辦？於是兩個女人，想來想去，悲痛得偷偷流淚。可是他還不知道，大搖大擺，神氣活現的回到家裡來，在兩個太太面前，擺起一副架子，驕傲的說，你們看今天某大人又給了我這麼多的東西。

從這麼個故事來看，孟子還真會罵人。我對孟子這一個結論，有所感慨，作了這樣一首詩：

大千情界倦凝眸　零落天花結習留
人乞祭餘驕妾婦　我慚車跡有王侯
塵身宛在瓊庭樹　凡世沉浮水面漚
手把乾坤弄日月　西風吹過海東頭

其中說：「人乞祭餘驕妾婦」，其實這世界上的人都是到公墓中去拿一點人鬼吃剩的食物來，回家向妻妾家人炫耀、驕傲，「我慚車跡有王侯」，這一句也許和孟子的觀念一樣。

孟子的這段故事，等於對齊宣王、梁惠王這些諸侯們宣佈：我孟軻，絕不會討你們祭餘的東西吃，所以他捲舖蓋回家了。他最後的這個故事，所作的結論說：一般人，在那裡鑽營富貴，雖然沒有到前面說的齊人那樣，其實也差不多。

古代的三個寓言

中國文化中，有幾個故事是很有趣的。其中之一是《孟子》，這裡的「人乞祭餘」就是討人家牙縫裡掉下的東西吃。第二個是《列子》的「正晝攫金人」。《列子》這部書，是道家的學說，全部說完後，講了一個故事：

昔齊人有欲金者，清旦衣冠而之市，適鬻金者之所，因攫其金而去。吏捕得之，問曰：「人皆在焉，子攫人之金何？」對曰：「取金之時，不見人，徒見金。」

這是說，有一個想要金子的人，一清早跑到金鋪裡，當眾抓了金子就走。被捕以後，問他怎麼在光天化日，眾目睽睽之下，這樣大膽？他說當我抓金子的時候，心目中沒有看見任何一個人，只有金子。列子說了這樣一個故事，於是全書就結束了，這是很值得大家深思反省的。

過去民間也有一個故事，說一個人去學隱身術，要學一百天。他又是唸咒，又是結手印，三個手指張開罩在面門上，食指頂住印堂。他太太看見他神經兮兮的樣子，很生氣。他學到九十九天的時候，問太太可看得見他？他太太氣惱說：「誰看你！看不見！」這只是斥罵他，而他信以為真，自認隱身術學成了，就結了手印罩住面門走出去，看見賣燒餅的，拿起一個燒餅吃了。賣燒餅的生意正忙，而且客人常是自己到籃裡取燒餅，所以也沒有理會。他吃了燒餅，以為隱身法真的修成功了，就去銀行裡「跑檯子」，在櫃檯上拿人家的錢，當然被抓住了。他結手印罩著面門，反問抓住他的人說：我這個樣子，你們真的看得見我？大家哈哈大笑。據說，他的隱身術師傅還告訴過他，這五個手指，每指還有一個名稱，叫作仁、義、禮、智、信。

此外，莊子也是多用寓言來表達。他有一個比喻，和孟子這個比喻，同樣有趣、重要而流傳很廣。莊子的比喻是說，所有千古文章一大偷，我們現在也是如此，古今一例啊，也不足為奇！故事是敘述一個老師，教弟子們去挖有學問人的墳墓，挖開以後，不能把死人的牙齒舌頭弄壞，頭也不能碰壞，好好的把死人的嘴弄開，將死人嘴裡的東西，全部挖出來；再將死人放回去，封好墓。這就是說，後人的學問，都是拾古人牙慧，偷盜古人口中、頭腦中的東西而已。這是莊子一個很有名的比喻。

在戰國時候，諸子都是擅於用比喻來說明道理；印度的邏輯，也特別提出比喻的重要；而西方的邏輯，偏重於辯理，很少引用比喻。中國人在文學方面，用比喻來說明理論的作品特別多，上面說的三個比喻，是比較有深意的，流傳既廣而又著名。

將這三個比喻綜合起來看，也就是人生歷史的哲學，對於整個人生的各種形態，都說盡了。

南懷瑾文化出版相關著作

2014年出版

南師所講呼吸法門精要
劉雨虹／彙編

孟子與盡心篇
南懷瑾／講述

東拉西扯——說老人，說老師，說老話
劉雨虹／著

雲深不知處：南懷瑾先生辭世週年紀念
劉雨虹／編

禪海蠡測
南懷瑾／著

禪海蠡測語譯
南懷瑾／原著，劉雨虹／語譯

孟子與滕文公、告子
南懷瑾／講述

太極拳與靜坐
南懷瑾／講述

2015年出版

點燈的人：南懷瑾先生紀念集
東方出版社編輯群／編

金粟軒紀年詩
南懷瑾／原著，林曦／注釋

話說中庸
南懷瑾／著

孟子與萬章
南懷瑾／講述

孟子與離婁
南懷瑾／講述

孟子與公孫丑
南懷瑾／講述

2018年出版

南懷瑾與楊管北
劉雨虹／編

禪、風水及其他
劉雨虹／著

如何修證佛法（上下）
南懷瑾／講述

藥師經的濟世觀
南懷瑾／講述

懷師之師：袁公煥仙先生誕辰百卅週年紀念
劉雨虹／編輯

我的故事我的詩
南懷瑾／講述

洞山指月
南懷瑾／講述

百年南師——紀念南懷瑾先生百年誕辰
劉雨虹／編

新舊教育的變與惑
南懷瑾／著

禪與生命的認知初講
南懷瑾／講述

易經繫傳別講（上下）
南懷瑾／講述

道家密宗與東方神祕學
南懷瑾／著

中醫醫理與道家易經
南懷瑾／講述

對日抗戰的點點滴滴
南懷瑾／口述

孟子旁通
南懷瑾／講述

2016年出版

大圓滿禪定休息簡說
南懷瑾／講述

我說參同契（上中下）
南懷瑾／講述

人生的起點和終站
南懷瑾／講述

孔子和他的弟子們
南懷瑾／著述

漫談中國文化：企管、國學、金融
南懷瑾／講述

跟著南師打禪七：一九七二年打七報告
劉雨虹／編

2017年出版

瑜伽師地論 聲聞地講錄（上下）
南懷瑾／講述

靜坐修道與長生不老
南懷瑾／著

圓覺經略說
南懷瑾／講述

答問青壯年參禪者
南懷瑾／講述

說不盡的南懷瑾
查旭東／著

說南道北：說老人 說老師 說老話
劉雨虹／著

2019年出版

花雨滿天維摩說法（上下）
南懷瑾／講述

金剛經說甚麼（上下）
南懷瑾／講述

懷師的四十三封信
劉雨虹／編

2020年出版

禪宗新語
南懷瑾／著

楞嚴大義今釋
南懷瑾／著

懷師的四十八本書
劉雨虹／著

皇極經世書今說——觀物篇補結
閆修篆／輯說

談天說地：說老人、說老師、說老話
劉雨虹／著

2021年出版

照人依舊披肝膽 入世翻愁損羽毛——劉雨虹訪談錄
岱峻／編著

傳統身心性命之學的探討
南懷瑾／講述

一個學佛者的基本信念
南懷瑾／講述

歷史的經驗
南懷瑾／講述

南懷瑾與彼得·聖吉
南懷瑾／講述

禪觀正脈研究
南懷瑾／講述

孟子與離婁

建議售價・480元

講　　述・南懷瑾
出版發行・南懷瑾文化事業有限公司
網址：www.nhjce.com
代理經銷・白象文化事業有限公司
412台中市大里區科技路1號8樓之2（台中軟體園區）
出版專線：（04）2496-5995　　傳真：（04）2496-9901
401台中市東區和平街228巷44號（經銷部）
購書專線：（04）2220-8589　　傳真：（04）2220-8505
印　　刷・基盛印刷工場
版　　次・2015年5月初版一刷
2022年2月二版一刷

設計編印
白象文化
www.ElephantWhite.com.tw
press.store@msa.hinet.net
總監：張輝潭　專案主編：徐錦淳

國家圖書館出版品預行編目資料

孟子與離婁／南懷瑾講述．－二版．－臺北市：南懷瑾文化事業有限公司，2022.02
面：　公分.
ISBN 978-986-06130-6-3（平裝）
1.CST: 孟子 2.CST: 注釋
121.268　　110022740